高等院校“十二五”应用型规划教材——经济管理系列

房地产投资分析

邱 强 主编

清华大学出版社
北 京

内 容 简 介

本教材共13章，分为4部分，第一部分为房地产投资市场分析，包括第1～4章，主要讲解房地产投资市场概况、房地产市场类型及特征、房地产市场环境和房地产市场运行规律。第二部分为房地产投资财务分析，包括第5～7章，主要讲解房地产投资的各种主要成本、房地产投资各种收入和房地产投资的各项财务指标。第三部分为房地产风险分析，包括第8～9章，主要讲解房地产投资的不确定性分析和房地产投资风险分析。第四部分为房地产投资决策分析，包括第10～13章，主要讲解房地产投资决策基本概念、房地产置业等分类投资决策、房地产投资产品定位策划和房地产投资可行性报告分析等内容。

图书在版编目(CIP)数据

房地产投资分析/邱强主编. --北京：清华大学出版社，2014(2019.1 重印)
(高等院校“十二五”应用型规划教材——经济管理系列)
ISBN 978-7-302-37691-0

Ⅰ. ①房…　Ⅱ. ①邱…　Ⅲ. ①房地产投资—投资分析—高等学校—教材　Ⅳ. ①F293.35

中国版本图书馆 CIP 数据核字(2014)第 186378 号

责任编辑： 秦　甲
装帧设计： 刘孝琼
责任校对： 周剑云
责任印制： 宋　林

出版发行： 清华大学出版社
　　网　　址： http://www.tup.com.cn, http://www.wqbook.com
　　地　　址： 北京清华大学学研大厦A座　　**邮　　编：** 100084
　　社 总 机： 010-62770175　　**邮　　购：** 010-62786544
　　投稿与读者服务： 010-62776969, c-service@tup.tsinghua.edu.cn
　　质量反馈： 010-62772015, zhiliang@tup.tsinghua.edu.cn
　　课件下载： http://www.tup.com.cn, 010-62791865

印 刷 者： 北京富博印刷有限公司
装 订 者： 北京市密云县京文制本装订厂
经　　销： 全国新华书店
开　　本： 185mm×260mm　　**印　张：** 17.5　　**字　数：** 425千字
版　　次： 2011年2月第1版　　**印　次：** 2019年1月第4次印刷
定　　价： 49.00元

产品编号：059080-02

前　　言

房地产既是国民经济的支柱产业，对国民经济发展起到促进作用，同时又是人们生活的必需品，和人们生活息息相关。房地产既是消费品，又是投资品。作为投资品，普通老百姓可以不参与；但作为消费品，尤其是生活必需品，人们没有办法绕开和回避。作为消费品购买房地产，也存在一个投资时机和投资价位的问题。什么时候买进合适，房地产市场运行有规律可循吗？是按照什么规律运行的？影响房地产运行的因素有哪些？是政府政策，还是开发商操纵？是老百姓的刚性需求，还是投机者的炒作？老百姓的刚性需求受什么影响，是家庭结构、生活方式，还是文化、传统习惯？老百姓能投资房地产市场吗？房地产投资应该具备什么专业知识？按照什么程序进行投资？房地产投资受什么因素影响？为什么政府调控变为空调和高调？万科为什么可以成为龙头？万科为什么可以迅速降价？绿地为什么不愿意降价？绿地为什么会陷入破产边缘？房地产投资的风险和机会在哪里？该如何决策？

这些问题都需要有一本比较专业的书籍才能给予解答。本人对房地产市场进行过十多年的观察和研究，也进行了一些实践和总结。这些年我一直在从事房地产投资教学工作，在教材选用方面有一些感受：市场上很难找到一部比较全面系统的房地产投资分析的教材，一些实业界人士的书籍过于“实”，缺乏理论的深度，而高校编辑的教材又过于理论化，缺乏可操作性。将理论和实务较好地结合在一起，就是我编写本书的初衷。

本书有三大特色：“新”、“实”、“趣”。“新”表现为展示房地产市场最新发展产业业态、最新的调控政策变化和研究者的最新成果。“实”体现在本书案例都是房地产投资的实例，有关房地产投资的方法、程序和决策都注重可操作性，切实可行。“趣”表现在专栏选取最近国际和国内热点问题讨论，这样能引起读者的共鸣，增加趣味性和可读性。

在本书编写的过程中，我的研究生李超超、金鹏、邬炜东和林希茜参与有关章节的编写，周建成博士和易居研究院也给予了资料方面的帮助，同时参考和引用了大量的房地产专业的专家学者的文章和著作，在此一并表示感谢。

由于编者学识有限，书中难免有不妥之处，在此恳请广大读者批评指正。

编　者

作者简介

邱强，男，经济学博士，上海对外经贸大学经济学教授，应用经济学硕士生导师，长期从事房地产投资与融资专业教学和研究。主持过《我国房地产周期理论研究》的课题，先后撰写过《我国房地产周期特征研究》和《美日房地产周期比较研究》等房地产专业研究论文30多篇，主讲过房地产投资与融资等课程。

目 录

第 1 章

房地产投资分析概述

1.1 房地产投资

1.1.1 房地产投资的内涵

1. 房地产投资的定义

房地产投资是指国家、集体或个人等投资主体，将一定的资金直接或间接地投入房地产开发、经营、管理、服务和消费等活动中，期望获得未来房地产资产增值或收益的经济行为。这个定义包含四层含义：一是投资主体的多元化，可以是国家、集体和个人；二是投资是有成本的，这个成本主要是资金，也可以是土地、劳动力等资源；三是投资目的是增值和保值，但可以有多种形式，既可以是收益，也可以是权益和效益，如开发投资是为了获得收益，而置业投资就是为了获得产权权益，而政府投资公共物业只是为了公共利益的社会效益；四是投资活动必须与房地产有关，可以是房地产开发、经营、管理、服务和消费等活动的一个环节或者全部环节。因此，房地产投资所涉及的领域包括土地开发、旧城改造、房屋建设、房地产经营、物业管理和置业消费等。同时，由于房地产投入的成本是确定的，而获得的收益却是不确定的，所以房地产投资存在风险。

2. 房地产投资的要素

房地产投资的要素主要有三个，即时机、区位和质量，通俗讲就是天时、地利和人和。首先时机被称为天时。房地产投资的时机不是一开始就有的，也不是永久存在的。它可能是在历史的某个阶段出现，同时又会随着历史发展而消失，古称之为天时。因此，对其把握很重要。如多子化大家庭时代崇尚小客厅、大房间、多功能，使大房型就值得投资；而到了少子化时代市场上崇尚小户型，投资机会就发生逆转。

其次是区位因素，又称为地段因素，俗称地利条件。区位因素是房地产投资里的关键因素，也是区别于房地产投机的唯一因素。好的区位是房地产成功投资的必要条件。好的区位，增值潜力大，对房地产投资者来说是商家必争之处。自古以来，房地产投资都主张投资好的区位，即地段。古话有“一铺养三代”和“传子孙千万，不如留商铺一间” 的说法。这里说的都是好地段的旺铺。李嘉诚说过房地产投资第一看地段，第二也是看地段，第三还是看地段。可见在李嘉诚眼中只有地段这个唯一要素。

值得注意的是区位不仅仅是一个自然地理位置的概念，还应包括经济地理状况和交通地理状况。不同的区位适于建造不同类型的房地产，购物中心和商场之类的商业房地产应建在繁华的商业中心，在那里，顾客集中，人流量大；建造别墅应选择风景优美、环境幽静、气候宜人的郊区，以满足别墅使用者寻求宁静与休闲的愿望；住宅应建在交通方便、购物便利、服务设施齐全的场所，以便于居民的工作和生活。房地产投资区位的选择对房地产投资的成败有着至关重要的作用。但是，区位的优劣是与开发商的自身经营状况紧紧联系在一起的，在一个普通的自然地理位置上也一样能创造房地产投资奇迹。例如，有的房地产开发商专门在远郊区开发高档住宅，并且销售业绩非常好。因此，区位价值是投资商的主观反映，而非地点本身所固有的。

最后是房地产的质量，俗称人和。质量是房地产投资开发的生命线。这里所说的质量包括两个方面：一方面是房地产本身的质量，包括房地产建筑质量、建材质量是否达标，建材是否环保，施工质量是否合格，装修质量是否令人满意等；另一方面是服务质量，如物业管理服务等。这两者都很重要。随着经济的发展，人们对房屋质量和工作环境质量的要求越来越高。目前有些城市的消费者在购房时，已经将质量看得比价格和位置还重要。

一般而言，房地产质量和管理质量是相辅相成的，高质量房地产需要好的物业管理水平相配套，好的质量能够吸引高端客户入住，高端客户入住需要好的管理水平维护，好的物业管理水平又能够留住顾客，从而形成良好的人文社区环境，即达到所说的人和。

房地产投资与房地产投机的区别就在于区位因素。房地产投资非常看重区位因素，而房地产投机只重视时机，买涨不买跌，不重视区位，忽视产品质量。在房地产泡沫形成阶段，只要政策允许即便烂尾楼也可以高价售出，而泡沫破裂时，即便旺铺也可能滞销。

3. 房地产投资的特点

随着市场经济的发展，在众多的投资领域中，房地产领域吸引着越来越多的投资者。由于房地产投资受到房地产和房地产市场特性的影响，同股票投资等其他类型投资相比较，房地产投资具有其自身的特点。房地产投资与其他类型投资的比较如表 1-1 所示。

表 1-1　房地产投资和其他类型投资的比较

投资工具	获利性	风险性	变现性	便利性	专业性
房地产	高	高	低	低	中
股票	高	高	高	高	中
外汇	高	高	高	低	高
黄金	中	中	高	高	高
期货	高	高	高	中	高
银行存款	低	低	高	高	低
短期债券	低	低	高	高	低

房地产投资的特点如下所述。

(1) 投资额巨大，回收期长。房地产投资需要大量的资金，尤其在一级城市的开发投资需要数十亿元资金。置业投资也需要至少上百万元的资金。并且房地产投资具有较长的回收期，根据项目性质的不同少则数年，多则几十年。而对于出租型房地产项目来说，投资回收期则需要更长的时间。

(2) 投资的高风险。房地产投资周期长，环节多，涉及面广，面临的不确定因素多，因此风险较大。如开发投资可能面临政策风险、市场风险、技术风险等。置业投资虽然不如开发投资那样程序繁多，但因为经营期长，面临的风险多且大，如合同欺诈风险、建筑质量低下风险、管理缺位风险和经营效率低下的风险等。

(3) 投资的专业性。对于开发投资具有较强的专业性这点，比较容易理解，因为它需要建筑方面的专门人才和专业技术。但置业投资可能会忽视专业知识的储备，尤其是住宅投资。由于缺乏专业知识，有很多置业者买来的房子面临拆迁、建高楼、地铁等影响，以及升值慢、升值空间小的烦恼。置业者选择商铺更需要专业眼光，才能买到旺铺，实现富养三代。

(4) 投资保值和增值的双重功能。由于通货膨胀的刚性，抵御通货膨胀是各国居民的头等大事。与其他金融资产投资形式相比，房地产作为实物资产具有保值和增值的功能。如2013 年 12 月通胀同比增长 2.5%，房价同比增长 9.7%。美国、英国的研究资料表明，房地产价格的年平均上涨率均高于同期年通货膨胀率。

(5) 投资呈现周期性波动。房地产投资的效益受到房地产周期性波动影响而呈现出周期性波动的特征。在房地产繁荣时期，房价较高，投资收益大；在萧条时期，房价低，投资收益低。因此，房地产投资者把握住房地产周期运行规律，使投资收益最大化尤为重要。

此外，房地产投资还具有外部性特征，即房地产的投资价值往往受外部环境的影响，如果外部配套设施好，则容易提升房地产的价值，否则容易降低房地产价值。如山东崂山海景房因为配套不全成为空城。当然房地产项目成功也会影响周边的建设速度，如上海松江大学城成功建成吸引大量开发商入驻。

1.1.2 房地产投资的类型

房地产投资形式多样，依据不同的划分标准，可以划分为不同的类型。

1. 按房地产投资形式划分

按房地产投资形式，可以将其划分为直接投资和间接投资两大类。二者的主要区别在于投资者是否直接参与房地产有关投资管理工作。

(1) 房地产直接投资。房地产直接投资是指投资者直接参与房地产开发或购买房地产的过程并参与有关的管理工作，包括从购地开始的开发投资和物业建成后的置业投资两种形式。

① 房地产开发投资。是指投资者从购买土地使用权开始，经过项目策划、规划设计和施工建设等过程获得房地产商品，然后将其推向市场，转让给新的投资使用者，并通过转让过程收回投资、实现开发商收益目标的投资活动。房地产开发投资包括一级市场开发投资和二级市场开发投资，在我国主要是二级市场的开发投资。

② 房地产置业投资。是指投资者购买开发商新建成的房地产或市场上的二手房，以满足自身生产经营需要或出租经营需要的一种投资活动。这类投资的表现方式有两种：一是满足自身生活居住或生产经营的需要；二是作为投资将购入的物业出租给最终的使用者，获取较为稳定的经常性收入。置业投资一般从长期投资的角度出发，可获得保值、增值、收益和消费四个方面的利益。

(2) 房地产间接投资。房地产间接投资是指投资者投资于与房地产相关的证券市场的行为。间接投资者不需要直接参与房地产经营管理活动。其具体形式包括购买房地产开发、投资企业的股票或债券，投资于房地产投资信托基金或房地产抵押贷款证券等。

① 购买房地产开发、投资企业的股票或债券。我国实力比较雄厚的房地产开发商如万科、金地、保利等都在证券市场上市，而另外一些地产商由于各种原因暂时未能在证券市场上市。投资者可以购买前者的股票和后者的债券，间接参与房地产开发活动。

② 房地产投资信托基金(Real Estate Investment Trusts，REITs)。房地产投资信托基金是一种以发行收益凭证的方式汇集特定多数投资者的资金，由专门投资机构进行房地产投资经营管理，并将投资综合收益按比例分配给投资者的一种信托基金。我国第一个比较接近于国际标准的房地产投资信托产品，为 2002 年 7 月 28 日由上海国际信托投资公司推出的新上海国际大厦项目资金信托。

③ 房地产信托。房地产信托是指以房地产及其相关资产为投向的资金信托投资方式，即信托投资公司制订信托投资计划，与委托人(投资者)签订信托投资合同，委托人(投资者)将其合法资金委托给信托公司进行房地产投资，或进行房地产抵押贷款或购买房地产抵押贷款证券，或进行相关的房地产投资活动。如果将房地产资金信托简单分类，可按负债关系划分为债务型信托和权益型信托。房地产开发贷款融资信托是目前我国信托公司开展最为普遍的一种。

④ 住房抵押贷款证券化产品(Mortgage-Backed Securitization，MBS)。住房抵押贷款证券化是指金融机构把自己所持有的流动性较差但具有未来现金收入流的住房抵押贷款汇聚重组为抵押贷款群组，由证券化机构以现金方式购入，经过担保或信用增级后以证券的形式出售给投资者的融资过程。这一过程将原先不易被出售给投资者的缺乏流动性但能够产生可预见性现金流入的资产，转换成可以在市场上流动的证券产品。住房抵押贷款资产证券化源于美国，在美国规模也最大。2006 年，美国资产证券化产品就超过公司债和国债成为债券市场第一大债券品种。2008 年“次贷危机”使得资产证券化产品发展暂时受阻。

2．按房地产投资的用途划分

按房地产投资的用途，可以将其划分为土地开发投资、住宅房地产投资、商业房地产投资、工业房地产投资和特殊用途房地产投资。

(1) 土地开发投资。是指开发商通过合法途径获得土地使用权后，对一定区域范围内的城市国有土地(毛地)或乡村集体土地(生地)进行统一的征地、拆迁、安置、补偿，并进行适当的市政配套设施建设，使该区域范围内的土地达到“三通一平”、“五通一平”或“七通一平”的建设条件(熟地)，再对熟地进行有偿出让或转让的投资活动。

(2) 住宅房地产投资。住宅房地产为人们提供生活居住的场所，包括普通商品住宅、高档公寓和别墅等多种类型。住宅是人类最基本的生存条件之一，因此，在房地产投资中，住宅房地产投资市场潜力最大，投资风险也相对较小。

(3) 商业房地产投资。是指对写字楼、商场、酒店和旅馆等商业地产进行经营性或收益性的投资活动，这类房地产主要以出租经营为主，回收期长，承担的风险也较大。

(4) 工业房地产投资。是指对包括轻工业厂房、重工业厂房、高新技术产业用房等厂房和物流仓库用房等生产性用房进行的投资活动。由于受到工业生产工艺及要素的限制，工业房地产的替代性差，变现较难，其投资风险较大。

(5) 特殊用途房地产投资。特殊用途房地产是除去住宅、商业、工业等典型房地产类型后剩下来的非典型的、不具有代表性的各种房地产的统称，主要包括加油站、停车场、高尔夫球场、休闲旅游房地产、温泉、码头、车站、高速公路等。这类房地产交易量小，同时其经营的内容通常要得到政府的特许，因此这类房地产的投资多属于长期投资，投资者靠日常经营活动的收益来回收投资，取得投资收益。一般来说，特殊用途房地产适用性较差，因此投资风险也较大。

3．按房地产投资经营方式划分

按房地产投资经营方式，可将其划分为出售型房地产投资、出租型房地产投资和混合型房地产投资。

(1) 出售型房地产投资。是指房地产投资以预售或开发完成后出售的方式得到收入、回收开发资金、获取开发收益，以达到预期投资目标。一般来说，住宅房地产开发投资属于此类。

(2) 出租型房地产投资。是指房地产投资以预租或开发完成后出租的方式得到收入、回收开发资金、获取开发收益，以达到预期投资目标。写字楼投资属于此类。

(3) 混合型房地产投资。即出售型和出租型的综合，是指房地产投资以预售、预租或开发完成后出售、出租、自营的各种组合方式得到收入、回收开发资金、获取开发收益，以达到预期投资目标。酒店式公寓属于此类。

1.1.3 房地产投资的作用

房地产投资是房地产业发展的重要动力，也是促进国民经济振兴与繁荣、提高人民生活水平的基础。房地产投资对国家、政府来说作用重大，但作为个人投资者只关心其微观作用。概括来说，包括以下几个方面的作用。

1．房地产投资是一种资产增值的手段

各国都存在不同程度的通货膨胀，从抵御通货膨胀的角度来看，房地产优于其他投资产品。货币资产无法抵御通胀，金融资产只能抵御通胀，而实物资产不仅可以抵御通胀，还能带来增值。从文化偏好、生活习性来看，我国居民喜欢购房而不是租房。从房地产的属性来看，具有投资与消费的双重属性。这些都促使我国房地产市场呈现需求大于供给的现象，从而使房地产价格存在不断上升的潜力。投资房地产就可以获得这种增值潜力，是一种使投资者资产增值的手段。

2．房地产投资的风险与收益适当

房地产投资具有一定的风险，但是同其他投资方式比较，其风险不是最大的。因此，如果追求高收益又不愿意承担太高的风险，房地产投资是较好的选择。所以大多数国家的社会保障基金，例如养老保险基金，往往是房地产市场的重要投资者。

3．房地产投资可以获得避税收入

房地产投资的避税收入是指因提取房地产折旧而降低纳税基数，给投资者带来收益。房地产投资的所得税是以实际经营收入扣除经营成本、贷款利息、建筑物折旧等后的净经营收入为基数乘以税率征收的。在实际经营收入相同的情况下，提取的折旧越多，所要缴纳的所得税就越少，从而起到了避税的作用。但避税的效果在我国只对公司有效，对于个人投资者无法实现，因为我国征税只从收入发放单位代扣，不考虑支出，更没有退税的制度。将来随着房地产税收比重加大，房地产投资会成为一种重要的避税途径。

4. 房地产投资可以提升投资者资信等级

由于拥有房地产并不是每个人或企业容易做到的事情，投资房地产是拥有资产、具有资金实力的最好证明。因此，房地产投资可以提高投资者的资信等级，可以帮助投资者更容易获得金融机构的支持，同时也可以帮助投资者获得更多更好的投资交易机会。在我国尤其明显，因为我国的金融机构贷款发放采取的是固定资产抵押方式，而房产是居民唯一大宗的固定资产。

1.2 房地产投资分析

1.2.1 房地产投资分析的定义

房地产投资分析是指在房地产投资活动进行之前的分析论证过程，投资者运用自己及投资分析人员的知识与能力，全面地调查投资项目的各方制约因素，对所有可能的投资方案进行比较论证，从中选择最佳方案并保证投资有较高收益水平的分析活动。

1.2.2 投资分析与可行性分析的区别

可行性分析也叫可行性研究，它是在投资决策前，对项目在技术上、经济上、工程上的可行性进行论证、研究、评价的分析过程。

一个方案可行，并不一定是合适的。有时几个方案可能都是可行的，甚至都很具有吸引力。但最后选择哪个项目应该通过投资分析来完成。

面对众多的投资机会，通过可行性分析，可能会找出多个可行方案。而由于资源有限，投资分析将帮助投资者在多个可行方案中，通过收益、时间、风险的排序找出一个方案作为投资者的最佳选择。也就是说，房地产投资分析关心的是从多个预选方案中选择一个最适合投资者目的的一个方案。可见，可行性分析是投资分析中的一个重要阶段。

1.2.3 房地产投资分析的意义

如果你手头有 20 万元资金想投入房地产市场中，你可以将其作为首付买一套小户型商品房，也可以购买一家房地产上市公司的股票，还可以购买一家加油站的信托产品，还可以购买一家基金公司发行的房地产信托基金。

面对如此多的投资机会，你会做何种选择？这就需要有一种方法能够对各种投资方案进行评估，帮助投资者在各种限制条件下，如可承受的风险、所要求的投资收益率以及城市规划的约束等，使投资获得最大的效益。而这种方法就是房地产投资分析。

房地产投资分析的意义在于以下几个方面。

(1) 由于资源的稀缺性，而房地产投资的形式却是多样的，意味着房地产投资机会多元。所以投资者必须在确定的即期支出与不确定的未来收益之间做出慎重的选择。

(2) 投资的收益需要预测。

(3) 收益获得的时间不同，需要校正。

(4) 收益的置信程度即风险需要考虑。

(5) 面临多种投资机会但资源有限。

所有的一切只有通过房地产投资分析才能做出正确决策。

1.2.4 房地产投资分析的任务

房地产投资分析是一项高知识含量的工作，需要分析人员为投资者提供解决诸如投资方向、运作方式、投资收益、投资风险等问题的方法。这是房地产投资分析要完成的基本任务。

1. 为投资者提供投资方向

投资者在准备投资前，往往面临确定投资方向的问题，诸如地域、地址选择，物业种类选择，规模、期限选择，合作伙伴选择等。投资者有可能是初次进入该市场或是投资新手，对投资环境一无所知，需要房地产投资分析人员做全面的指导，为投资者提供一个可行的解决方案，使投资者可以依据方案进行投资活动，并取得较好的收益。值得注意的是，对于每一项新的物业，其面临的约束条件和以往都不会完全一样，所以也不能照搬以前的老思路。

2. 为投资者提供运作方案

当投资方向明确了以后，就应该制订一个切实可行的运作方案。一项投资活动的运作方案包括许多方面，例如，如何获取土地使用权，如何取得建筑开工许可证，如何筹集资金，如何保证开发建设工期，如何选择合作伙伴，如何营销等，而这其中许多问题都是专业性极强的技术问题，仅靠投资者个人的力量是无法完成的。这就需要相关投资分析人员针对每个项目的具体情况提出可行的运作建议。

3. 为投资者预测投资收益

投资收益是投资者关心的根本问题，是进行投资活动的根本目的。收益水平的高低是投资者决定是否投资的重要因素。投资者需要详细了解全部投资额、自有资金及贷款额、资金分期投入额、贷款偿还期限及利率、投资回收期及内部收益率、利润率等。其中投资者最关心的是税后纯利润与投资的比例。也有一些投资者更关心投资的社会效益问题，如企业形象、人际关系等。这些专业的指标需要房地产投资分析人员进行专业的统计、测算，为投资者提供可靠的投资收益预测。

4. 为投资者分析风险并提供避险策略

风险与收益是共存的，每一个项目都存在一定的风险。分析人员要在帮助投资者计算投资收益的同时，让他们了解到所要承担的风险，并针对项目风险提供规避、防范风险的方法、策略，以使投资者能及时调整投资方案，免除或减少由风险造成的损失。如果分析人员懒于分析风险或只报喜不报忧，则是严重有悖职业道德或失职的行为。

除上述任务外，分析人员还需就投资项目可能引发的社会问题、环境问题加以阐述和分析。房地产投资的主要目标是获取高额利润，但并不意味着不考虑投资的社会效益和环境效益。因为一项社会效益和环境效益不好的房地产投资项目，不可能获得政府的批准，或者会因社会、生态问题被强行中断，从而造成巨大损失。

1.2.5　房地产投资分析的内容

1. 市场分析

房地产投资项目在投资决策确定之前，调查市场供求情况、竞争态势、项目背景资料，辨识投资风险，选择投资机会的过程，称为房地产投资项目的市场分析。市场分析包括对房地产市场的调查与预测。

2. 投资环境分析

在房地产投资决策之前，必须充分了解和把握包括政治、经济、文化法律、基础设施和自然地理等影响房地产投资的环境；了解房地产投资环境的内涵、房地产投资环境评价的原则；熟悉房地产投资环境评价的方法与衡量标准以及房地产投资环境的具体评价操作程序等。

3. 区位条件分析

影响房地产投资价值的关键因素是区位因素。区位条件越好，对该区位的需求越大，该区位单位面积的租金和价格水平就越高，所以区位条件的好坏对房地产投资项目的利润和收益有着重要的影响。区位条件分析主要包括地域因素分析、项目选址分析、开发潜力分析、土地资源获取分析等。而区位因素又包括该区域内的经济、社会、政治力量、自然和法律特征的影响等。

4. 周期性分析

房地产业是一个典型的周期性行业，与宏观经济总是处于经济扩张与经济收缩的周期性交替循环一样，周而复始，循环往复，由此构成了房地产行业的周期波动。因此，房地产投资必然呈现出周期性波动的特征，如何合理投资，规避周期性波动风险，使得投资收益最大化，这是房地产投资周期性分析的目的。周期性分析的内容包括房地产周期运行规律、影响房地产周期波动的因素和房地产周期投资的基本原则等。

5. 投资成本分析

世界上没有免费的午餐，任何投资都有成本，房地产投资也不例外。要使得投资收益最大化就必须使得投资成本最小化。房地产成本包括哪些，应该如何估算，估算的基本原则有哪些？另外，随着房地产调控的加重，房产税成为重要的成本，这些税如何核算，都构成房地产成本分析的内容。

6. 投资收入分析

房地产投资的目的就是获得收入并实现利润的最大化。但由于房地产投资形式的多样化，导致收入形式的多元，有的混合型投资还牵涉几种收入构成，如何估算这些收入，估算的原则有哪些，这些都是我们需要探讨的。

7. 财务分析

财务分析是对项目的盈利能力、清偿能力、资金平衡能力等进行的分析，从而得出财务上是否可行的结论。这也是投资项目可行性分析的基础，是投资项目决策的核心依据。

8. 不确定性分析

在房地产投资项目的经济分析中，运用了大量的技术经济数据，如销售单价、成本、收益、贷款、利率、工期等。由于这些数据都是投资分析人员根据资料对未来的可能性做出的估计，所以分析中必然带有某种不确定性。

通过临界点分析、敏感性分析对这些不确定性因素进行分析，以揭示项目所能达到的盈利水平和面临的风险。

9. 风险分析

不确定性分析无法对投资者所承担的风险做定量估计，它只能起到定性说明的作用。而风险分析可以根据各种变量的概率分布，来推求一个项目在风险条件下获利的可能性大小。这种可能性描述了房地产项目在特定收益状态下的风险程度，进而为投资者决策提供可靠依据。

10. 决策分析(即方案比选分析)

投资者面临的可行性投资方案可能不止一个，这就需要从各种投资方案中选择一个或几个投资方案，用于投资活动。当投资者资源有限的时候，就需要对投资方案再进行比选。比选的原则、指标和方法有哪些？根据这些方案如何做出决策？这些都是值得探讨的问题。

专栏 1：2013 年我国房地产投资高温不退

2013 年我国房地产市场延续了 2012 年以来的回暖势头，且自住性需求不断释放，改善性需求持续增加，房地产行业总体市场不断向好，加速上行，持续回暖，甚至呈现出高温不退的趋势，这从市场供应、市场成交和市场价格三个方面得到了体现。

(1) 市场供应的六个方面都呈现增长的态势。

① 房地产开发企业土地购置面积：低谷反弹，实现同比正增长。2013 年 1—11 月份，房地产开发企业土地购置面积为 34 773 万平方米，同比增长 9.9%，这是自 2012 年以来首次实现同比正增长。2012 年，市场供应冷清，企业拿地意愿冷淡。但 2013 年以来，土地市场伴随楼市回暖日益火爆，龙头企业集中拿地，土地购置面积低谷反弹，实现正增长态势。土地市场的火热将有利于未来商品房市场的供应。

② 20 个典型城市土地成交建面：整体稳步增长，一线城市涨幅超三成。2013 年 1—11 月，全国 20 个典型城市经营性土地成交建筑面积为 50 722 万平方米，同比增长 2%，与 2012 年全年增幅基本持平。2013 年 1—11 月，20 个典型城市中，一线城市经营性土地成交建筑

面积为 9 017 万平方来，同比增幅为 31%。可见，一线城市土地市场成交反弹明显。

③ 全国房地产开发投资：增速快速提升。2013 年 1—11 月份，全国房地产开发投资 77 412 亿元，同比增长 19.5%，增速比 2012 年全年提高 3.3 个百分点。其中，住宅投资 53 112 亿元，增长 19.1%，增速比 2012 年全年提高 7.7 个百分点。2013 年随着市场回暖，投资增速快速增长，房地产开发投资全年保持在 20%左右，投资额已超 2012 年的 6.2%。

④ 全国房屋新开工面积：增幅由负转正，低谷反弹。2013 年 1—11 月份，房地产开发企业房屋新开工面积为 181 055 万平方米，已超 2012 年全年水平，同比增长 11.5%，比 2012 年全年提高 19.3 个百分点。其中，住宅新开工面积为 131 849 万平方米，同比增长 10.0%。2013 年楼市发展整体稳定，房企开工放量。

⑤ 全国房屋竣工面积：高于 2012 年同期水平。2013 年 1—11 月份，全国房地产开发企业完成房屋竣工面积为 69 420 万平方米，高于 2012 年同期水平，同比增长 4.5%。

⑥ 开发企业资金来源：融资环境显著好转。2013 年 1—11 月份，房地产开发企业到位资金 109 475 亿元，已高于 2012 年全年水平，同比增长 27.6%，相比 2012 年全年提升 14.9 个百分点。2013 年，市场回暖带动量价齐升，房企资金回笼显著，房地产开发企业本年资金来源持续高速增长，年均增幅接近 30%。

(2) 市场成交面积亦创新高。

① 全国商品房成交面积：再创新高，增幅扩大。2013 年 1—11 月份，商品房销售面积为 110 807 万平方米，同比增长 20.8%，已接近 2012 年全年水平，2013 年全年销售面积将超 2012 年，其中，住宅销售面积增长 21.3%，办公楼销售面积增长 26.6%，商业营业用房销售面积增长 12.1%；商品房销售额 69 946 亿元，增长 30.7%，已高于 2012 年全年水平，其中，住宅销售额增长 31.1%，办公楼销售额增长 39.5%，商业营业用房销售额增长 22.4%。商品房销售面积和销售额则实现了 20%以上大幅增长。商品房销售金额近 7 万亿元，预计全年将再创历史新高。

② 25 个典型城市商品住宅成交面积：大幅回升 29%。2013 年 1—11 月，25 个典型城市新建商品住宅成交面积为 18 467 万平方米，较 2012 年 1—11 月同比增长 29%，市场行情总体不错。

(3) 市场价格五个方面再创历史新高。

① 全国房地产开发企业土地平均购置价格：创历史新高。2013 年，楼市持续升温，虽然国土部要求年内禁出地王，但房企拿地势头不减，同时部分地方政府为获取土地出让金，积极推出一些优质地块，市场竞争活跃，地王现象仍存，也导致土地价格继续上扬。2013 年 1—11 月份，全国房地产开发企业土地购置均价为 2493 元/平方米，已高于 2012 年全年水平，同比增长 19.6%，增速比 2012 年全年提升 16.1 个百分点。

② 20 个典型城市土地成交楼板价：同比大幅上涨超七成。从全国 20 个典型城市经营性土地成交的楼板价来看，2013 年 1—11 月为 2 330 元/平方米，与 2012 年同期相比增长 72%。

③ 全国商品房成交均价：创历史新高，增长 8.2%。2013 年 1—11 月份，全国商品房成交均价为 6 312 元/平方米，已高于 2012 年全年均价水平，同比增长 8.2%。

④ 70 个大中城市房价指数：同比加速上行，环比创新高。进入 2013 年，房价现加速上涨。房价同比指数方面，2013 年 11 月份，70 个大中城市新建商品住宅价格比 2012 年

同期上涨了 9.6%。

⑤ 25 个典型城市商品住宅成交均价：同比上涨 5%。2013 年 1—11 月份，25 个典型城市新建商品住宅成交均价为 11 128 元/平方米，较 2012 年 1—11 月份增长 5%。

（资料来源：上海易居房地产研究院，2013—2014 年度全国房地产市场报告部分改写）

思 考 题

1. 房地产投资的含义是什么？
2. 房地产投资的特征有哪些？
3. 房地产投资分析应具备哪些要素？
4. 房地产投资分析的任务是什么？
5. 房地产投资分析包括哪些内容？

第 2 章

房地产市场分析

2.1 房地产市场

2.1.1 房地产市场的特征

1. 房地产市场是信息不充分的市场

房地产市场信息主要包括房地产的供求信息、交易信息、价格信息和产品质量信息以及房地产市场调控信息与市场行情和走势信息等。由于房地产市场专业性强，开发商比客户掌握更多房屋质量信息。同时对二手房市场来说，房地产市场客户众多，层次复杂，人员分散，因此客户信息量大，心理价位差距大，无法形成统一的客户需求信息。因此，房地产中介存在很有必要，甚至有的中介可以两头吃客户。

2. 房地产市场的区域性强

由于房地产商品属于不动产，具有位置上的固定性，再加上房地产商品所处的城市区域不同(区域不同将导致土地等级的差别和地理位置的差别)，当地居民消费水平不同，区域经济发展状况不同，其市场供求状况和价格水平也必然会存在很大差别，因而房地产供求状况和价格水平具有明显的区域性落差，这种落差折射出不同区域人口的密集程度以及社会经济的发展和繁荣程度。在中国，由于人口分布极度不均，区域经济发展也不协调，再加上房地产市场的发育尚处于不很成熟的阶段，这一特点表现得更为显著。当然，近几年，随着西部大开发战略的实施以及老工业基地改造的推进，这一状况已有所改变。

3. 房地产市场的垄断性

房地产市场的垄断性在我国首先表现为土地所有权为国家垄断，土地经营的一级市场为政府所垄断。因为《中华人民共和国宪法》规定："城市土地属于国家所有，任何组织和个人不得侵占、买卖、出租或以其他形式非法转让土地。"也就是说，首先，除国家可以依法征用集体所有制土地外，城市土地的所有权是不能发生转移和进行买卖的。其次，在任何体制下，具有该宗土地所有权或使用权的人具有排他性；最后，由于房地产(含土地)的异质性，任何一处房地产(土地)都是唯一的、不可复制的，容易产生垄断地租。

4. 房地产市场的长周期性

房地产作为一个产业和其他产业一样，有其兴衰的周期性特征。房地产市场周期受经济周期的影响，但由于房地产建筑技术特征导致房地产的长周期，使得它和经济周期并不完全同步。房地产市场存在时滞，宏观经济波动要经过很长时间才会传导到房地产市场。这种滞后性，有时会呈现出反周期的现象。2009 年受美国次贷危机的影响，我国和全世界一样经济下滑，市场低迷，但我国房地产市场却一枝独秀，价格增长超过 20%。

5. 房地产市场的异质性

房地产市场的异质性主要指房地产产品的差异性，这种差异性表现在多个方面，如地域差异、品牌差异、质量差异和管理差异。而房屋的结构、朝向、楼层、间距、通风、采

光等都会影响房地产的使用特性，进而影响它的价格。所以房地产市场几乎是一房一价。

此外，房地产市场还有市场服务的专业性和仅为权益交易市场的特征。房地产市场的服务具有极强的专业性，是因为房地产业本身是一个各种科学技术综合运用的产业。房地产市场的专业服务包括土地估价师、房地产估价师、造价工程师、律师、建筑设计师、房地产经纪人、物业管理师等专业人士所提供的专业服务。房地产交易中转移的只是房地产权属，每一次交换行为都是对房地产的重新界定，因而必须以房地产证契约等法律文件为依据。

2.1.2　房地产市场的功能

房地产市场的功能是指房地产市场所发挥的有利的作用或效能。房地产市场可以根据房地产市场规律对房地产的供求进行调整，实现房地产资源的优化配置，传导市场信息，为宏观管理决策提供依据。

1. 调节供求的功能

房地产市场的核心功能就是通过价格机制调节房地产市场供求。价格机制表明价格和需求成反比关系，和供给成正比关系。市场通过价格的变化，可以调节供求总量和供求结构，从而使供求达到平衡。房地产市场的调节功能主要表现在三个方面：首先是显示房地产市场需求变化，其次是指导供给以适应需求的变化，最后是引导需求适应供给条件的变化。

2. 优化资源配置的功能

由于土地资源的稀缺性，房地产资源必须在各种用途和众多想拥有物业的人和机构之间进行分配。通过市场机制的调节作用，使房地产资源向能够利用资源创造更高价值的人或机构集聚，以促进房地产资源的优化配置，实现房地产资源利用价值最大化，优化城镇用地结构，提高房地产资源使用效率。

3. 政府宏观调控的功能

房地产业是国民经济发展的基础产业，是国民经济发展的支柱产业之一，对整个国民经济影响较大，所以各国政府都对房地产业进行严格的宏观调控。政府对房地产业的调控主要是利用产业政策、行政、法律、经济等手段来引导、监督和服务房地产市场，以促进和规范房地产业的发展。然而制定完善的房地产市场调控政策首先要了解房地产市场，通过对房地产市场提供的供求及发展趋势等信息的分析研究，才能制定出既符合市场需要、可操作性强，又能体现政府意志的调控政策。

2.1.3　房地产市场的结构

房地产市场是一个多功能的综合性市场，按照房地产建筑使用流通顺序可以分为三个层次：一级土地市场、二级开发商新房市场和三级二手房市场。由于我国土地属于国有，是国家以土地所有者的身份，将土地使用权出让或出租给房地产经营者与使用者，所以一级土地市场具有完全垄断市场的特征。二级市场是指房地产开发经营企业将已取得开发经营权的土地及其开发建造好的建筑物一并转让给房地产消费者的市场。由于二级市场的主要交易对象是新建造好后第一次上市出售的房地产，所以二级市场也被称为房地产增量市场。二级市场具有寡头市场的特征。房地产三级市场是指房地产商品所有者，将取得一定年限的土地使用权和房产所有权进行转让或出售的交易市场，包括房屋买卖、租赁、土地转让、房地产抵押等交易活动。由于交易主体的多元性，所以三级市场具有完全竞争市场的特征。这样三级市场同时并存，形成立体综合性市场。

另外从宏观上分析，房地产市场结构包括总量结构、区域结构、产品结构、供求结构和投资结构。要实现房地产市场总量基本平衡、结构基本合理、价格基本稳定的市场目标，保持房地产业与社会经济及相关产业协调发展，必须准确把握房地产市场上的这些主要结构关系。

(1) 总量结构。从房地产市场整体出发，分析开发和销售之间的数量结构关系，考察房地产供求之间的总量差距。

(2) 区域结构。分析在全国不同地区之间，房地产市场发育情况的差异和特点；考察不同区域或城市之间，房地产市场的开发规模、主要物业类型、房价水平和政策措施的差异。

(3) 产品结构。从经济发展阶段出发，考察房地产市场中住宅、写字楼和商业用房等不同物业类型之间的投资比例关系，分析其产品结构布局的合理程度。

(4) 供求结构。针对某一物业类型，分析其市场内部不同档次物业的供求关系，并从市场发展的实际情况出发，判别供给档次和需求水平之间是否处于错位的状态。

(5) 投资结构。根据投资者参与市场的不同投资目的和投资方式，具体分析不同投资方式的适用空间以及彼此之间的动态协调关系。

2.1.4 房地产市场的分类

在我国，基于不同的研究目的，进行房地产分类的标准及分类的结果也就不同。通常，我国的房地产市场可以按区域、用途、功能和交易方式等进行分类。

1. 按照区域划分

房地产的不可移动性，表明其受地区性需求的依赖程度很大，这决定了房地产市场是地区性市场，因此按地域范围对房地产市场进行划分，是房地产市场划分的主要方式。

地域所包括的范围可大可小。由于房地产市场主要集中在城市化地区，所以最常见的是按城市划分，例如北京市房地产市场、上海市房地产市场和深圳市房地产市场等。对于比较大的城市，其城市内部各区域间的房地产市场往往存在较大差异，因此常常还要按照城市内的某一个具体区域进行划分，如上海松江区房地产市场和北京亚运村地区房地产市场等。从把握某一更大范围房地产市场状况的角度，除按城市划分外，还可以按省、自治区或直辖市所辖的地域划分，如海南省房地产市场、新疆房地产市场等。当然我们还可以从更大的范围来研究房地产市场，如我国东部地区房地产市场、美国房地产市场、东南亚地区房地产市场和世界房地产市场等。但一般来说，市场所包括的地域范围越大，其研究

的深度就越浅，研究成果对房地产投资者的实际意义也就越小。

2．按照用途划分

由于不同类型房地产在投资决策、规划设计、工程建设、产品功能、面向客户的类型等方面均存在较大差异，因此需要按照房地产的用途，将其分解为若干子市场。如住宅房地产市场、商业房地产市场、工业房地产市场、特殊物业市场、土地市场等。并且每一个分类还可以再进行细分，如将住宅房地产市场继续划分为别墅市场、公寓市场、普通住宅市场等。商业房地产市场可以细分为写字楼、零售商场或店铺、休闲旅游设施、酒店市场等。工业房地产市场细分为标准工业厂房、高新技术产业用房、研究与发展用房、工业写字楼、仓储用房等市场。

3．按照功能划分

根据房地产市场中各子市场的功能不同，可以将房地产市场分为房产市场、土地市场、房地产金融市场、房地产信息技术市场等。

4．按照交易方式划分

房地产交易包括房地产买卖、租赁和抵押。由于同一时期、同一地域范围内某种特定类型房地产的不同交易形式均有其明显的特殊性，因此依不同房地产交易形式对市场进行划分也就成为必然。土地的交易包括土地买卖、租赁和抵押等子市场。由于我国城市土地所有权属于国家，因此土地交易实质是土地使用权的交易；新建成的房地产产品交易，存在着销售(含预售)、租赁(含预租)和抵押等子市场；面向存量房屋的交易，则存在着租赁、转让、抵押、保险等子市场。

5．按照目标市场划分

从市场营销的角度出发，可以将房地产市场按照市场营销过程中的目标市场来细分。通常情况下，可以将某种物业类型按其建造标准或价格水平，细分为低档、中低档、中档、中高档和高档物业市场，例如甲级写字楼市场、高档住宅市场、普通住宅市场等；也可以按照目标市场的群体特征进行细分，例如老年住宅市场、青年公寓市场等。

除了上述五种最主要的划分方式外，还可以按照交易顺序、购置目的、权属交易内容等对房地产市场进行划分。上述五种划分方法是相互独立的，不同的市场参与者通常关注不同的子市场。根据研究或投资决策的需要，可以将五种划分方式叠加在一起，得到更细的子市场，如北京市商业房地产租赁市场、上海土地拍卖市场、深圳二手房转让市场等。

2.1.5　房地产市场供求的影响因素

1．房地产市场供给的影响因素

房地产市场的供给(或者称房地产供给)是指房地产生产者或者拥有者在一定时期内，以某一特定价格愿意而且能够为社会提供的各种房地产的数量。影响房地产供给的因素主要包括以下几个方面。

(1) 房地产价格。

房地产价格是影响房地产供给最重要的因素。按照供给定理，房地产的供给量与其价格成正相关，即房地产供给量随着房地产价格的上升而增加，随着房地产价格的下降而减少。因此房地产供给曲线与一般商品的供给曲线一样，是一条向右上方倾斜的曲线。

(2) 房地产投资者的目标。

在市场经济条件下，企业的经营目标是利润最大化。如果能带来巨大利润，那么房地产投资者就会扩大生产，房地产供给就会增大。但有时房地产投资者的目标不是利润最大化，而是追求社会效益。例如我国实施的“安居工程”，这时房地产投资者的供给就不一定按所得利润的大小来决定，而是由房屋的需求量和政府的计划而定。

(3) 房地产的开发成本。

在房地产价格水平一定的情况下，开发成本的高低会直接影响到开发商所得的收益。所以，开发商会在成本和价格之间衡量其利润，当生产要素价格下降，特别是建筑材料、人工费和资金成本下降，利润空间就会越大，开发商会增加供给。

(4) 房地产开发建设能力。

房地产开发建设能力主要是指可供开发的土地数量及房地产建设能力。虽然城市土地开发总量和土地开发程度直接影响房地产供给，土地固然具有稀缺性和不可再生性，但人们如果能科学合理地利用、规划城市土地，一般来说能够保证城市发展建设对土地的需求。房地产建设能力是指建材供应、生产效率、竣工率等情况。建筑材料是房屋生产的物资前提，它对房屋供应影响巨大。我国长期以来，因建材不足影响房屋建设的情况十分普遍，特别是房地产开发热时期，这种现象十分严重。建筑材料供应问题成为房地产供应的一个制约因素。生产效率与竣工效率紧密相连，生产效率低自然竣工率低，交付使用的房屋自然少。可是，影响竣工率的因素远不止一个，资金不到位、材料短缺、施工质量不合格、设施不配套、技术力量弱、管理水平低等都影响竣工率，从而也就影响房地产的供给。

(5) 房地产开发商的未来预期。

这种预期包括对国民经济发展形势的预期，对未来房地产价格走势的预期，对经济周期的预期，对国家房地产政策的预期等。由于房地产生产周期长，对未来的预期就显得十分必要。如果开发商对未来房地产经济的发展持乐观态度，则会增加对房地产的供给；反之，则会减少房地产的供给。

(6) 政策因素。

政府的相关政策如房地产政策、产业政策、税收政策等，都是影响房地产供给的重要因素。政府根据房地产市场的运行状况，采取各种调控手段，对房地产投资者的开发经营活动进行引导和约束，这会引起房地产供给数量和结构的变动。例如，如果实行优惠税收政策，减免某些房地产税收，则会降低房地产开发成本。开发成本的降低，既会使房地产实物量供给增加，又会提高开发商盈利水平，从而将更多的资金吸引到房地产部门中来，房地产供给量增加。反之，将导致房地产供给减少。

2．房地产市场需求的影响因素

房地产市场的需求(或者称房地产需求)是指消费者在某一特定时期内，以某一特定价格所愿意而且有能力购买的各种房地产商品和服务的数量。

在对房地产市场的需求进行分析时，首先要区分以下几类需求。一是消费需求，即购买或租赁房地产直接用于生活或生产的需求，也经常被称为刚性需求。二是投资需求，即购买房地产用于出租获取收益或通过低价买进高价售出获取利差的需求，一般要求持有一定年限以上。三是投机需求，即短期内利用房地产价格的涨落变化，购买房地产以期从中获取利差的行为。关于投机的界定没有统一的标准，有的将所购房地产持有 4 年以下界定为投机炒房，有的将这一期限定为5年。

投资需求、投机需求最终如不回归到消费需求上，就会成为虚假需求，虚假需求能够引起房地产价格的异常波动。影响房地产需求的因素主要包括以下几个方面。

(1) 房地产价格水平。

房地产价格是影响房地产需求的重要因素。 在其他条件不变的情况下，房地产的需求与其价格成反方向变化，即价格上涨，需求减少，价格下降，需求增加。但是房地产作为投资品时，并不遵循这一需求规律，反而表现为价格上涨时，需求增加，价格下降时，需求减少，也就是所谓的“追涨杀跌”。

(2) 人口总量与人口结构。

人口总量对住宅需求的影响是极其明显的。人口总量越大，对住宅的需求量也就越大，人口的总量与住宅的需求量成正比。同时，人口结构对住宅的需求也有直接的影响。家庭平均人口的减少，则导致所需住宅的套型相对较小，但相对家庭户数的增加会增加对住宅套数的需求量。因此，家庭人口结构的变化对住宅需求总量、需求结构都有重大影响，并会引起住宅设计、住宅建设等方面的变化。

(3) 消费者的收入水平。

消费者根据自身收入水平衡量对房地产商品的支付能力。消费者收入水平对房地产需求的影响，表现在两个方面：一方面是直接影响住宅需求，二者基本上呈正向变动的关系；另一方面是间接影响生产性房地产需求，即收入水平的提高会促进生产的发展，进而又扩大对生产性房地产的需求。

(4) 消费者的偏好。

消费者的偏好决定其消费结构，消费者会根据自身的偏好，寻找适合自己的房地产。这种偏好既表现为消费者在不同阶段的需求差异，也表现为个人喜好、品位等方面的差异，从而影响对某一类特定房地产的需求。

(5) 城市化进程。

城市化水平对房地产需求的影响表现在城市数量、规模的扩大以及城市人口的增长两个相互联系的方面。随着时代的进步和经济的发展，城市现代化的程度不断提高。大量农村人口涌入城市，各行各业都在城市中寻求发展的机会。因此，对城市建设提出了更高的要求：一方面土地资源需求有限，另一方面又要扩大城市规模，增强城市在经济、政治、文化发展中的中心作用，这样必然会影响到对房地产的需求。

(6) 消费者对未来的预期。

消费者预期包括对未来房地产价格水平的预期以及对自身未来收入等的预期。当消费者对未来经济形势的预期不乐观时，需求量就会减少，潜在需求量也会暂时减少。反之，则会刺激房地产的需求，也会使潜在的需求量转化为现实的需求量。另外需要注意的是，当房地产作为一种投资品特别是投机的对象时，对未来房地产价格的预期成为决定当前房地产需求的最主要因素。在房地产市场上常常出现这样的情况，在住房价格下跌时，即使跌幅很大，如果消费者预期还会跌，则他们会持币待购，迟迟不肯入市；当房地产价格上涨时，若消费者预期还会上涨，即使价格偏高，也可能形成现实的房地产需求。

(7) 政策因素。

国家的房地产政策、货币政策和财政政策等，对房地产的投资需求和消费需求都会产生很大影响。税收政策的调整，在相当程度上能影响房地产的价格交易费用，进而影响房地产的需求。利率一直被看作最有力的经济杠杆。利率对房地产投资需求和消费需求的影响都较大，尤其是对投资需求的影响更大。利率升高，对房地产需求有抑制作用；利率降低，则对房地产需求有促进作用。利率对房地产消费需求的影响又可分为两种情形：一是对开发商贷款利息率的高低变化，导致房地产价格的变化，从而影响其需求水平；二是居民个人住房贷款利率的变化，会直接影响消费者的支付能力，从而影响其需求水平。

2.2 房地产市场分析

2.2.1 房地产市场分析的必要性

房地产项目的市场分析是在投资决策确定之前，调查市场情况、了解项目背景资料、辨识投资风险、选择投资机会的过程。如产品的结构设计、内部设计是否适应用户的要求，房地产项目的建设是否与宏观政策的要求相一致。然而，现实情况是出现两种极端的情况：一是有些房地产投资者没有足够重视市场分析，主观臆断地决策的现象较为普遍，结果遭受巨大损失；二是有些房地产投资者却过于相信市场分析的结论，没有注意到该项市场分析的调查结果可能不真实、实用性差，不适应市场需求，也可能造成严重的后果。

随着市场化程度的提高，市场分析在房地产投资决策中的地位日益重要，市场分析的必要性主要表现在以下几个方面。

1. 房地产投资决策需要市场分析

对房地产开发投资决策而言，市场分析是获得正确资料最主要的工具，可以帮助投资者掌握房地产市场需求变化的态势，预见拟投资开发项目技术是否可行，房地产产品变现能力如何，市场竞争力如何，投资绩效如何，预期获利程度如何等，从而减少投资决策的盲目性。在下面几种情况下，市场分析工作尤为重要。①开发商对拟开发的项目没有或只有很少的相关经验；②开发拟开发的项目要持续几年的时间，在这段时间内，市场环境可能发生较大的变化；③市场情况不确定因素较多；④开发商拟进入一个特殊的市场，该市场上没有前人的经验可以借鉴。我们也应该注意到，这种资料的收集、记录和分析必须客观与准确，否则将造成极大偏差。

2. 房地产经营管理需要市场分析

房地产经营者总是处于不同的经济环境，他们应该对这一环境的趋势有基本了解，并估计这种形势对房地产经营市场有什么影响。市场分析反映了收入水平、消费方式和工作

实践的变化，以及这些变化将会给房地产租赁需求带来的影响。这就可能需要我们对租金水平和营销渠道做出相应的调整。例如，掌握了互有竞争的各公司的租金情况，就有助于制定合理的租金结构，并确定最佳的广告方法，从而增强经营管理的主动性。市场分析也提供科学的方法与程序，使得公司在经营管理上存在的问题获得符合逻辑的、全面的、令人满意的解决方法。

另外，市场分析有助于对管理过程进行控制。它可以及早地提醒人们哪些管理环节出现了问题或者存在潜在的麻烦。它可以帮助我们对物业当前的运转质量和各种变更方案做出评价。例如，对具有可比性的租金水平和出租率进行比较，可以显示市场营销的管理水平。租户周转率的高低则反映了租户对某一楼宇或楼宇管理的满意程度。市场分析也可以帮助投资者评价自己的管理水平，找出其中需要改进之处，使经营目标更为接近原定计划。

3．房地产价格策略的制定需要市场分析

对于以营利为目的的投资者来说，决定售价与租金高低的重要因素就是市场。市场分析可以显示房地产市场上物业的单位售价和租金水平的变动范围。而对于买方和承租者来说，也可以通过市场分析确定价格，以判断在某个特定的市场区域内某一售价或租金水平是否合理。市场分析有助于制定价格策略。

当我们确认市场分析对于投资者的价值时，我们同时应注意房地产市场的特殊性。

2.2.2　房地产市场分析的限制

随着市场化程度的提高，市场分析在房地产投资决策中的作用将日益突出。具体表现为市场分析能够提供必要的需求与供给信息，使投资者可以相对准确地进行投资决策。但是房地产市场分析常常受到一些条件的限制，这些限制包括以下几个方面。

1．费用的限制

几乎所有的研究报告都有其固定的预算。市场研究者只能在其预算范围内做调查与研究。因此，经常会感到无法充裕地执行其研究计划。研究的结果由于投入的限制而会大打折扣。尽管我国房地产业的发展已有十多年，但很多投资者对市场研究的认识仍然不那么深刻，不愿意投入研究费用也是可想而知的。

2．时间的限制

市场研究是极费时间的，而决策者和投资者提供给市场分析人员的时间通常并不充裕，他们经常要求在仓促的时间里提出翔实客观的研究报告，这对分析人员来说压力当然很大，想在短暂的时间里拿出高水平的能反映实际情况的报告实属为难。

3．技能的限制

有经验与没有经验，有丰富经验与有少许经验的市场分析人员之间的技巧与能力是不可比的。每个人市场分析技能的差异，会影响他们的研究报告可信度的高低。一个优秀的市场分析人员应当具备多方面的技能，包括统计技术的理解、思维逻辑的方法、归纳与推定的领悟以及资料整理与取舍的技能等。房地产经济学家预测房地产走势大多不准，有北大徐滇庆与牛刀打赌打输，而房地产开发商却大都准确，如任志强。

4．偏好限制

人们通常都会有其主观意识上的偏好或者先入为主的成见。从搜集资料开始到资料分析的完成，这些都将渗入其研究成果中。例如有的人侧重于对需求方(消费群体)的分析，有的人偏向于对供给方(竞争对手)的分析。事实上，房地产市场的表现是由需求与供给共同决定的。所以分析人员的偏好有时也会影响市场分析结论的质量。

2.2.3 房地产市场分析的内容

将房地产市场分析的内容再进一步细化，可以将其归纳为以下四个方面。

1．地区经济分析

地区经济分析是研究地区的经济环境，它包含地区经济的基本趋势分析和地区基础产业的发展趋势分析。

2．市场概况分析

市场概况分析主要是对地区房地产各类市场未来总的趋势分析，需要从人口、公共政策、经济、法律、社会及家庭等多个方面分析市场未来趋势和项目的支持度。

3．专业市场供求分析

在专业市场供求分析中，首先根据潜在需求的来源及竞争物业的所在地，确定市场研究区域；其次是细分市场，进行产品细分及消费者细分，找出某一消费群体所对应的房地产产品子市场；再次是分析各子市场的供求关系，求出各子市场的供需缺口；最后将供需缺口最大的子市场确定为目标子市场，具体求出目标子市场供求缺口量，即未满足的需求量。对于已经确定用途的房地产项目，则可以直接对项目所在的专业市场进行市场供求分析。

供给市场分析包括市场供给总量分析、供给结构分析以及供给预测分析。需求市场分析包括需求量分析和消费者分析。

4．项目竞争分析

项目竞争分析主要包括：分析项目的法律、经济、区位等特征；根据目标物业的特征，选择、调查竞争物业；进行竞争评价，确定目标物业的竞争特点，预测一定价格和特征下项目的销售率及市场占有率。通过项目竞争分析确定产品定位、房型组合、公共设施分摊方式、规划特色、定价方式、付款方式、销售状况等。

2.2.4 自贸区写字楼市场分析

1．上海写字楼总体分析

上海写字楼市场的发展历程大概可以分为五个阶段：第一阶段是计划经济体制下的行政办公楼及一些国有企业在工厂建小办公楼；第二阶段是外企陆续进入上海 ，一部分酒店开始承担写字楼的功能，酒店中入住了一些国外驻沪办事处或者一些小的公司，这时候就有了对写字楼的需求；第三阶段是内资与外资合建的写字楼建成后，很多大公司迅速搬到里面办公；第四阶段是由于看到了高利润回报率，更多国外开发商和一些实力强的国内企业开始兴建写字楼；到了第五阶段，随着城市的国际化进程，写字楼产品也日益与国际项目接轨。

受经济增速放缓的影响，2013 年上海优质写字楼市场整体呈现弱平衡格局。全年新增供应约 41 万平方米，仅为 2011—2012 期间年均量的一半；需求方面，净吸纳量累计达 49 万平方米，低于 1996 以来的历史平均水平 14%。而租金表现基本平稳，全年收跌 1.0%；但区域间租金走势出现分化，浦东表现优于浦西。

外高桥板块是 2013 年上海写字楼市场值得一书的亮点。自贸区落地后，外高桥写字楼需求激增，推动区内租金在四季度环比大涨 42%，而空置率也从 25%左右降至 8%。

2013 第四季度，金虹桥国际中心与中国金融信息中心入市，新增供应 138 000 平方米。本季净吸纳量 129 705 平方米，基本与前两个季度持平，空置率保持在 7.0%，租金则较上季度微跌 0.2%。

2．自贸区写字楼市场供给分析

(1) 自贸区写字楼供给量、主要楼盘及类型。

主要楼盘有高翔大楼、交能大厦、鲁能大厦、凯兴大楼、汤臣国际贸易大楼等。其具体楼层和建筑面积见表 2-1。

表 2-1　自贸区主要楼盘情况

楼盘名称	总楼层(层)	总建筑面积(平方米)
高翔大楼	12	17 000
交能大厦	26	17 496
鲁能大厦	15	25 500
凯兴大楼	3	10 800
汤臣国际贸易大楼	25	40 382
总计		111 178

(2) 自贸区写字楼主要供给特点。

① 写字楼供不应求，租金翻倍。短期内，大小企业在自贸区内争先注册，各家银行在自贸区圈地发展，直接改变了区内写字楼市场的供求关系，市场呈现供不应求的现象。上海自贸区内写字楼供应量的不足，加上海内外企业的趋之若鹜，造成写字楼的租金翻倍。2013 年 7、8 月份，外高桥写字楼平均租金报价为 2.1 元/(平方米·日)，9 月后写字楼租金开始上涨，在 9 月底中国(上海)自由贸易试验区(自贸试验区)挂牌前后及“十一”后，出现了两波大幅调租涨价，目前写字楼平均租金已升至 4.2 元/(平方米·日)。

② 写字楼软件环境不理想，缺乏甲级写字楼。大部分都是早期建成的，办公条件不算理想。

③ 未来写字楼将趋向小面积、小单元。由于目前推高写字楼租金和售价的需求中，有

很大比例是来自抢注的中小型民营企业。这些企业往往存在需求面积小(仅供企业注册使用)、注册在区内、业务在区外的特征，加上当地写字楼资源稀少，所以未来写字楼将向小面积、小单元发展。

④ 客户数成倍增长，写字楼基本满租。如宝钢浦东国贸大厦、汤臣国际贸易大厦、三联大厦等已基本满租，有的已停止对外报价。

3．自贸区写字楼市场需求分析

(1) 写字楼市场需求主要特点。

① 贸易与服务业对于写字楼的需求量大增。相较于过去主要以工业、物流占据主要产业份额，如今自贸区的成立正带动区域往贸易与服务业转型，显然贸易与服务业对于写字楼的需求量相比过去会大很多，预计未来当地的办公楼体量会有所增加。

② 写字楼市场租售两旺。咨询自贸区范围内办公场所房源的客户数量成倍增长，二手办公楼售价从 1.2 万元/平方米左右，上升到 1.8 万/平方米，上涨了 50%左右。租金价格也在上涨，由原来的 60 元/(平方米・月)上涨到目前的 80 元/(平方米・月)左右，高档的写字楼价钱更高。

③ 写字楼需求主要来自银行金融机构和抢注的中小型民营企业。银行看重自贸区特殊的金融政策和新入驻的优质客户。而新抢注的民营企业，往往存在需求面积小(仅供企业注册使用)、注册在区内、业务在区外的特征，且短期内不存在往区内派驻大量人员直接开展业务的实际办公需求。

(2) 自贸区写字楼需求量。

写字楼的需求取决于企业增长情况，而上海自贸区自挂牌以来，已吸引大量企业入驻。截至 2013 年 12 月 31 日，自贸区内新设内资企业共 3 405 户(含分支机构 21 户)，新设外商投资企业 228 户(含分支机构 5 户)。按照自贸区注册企业所需面积进行计算，即按照总需求量=注册企业数×所需面积，在这里所需面积以最低要求 20 平方米计算，即新注册企业需求量为：

$$(3\,405+228)\times 20=72\,660(\text{平方米})$$

短期内，大小企业在自贸区内争先注册，各家银行在自贸区圈地发展，直接改变了区内写字楼市场的供求关系，市场呈现供不应求的现象。按照当前注册的速度，即根据企业数的增加情况来预测每月新增写字楼，即

$$\text{IDO}=\text{IE}\cdot D$$

式中：IDO——每月新增写字楼需求量；

IE——每月新增企业数；

D——平均每个企业需求的写字楼面积。

自 2013 年 9 月 29 日挂牌至 2013 年 12 月 31 日，新设企业数为 3 633 家，按照这个速度每月增加 1 211 家。根据租购写字楼最低面积 20 平方米，则自贸区每月因新注册企业的增加而产生的新增写字楼需求量(包括自建、租购等需求)为：

$$1\,211\times 20=24\,220(\text{平方米})$$

可见自贸区的写字楼资源远远不能满足现有需求，这使得自贸区的建设对于周边板块乃至整个大浦东地区、黄浦江两岸等地区都是重要的利好，房产的升值可期。从投资前景

而言，自贸区写字楼等价格已经较高，而地处价值洼地且极具上升空间的滨江写字楼则是较好的选择。北外滩滨江可供出售的写字楼产品凤毛麟角，大多数企业选择自己持有，只租不售。更有企业不惜重金整栋收购滨江商办类物业，放长线，尽收滨江价值回报。以绿地集团为例，拥有绿地中心、绿地汇中心、绿地北外滩中心等 5 个 5A 甲级写字楼项目，可以尽享自贸区带来的机会。

2.2.5　房地产市场指标

反映和描述房地产市场状况的指标，包括供给指标、需求指标和市场交易指标三种类型。

1．供给指标

供给指标分别介绍如下。

(1) 存量。是指报告期期末已占用和空置的物业空间总量，单位为建筑面积或套数。用公式表示如下：报告期存量=上期存量+报告期新竣工量-报告期灭失量。

(2) 新竣工量。在我国指报告期内房屋建筑按照设计要求已全部完工，经验收鉴定合格，可移交使用的建筑面积。

(3) 灭失量。是指房屋存量在报告期内由于各种原因灭失掉的部分。

(4) 空置量。是指报告期期末房屋存量中没有被占用的部分。在我国指“报告期末已竣工的可供销售或出租的商品房屋建筑面积中，尚未销售或出租的商品房屋建筑面积。

(5) 空置率。是指报告期期末空置房屋占同期房屋存量的比例。

(6) 可供租售量。是指报告期可供销售或出租房屋的数量，用公式表示如下：可供租售量=上期可供租售数量-上期吸纳量+本期新竣工量。

(7) 房屋施工面积。是指报告期内施工的全部房屋建筑面积。包括本期新开工的面积和上年开工跨入本期继续施工的房屋面积，以及上期已停建在本期恢复施工的房屋面积。

(8) 房屋新开工面积。是指在报告期内新开工建设的房屋面积。房屋的开工应以房屋正式开始破土刨槽的日期为准。

(9) 平均建设周期。是指某种类型的房地产开发项目从开工到竣工交付使用所占用的时间长度，平均建设周期=房屋施工面积/新竣工面积。

(10) 竣工房屋价值。是指在报告期内竣工房屋本身的建造价值。

2．需求指标

需求指标分别介绍如下。

(1) 国内生产总值。是按市场价格计算的一个国家(或地区)所有常住单位在一定时期内生产活动的最终成果。

(2) 人口数。是指一定时点、一定地区范围内居住的人口总和，包括常住人口和现有人口。

(3) 城市家庭人口。在我国指的是有城市户口的家庭成员。

(4) 就业人员数量。是指从事一定社会劳动并取得劳动报酬或经营收入的人员数量。

(5) 就业分布。是指按产业或职业分类的就业人员分布状况。

(6) 城镇登记失业率。是指城镇登记失业人员与城镇劳动力之比。

(7) 城市家庭可支配收入。是指家庭成员可以用来自由支配用于最终消费支出和其他非义务性支出以及储蓄的总和。

(8) 城市家庭总支出。是指除借贷支出以外的全部家庭支出，包括消费性支出、购房建房支出、转移性支出、财产性支出和社会保障支出。

(9) 城市居民消费价格指数。是指反映一定时期内城市居民家庭所购买的生活消费品价格和服务项目价格变动趋势和程度的相对数。

3. 市场交易指标

市场交易指标分别介绍如下。

(1) 销售量。是指报告期内销售房屋的数量，我国采用的是实际销售面积，指报告期已竣工的房屋面积中已正式交付给购房者或已签订正式销售合同的商品房屋面积。

(2) 出租量。是指报告期内出租房屋的数量。

(3) 吸纳量。是指报告期内销售和出租房屋的数量之和。

(4) 吸纳率。是指报告期内吸纳量占同期可供租售量的比例，以百分数表示，有季度吸纳率、年吸纳率等。

(5) 吸纳周期。是指按报告期内的吸纳速度或单位时间内的吸纳量计算，同期可供租售量可以全部被市场吸纳所需要花费的时间，单位为年、季度或月，在数值上等于吸纳率的倒数。

(6) 预售面积。是指报告期末仍未竣工交付使用，但已签订预售合同的正在建设的商品房屋面积。

(7) 房地产价格指数。是指反映一定时期内房地产价格变动趋势和程度的相对数，包括房屋销售价格指数、房屋租赁价格指数和土地交易价格指数。

(8) 房地产价格。是指报告期房地产市场中的价格水平，通常用不同类型房屋的中位数价格表示。

(9) 房地产租金。是指报告期房地产市场中的租金水平，通常用不同类型房屋的中位数租金表示。我国现有房地产租金统计，是基于各类物业平均租金的统计。

2.3 房地产市场调查

2.3.1 房地产市场调查的内容

房地产市场调查的内容非常广泛，涉及房地产市场需求和供给的各个方面。通常，根据研究的目的不同，可将研究内容划分为不同的类型。

1. 按照研究视角划分

按照研究视角不同，将房地产市场调查内容分为宏观调查内容、中观调查内容和微观

调查内容三类。

宏观调查内容主要包括宏观的经济形势，大到世界经济形势，中到本国经济形势，小到区域经济形势。宏观经济政策包括财政政策和金融政策。其中对房地产市场影响较大的主要有财产税、遗产税和房产税政策。金融政策主要是房贷政策和利率政策等。

中观调查内容主要指房地产行业政策，如行业发展现状、趋势和前景，以及房地产业处于产业生命周期的哪个阶段和国家对于本产业的扶持和限制政策等。

微观主要是对房地产企业的调查，包括开发商自身的调查、相关企业的调查(相关企业包括上游供应商和下游代理商)、竞争企业行为的调查以及消费者行为调查等。

微观调查是房地产市场调查的主要形式，包括微观主体供给、需求和竞争状况及行为的调查。

(1) 微观主体供给调查。

微观主体供给调查是指在某一时期内为房地产市场提供房地产产品的状况。主要包括房地产市场现有产品的供给总量、供给结构、供给变化趋势、市场占有率，其中供给结构主要体现在高层、多层、单体、小区、别墅比例和住宅、写字楼、商用房比例，房地产市场的销售状况与销售潜力，房地产产品的市场生命周期，房地产产品供给的充足程度，房地产企业的种类和数量，是否存在市场空隙，具体可体现在社会上可供房屋的规格、数量、质量以及公开销售的楼盘总数、面积及区域分布，有关同类房地产企业的生产经营成本、价格、利润的比较，整个房地产产品价格水平的现状、变化趋势和波动因素，最适合于客户接受的价格水平以及新产品定价及价格变动幅度等。

(2) 微观主体需求调查。

微观需求主体主要是消费者，调查的目的是了解消费者的刚性需求和潜在需求，为此调查内容主要包括消费者消费行为调查、消费动机调查和消费者自身结构调查三方面可能影响消费的因素。

其中消费者行为调查包括消费者购买房地产商品的数量及种类，消费者对房屋设计、价格、质量及位置的要求，消费者对房企品牌的忠诚程度等。

房地产消费动机是为满足一定的需要而产生的购买房地产产品的愿望和意念。房地产消费动机是激励房地产消费者产生房地产消费行为的内在原因。房地产消费动机调查的内容主要包括消费者的消费意向、影响消费者动机的因素、消费者消费动机的类型等。其中消费者购买动机类型有多种，如自用型、投机型、投资型、理智型、冲动型等。

房地产消费者自身结构调查主要是调查房地产消费者的数量及其构成。主要包括消费者对某类房地产的总需求量和市场需求发展趋势，调查房地产现实与潜在消费者的数量和结构，如地区、年龄、民族特征、性别、文化背景、职业、宗教信仰等，消费者的经济来源和经济收入水平等实际支付能力。

(3) 微观主体竞争情况调查。

房地产市场竞争情况的调查主要包括竞争企业和竞争产品两方面内容。其中对竞争企业的调查主要包括竞争企业的数量、规模、实力状况，包括开发商和代理商的实力资质、品牌效应、经营思路、发展规划，竞争企业的生产能力、技术装备水平和社会信誉以及竞争企业所采用的市场营销策略以及新产品的开发情况等。

对竞争产品的调查主要包括竞争产品的设计、结构、质量、服务状况，如竞争产品的规划设计、配套设施、环境及物业管理以及竞争产品的规模、容积率、绿化率、主力户型等，竞争产品的市场定价及反映状况和市场占有率等。

此外，对于微观主体竞争状况的调查还涉及价格调查与营销行为和绩效调查等。调查内容的巨细取决于项目决策的阶段和项目决策的内容，这在后面的项目决策分析中，我们会再详细分析。

2. 按照制约环境划分

按照制约的环境不同，分为软环境调查和硬环境调查两类。

房地产市场环境调查分为两类：一类是软环境调查，包括政治法律环境调查、经济环境调查和社会文化环境调查；另一类为硬环境调查，包括房地产项目所在的社区市政交通设施配套环境调查和生活设施配套环境调查等社区环境调查。

(1) 软环境调查。

包括政治法律环境调查、经济环境调查和社会文化环境调查三个方面。

其中政治法律环境调查主要是了解对房地产市场有影响和起制约作用的政治形势、国家对房地产行业管理的有关方针政策及法律法规，如国家制定的房地产业发展政策、房地产税收政策、房地产金融政策、土地管理政策等有关房地产开发经营的方针政策，各级地方政府制订的有关土地利用规划、城市和区域规划等。

经济环境调查主要是为了了解财政、金融、经济发展状况和趋势等因素，如国家、地区或城市的经济特征，项目所在地区的经济结构、人口及就业状况、就学条件、基础设施情况、区域发展战略、同类竞争物业的供给情况，获取资金的难度、利率、银行新增贷款趋势等金融环境，以及与特定房地产开发类型和开发地点相关的因素等。

社会文化环境主要是居民的生活习惯、生活方式、消费观念、消费心理，如居民的职业构成、受教育程度、文化水平，家庭人口规模及构成以及居民的家庭生活习惯等。

(2) 硬环境调查。

硬环境调查包括社区环境和配套设施环境调查。其中社区环境调查内容包括社区繁荣程度、购物条件、文化氛围、居民素质、交通和教育的便利程度、安全保障程度、卫生情况、空气和水源质量及景观等方面，社区环境直接影响着房地产产品的价格。

配套设施环境调查包括市政交通设施、能源设施和生活配套设施的调查。其中市政交通设施，包括地块周边的市政路网及其公共交通现状、远景规划，项目对外水、陆、空交通状况，地块周边市政道路进入项目地块的直入交通网现状。能源设施，包括供水、供电、供气、排水、供暖等。生活配套设施，包括学校、医院、商场、超市、书店、车站、银行、邮政、电信等。

3. 按照调查因素划分

按照调查因素是否可控，将房地产调查内容分为可控因素调查和不可控因素调查两类。

可控因素包括房地产企业自身的行为因素，如自身的供盘速度、开发进度、营销安排等。不可控的因素包括政策环境、市场环境、竞争对手行为和消费者行为等。

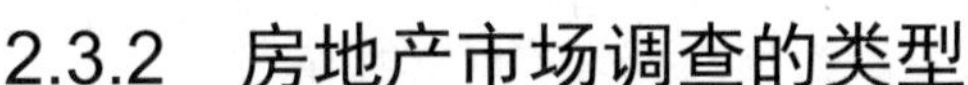

2.3.2　房地产市场调查的类型

市场调查类型可以分为多种，按调查的性质分类，常用的调查主要有如下三类。

1. 探索性调查

探索性调查是指对房地产企业扩展的方向和规模所进行的调查研究，或为了弄清某一问题而进行的调查研究。后者又可称为诊断性调查。

如近几个月，某一房地产经营单位的商品房销售量一直下降，但原因不明。遇有此种情况可采用探索性调查来寻求答案，究竟是社会大气候还是企业自身因素造成的？是产品质量原因，还是价格偏高？还是市场上出现了新的竞争对手？从调查中找出问题症结所在。

2. 描述性调查

这是使用最多的一种市场调查。主要特点是针对已找出的问题或对假设存在的有关问题进行描述，说明其“是什么”、“什么时候”、“什么地方”、“什么原因”等问题。描述性市场调查较之探索性市场调查的设计要严密很多，探索性调查往往没有正式设计，调查弹性较大。描述性调查由于需要对特定情况进行完整和精确的描述，因此要求完备的正式设计。描述性调查所取得的市场信息资料十分重要，是进行市场分析、市场预测和决策的重要依据。

3. 因果性调查

因果性调查的目的是找出问题的原因与结果，它是专门回答为什么的调查。描述性调查是描述问题中各要素的关联现象，而因果性调查则要找出形成这类关系的原因。因果关系调查，在于了解某些变量对某一个因变量的关系，同时还应进一步弄清在许多变化因素中，何种是决定性的因素。

2.3.3　房地产市场调查的方法

房地产市场调查是以房地产为特定对象，对相关的市场信息进行系统的搜集、整理、记录和分析，对房地产市场进行研究和预测，并最终为房地产投资项目提供决策服务的一种活动。房地产市场调查方法是指市场调查人员在实地调查中搜集各种信息资料所采用的具体方法。根据《房地产开发项目经济评价方法》(建标〔2000〕205 号)的规定，房地产市场调查通常采用的方法有普查法、抽样调查法、直接调查法和间接调查法。

1. 普查法

普查又称全面调查，是指对调查对象总体所包含的全部个体都进行调查。这种对总体所包含的每一个个体进行的调查，可获得全面的数据，能够正确反映市场的客观实际，效果明显。但是，当调查的对象繁多且调查的问题比较复杂时，需要耗费大量人力、物力、财力，调查周期长。所以在房地产市场调查中，只有房地产行政主管部门为了解市场情况，如整个市场商品房的供需情况、空置率等，才会委托统计部门对市场进行普查。而对于一般的房地产企业而言，不可能也无力采取这种方法，它们往往设法获取行政主管部门通过普查得到的有关信息。例如，可以借用全国人口普查所得到的有关数据资料等。

2．抽样调查法

抽样调查法是指从研究对象的全部单位中抽取一部分单位进行考察和分析，并用这部分单位的数量特征去推断总体的数量特征的一种调查方法。其中，被研究对象的全部单位称为“总体”；从总体中抽取出来，实际进行调查研究的那部分对象所构成的群体称为“样本”。

样本条件：第一，要有足够的容量；第二，要有正确的抽取法。抽样调查法分为随机抽样法和非随机抽样法。

(1) 随机抽样法。

随机抽样是在总体中随机抽取个体作为样本进行调查，根据样本推断出一定概率下总体的情况。在随机抽样中，由于每一个个体被抽取作为样本的概率是相等的，所以调查结果能比较准确地反映市场状况。随机抽样的缺点在于：首先，调查的准确程度取决于所选取的样本的数量，样本的数量越多则准确程度越高，相对而言所需的费用越高，难度也越大，因此需要确定一个合理的样本容量水平；其次，虽然随机抽样结果比较客观，但难以反映一些重要指标的精确度。它又可分为如下三种具体方法。

① 简单随机抽样法。它是一种最简单的一步抽样法，是从总体中选择出抽样单位，从总体中抽取的每个可能样本均有同等被抽中的概率。抽样时，处于抽样总体中的抽样单位被编排成 1～n 编码，然后利用随机数码表或专用的计算机程序确定处于 1～n 间的随机数码，那些在总体中与随机数码吻合的单位便成为随机抽样的样本。例如，要调查一个有 5 000 户居民的街区对住房的需求情况，拟抽出 300 户样本分析总体。可将 5 000 户全部编上号码，采用抽签法随机抽出 300 户作为样本。这种抽样方法简单，误差分析较容易，但是需要样本容量较多，适用于各个体之间差异较小的情况。

② 分层随机抽样法。它是根据某些特定的特征，将总体分为同质、不相互重叠的若干层，再从各层中独立抽取样本，是一种不等概率抽样。此法适用于母体复杂、个体之间差异较大、数量较多的情况。如上例中，若想了解不同工薪层的人的住房需求情况，则可把全街区 5 000 个户主按年薪分出几个层次，然后再随机抽样，即可得到较为符合实际的数据。这样的分层抽样能够提高样本的代表性、总体估计值的精度和抽样方案的效率，抽样的操作、管理比较方便。但是抽样框较复杂，费用较高，误差分析也较为复杂。

③ 整群随机抽样法。整群随机抽样法是先将总体单元分群(可以按照自然分群或按照需要分群，在交通调查中可以按照地理特征进行分群)，再随机选择群体作为抽样样本，调查样本群中的所有单元。整群抽样样本比较集中，可以降低调查费用。例如，在进行居民出行调查中，可以采用这种方法，以住宅区的不同将住户分群，然后随机选择群体为抽取的样本。此法优点是组织简单，缺点是样本代表性差。

(2) 非随机抽样法。

非随机抽样是指调查人员在进行调查前事先制定标准，对所抽取的样本进行有意识的选择。例如，某个房地产开发企业准备将已经竣工的楼盘的销售对象定位在青年白领阶层，但对市场接受程度心中没有把握。为此，他们有选择性地在这类对象相对集中的地区和企

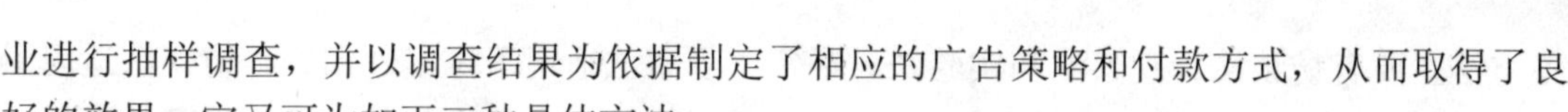

业进行抽样调查，并以调查结果为依据制定了相应的广告策略和付款方式，从而取得了良好的效果。它又可为如下三种具体方法。

① 重点抽样法。只对总体中为数不多但影响颇大的重点单位调查。如在对高档别墅的市场需求调查时，只选择一些具有很强购买力的企业集团或成功人士作为调查对象。

② 配额抽样法。它是按照一定的标准和比例分配样本数额，然后由调查者在分配的额度内任意抽取样本。配额抽样法与分层随机抽样很接近，最大的不同是分层随机抽样的各层样本是随机抽取的，而配额抽样法的各层样本是非随机的。

③ 任意抽样法，又称便利抽样或偶遇抽样。它是一种随意选取样本的方法，即研究者将在某一时间和环境中所遇到的每一总体单位均作为样本成员。一般是在母体同质时采用此法。“街头拦人法”就是一种偶遇抽样。

3. 直接调查法

直接调查法是指调查者到现场直接与被调查者进行面对面的接触而进行的调查方法，通常称为访谈法。对被调查者进行直接询问调查的方式有多种，如入户调查、随机采访、座谈会等。房地产公司定期举办的讲座就属于直接调查法。

4. 间接调查法

间接调查法是指调查者不直接与被调查者面对面接触，而是通过某种中介向被调查者进行的调查方法。如房地产公司通过派发问卷或打电话了解消费者的需求等。

2.3.4　房地产市场调查的程序

虽然房地产市场调查的方法因投资者和投资项目的不同而不同，但所有调查或分析所遵循的程序或步骤却是基本相同的。

(1) 确定调研主题。首先确定调查的方向，这是房地产市场调查的起点工作。只有确定调研的主题，才能明确调查的方向，为后期的调查做好准备。

(2) 探索性研究。探索性研究是对所研究的现象或问题进行初步了解，获得初步印象和感性认识，为今后的深入研究提供基础和方向。探索性研究包括次级资料研究、专家访问、相似案例分析、深度访谈等。

(3) 确定调查目标。在确定调研主题后，应尽快确定调查目标。调查目标或是企业当前急需解决的问题，或是企业重大经营决策需要的背景资料，市场调查应围绕具体目标展开。

(4) 编制调查方案。调查方案是一种行动纲领，主要包括调查方式、调查进度、信息收集范围、调查经费预算、人员培训及安排等。

(5) 实验性调查。现场实验调查，即通过各种方式到调查现场获取资料。现场调查工作的质量直接影响到调查结果的正确性。为此，必须重视现场调查人员的选拔和培训工作，确保调查人员能够按规定进度和方法获得所需要的资料。

(6) 收集资料。在收集资料这一环节，主要是确定收集资料的方法。根据来源资料可以分为第一手资料和第二手资料。第一手资料是调查人员在现场实地调查所收集的资料，收集方法主要有访谈法、观察法和实验法。通常，观察法适用于探索性调查，访谈法适用于描述性调查，实验法适用于因果性调查。第二手资料是指由他人收集并经过整理的资料，收集方法主要是从书本上获取、借鉴前人经验等。相比第一手资料，二手资料能节约开支和时间，但是二手资料常与调研人员的目的不一致，有时还存在时效性问题。

(7) 资料的审核整理。调查所获取的资料，多是原始的、分散的。所以要将所收集到的各种资料进行归纳、分类和整理，使其成为能够反映市场经济活动本质特征和适应企业需要的资料，它属于信息资料的深加工，是市场分析的前提。

(8) 资料的统计和分析。在资料整理的基础上，对调查资料进行统计计算，有系统地制成各种计算表、统计表、统计图，并对各项资料中的数据和事实进行比较分析，得出一些统计上的数字如平均数、频数、相关值等，直到得出必要的结论。资料分析主要包括定性分析和定量分析。

(9) 撰写调查报告。调查报告的主要目的是为房地产投资决策提供参考依据。它一般有两种形式：一种是专门报告，内容详尽明确；另一种是一般调查报告，内容简单明了。通常情况下，调查报告应做到：①态度客观，内容真实准确，不能曲意迎合；②内容简明扼要，重点突出；③文字洗练，要言不烦；④结论和建议可归纳为要点，更为醒目，文后要附表格及附件，便于阅读和使用。

2.4 房地产市场预测

2.4.1 房地产市场预测的种类

房地产市场预测是借助历史统计资料和市场调查，运用科学的方法和手段，对房地产未来经营状况及发展趋势等做出的预计、测算和判断。市场预测是房地产投资分析的重要内容，预测的好坏不仅关系到房地产企业的经营成果，甚至关系到房地产企业的兴衰存亡。

房地产市场预测按照预测方法的性质，一般分为定性预测、定量预测和混合预测。

1. 定性预测

定性预测主要是通过对历史资料的分析和对未来条件的研究，凭借预测人员实践经验和逻辑推理能力，对房地产市场未来发展做出性质和程度上的推测和判断，然后再通过一定形式综合各方面的意见，作为预测未来的主要依据。定性预测系统地规定了必须遵循的步骤，以便这些预测方法可以重复地使用，并可对不同的预测对象给出适当的预测范围。它是一种实用的预测方法，也是市场预测中应用较广泛的基本方法，尤其适用于市场中长期预测。在房地产市场预测中，常用到的定性预测法有调查预测法、个人判断法和专家会议法。

2. 定量预测

定量预测是在了解历史资料和统计数据的基础上，运用数学方法和其他分析技术，建

立可以表现数量关系的数量模型，并以此为基础分析、计算和确定房地产市场要素在未来可能的数量。如普通商品住宅需求数量、写字楼售价或租金上涨率等。定量预测主要用于短期或中期预测。

3．混合预测

混合预测是定性预测和定量预测的结合，它综合运用定性预测和定量预测的优点，能明显提高预测的准确性。定性分析与定量分析是对分析方法的一种性质划分，两者各有特点。定性预测擅长于预测趋势的转折及影响，而定量预测则只有在趋势能延续下去的前提下才有效。定量预测更客观并具有成本低、适于反复预测等特点，因此，通过混合预测，可以克服单一预测的弱点，明显地提高预测精度、节约成本。

2.4.2　房地产市场预测的方法

房地产市场预测的方法较多，根据《房地产开发项目经济评价方法》(建标〔2000〕205号)的规定，房地产市场预测的方法有：直观判断法、历史引申法和因果预测法。

1．直观判断法

直观判断法是指预测者凭着已往的知识经验和综合分析能力，或依靠群众的智慧和经验进行预测的方法，是一种传统的预测方法，又称“经验判断法”，主要是指德尔菲法。

德尔菲法又名专家意见法或专家函询调查法，是组织者采用背对背的通信方式征询专家小组成员的预测意见，经过几轮征询，使专家小组的预测意见趋于集中，最后做出符合市场未来发展趋势的预测结论。

德尔菲法本质上是一种反馈匿名函询法。其大致流程是：组织者在对所要预测的问题征得专家的意见之后，将意见进行整理、归纳、统计，再匿名反馈给各专家，再次征求专家意见，再集中，再反馈给专家，直至得到一致的意见为止。

由此可见，德尔菲法是一种利用函询形式进行的集体匿名思想交流过程。它有三个明显区别于其他专家预测方法的特点，即匿名性、反馈性和统计性。

(1) 匿名性。因为采用这种方法时所有专家组成员不直接见面，只是通过函件交流，这样就可以消除权威的影响。这是该方法的主要特征。匿名是德尔菲法极其重要的特点，从事预测的专家彼此互不知道其他有哪些人参加预测，他们是在完全匿名的情况下交流思想的。后来改进的德尔菲法允许专家开会进行专题讨论。

(2) 反馈性。该方法需要经过 3～4 轮的信息反馈，在每次反馈中调查组和专家组都可以进行深入研究，使得最终结果基本能够反映专家的基本想法和对信息的认识，所以结果较为客观、可信。小组成员的交流是通过回答组织者的问题来实现的，一般要经过若干轮反馈才能完成预测。

(3) 统计性。最典型的小组预测结果是反映多数人的观点，少数派的观点至多概括地提及一下，但是这并没有表示出小组的不同意见的状况。而统计回答却不是这样，它报告 1 个中位数和 2 个四分点，其中一半落在 2 个四分点之内，一半落在 2 个四分点之外。这样，每种观点都包括在这样的统计中，避免了专家会议法只反映多数人观点的缺点。

2. 历史引申法

历史引申法主要包括简单平均法、移动平均法、趋势预测法、指数平滑法和季节指数法等。

(1) 简单平均法。

简单平均法是指将过去各数据之和除以数据总点数，求得算术平均数，计算公式为预测对象预测值=预测对象以往若干期历史数据之和/期数。这种预测方法简便，但是其将预测对象的波动平均化了，因而不能反映预测对象的变化趋势，所以该方法只适合对比较稳定的企业波动不大的预测对象使用。当预测对象变化较小且无明显趋势时，可采用此法进行短期预测。

(2) 移动平均法。

移动平均法又称滑动平均法、滑动平均模型法。移动平均法是用一组最近的实际数据值来预测未来的一种常见方法。其基本思想是：根据时间序列资料逐项推移，依此计算包含一定项数的序时平均值，以反映长期变动趋势。因此，当时间序列的数值由于受周期变动和随机波动的影响，起伏较大，不易显示出事件的发展趋势时，使用移动平均法可以消除这些因素的影响，显示出时间的发展方向与趋势(即趋势线)，然后依趋势线分析预测序列的长期趋势。

移动平均法可以分为简单移动平均法和加权移动平均法。

① 简单移动平均法。

简单移动平均的各元素的权重都相等。简单移动平均法的计算公式如下：

$$F_t=(A_{t-1}+A_{t-2}+A_{t-3}+\cdots A_{t-n})/n$$

式中：F_t——对下一期的预测值；

n ——移动平均的时期个数；

A_{t-1}——前期实际值；

A_{t-2}，A_{t-3} 和 A_{t-n}——分别表示前 2 期、前 3 期直至前 n 期的实际值。

② 加权移动平均法。

加权移动平均给固定跨越期限内的每个变量值以不同的权重。其原理是：历史各期产品需求的数据信息对预测未来期内的需求量的作用是不一样的。除了以 n 为周期的周期性变化外，远离目标期的变量值的影响力相对较低，故应给予较低的权重。加权移动平均法的计算公式如下：

$$F_t=w_1A_{t-1}+w_2A_{t-2}+w_3A_{t-3}+\cdots+ w_nA_{t-n}$$
$$w_1+w_2+\cdots+w_n=1$$

式中：w_1——第 t-1 期实际销售额的权重；

w_2——第 t-2 期实际销售额的权重；

w_3——第 t-3 期实际销售额的权重；

w_n ——第 t-n 期实际销售额的权重；

n——预测的时期数。

(3) 趋势预测法。

趋势法分为直线趋势法和曲线趋势法。

直线趋势法又称直线趋势预测法、线性趋势预测法，是当观察期的时间序列资料表现为接近于一条直线的上升和下降时采用的一种预测方法。直线趋势法的关键是求得趋势直线，以利用趋势直线的延伸求得预测值。直线趋势法是假设所要预测的变量与时间之间呈线性函数关系，并以此为基础预测未来。因此，用这种方法时，应先计算相关系数，以判别变量与时间之间是否基本上存在线性联系。只有存在线性联系时，才能采用这种方法进行预测。趋势直线的方程式如下：

$$Y_t=a+bx$$

式中：x——自变量，是选定的任何 x 值；

Y_t——因变量，对于选定的 x 值，相应变数 Y 的平均估计值，即第 t 预测周期的预测值；

a，b——未知参数。

曲线趋势预测法是指当变量与时间之间存在曲线而非直线关系时，通过变量(纵坐标)改用按指数值的差距“刻度”，将曲线关系直线化，形成一条对数直线趋势线，再按直线趋势法求解。

(4) 指数平滑法。

指数平滑法是在移动平均法的基础上发展起来的，是取预测对象全部历史数据的加权平均值作为预测值的一种预测方法。指数平滑法与移动平均法有三个方面的区别：一是全部历史数据而不是一组历史数据参与平均；二是对历史数据不是采用算术平均而是采用加权平均，近期历史数据加较大权数，远期历史数据加较小权数；三是平滑常数 a 值可以根据历史实际值与历史预测值进行检验，而加权移动平均法中的权重只能根据经验确定。这和近期实际数据对预测有较大影响，远期历史数据对预测影响较小是一致的。因此，它既具备了移动平均法的优点，又考虑了数据的时间性，同时它可以减少数据的存储量，因此，应用也较广泛。

指数平滑法的基本公式如下：

$$S_t=ay_t+(1-a)S_{t-1}$$

式中：S_t——时间 t 的平滑值；

y_t——时间 t 的实际值；

S_{t-1}——时间 $t-1$ 的平滑值；

a——平滑常数，其取值范围为[0,1]。

在实际工作中，平滑常数一般是根据原预测数与实际数的差异大小来确定。如果差异较大，a 应适当取较大值；如果差异较小，a 应适当取较小值。为了计算方便，一般根据经验估计，当差异较大时，a 取 0.7～0.8 为宜；当差异较小时，a 取 0.2～0.3 为宜。

(5) 季节指数法。

季节指数法是以时间序列含有季节性周期变动的特征，计算描述该变动的季节变动指数的方法。统计中的季节指数预测法就是根据时间序列中的数据资料所呈现的季节变动规律性，对预测目标未来状况做出预测的方法。在市场销售中，一些商品如电风扇、冷饮、四季服装等往往受季节影响而出现有销售淡季和旺季之分的季节性变动规律。掌握了季节变动规律，就可以利用它来对季节性的商品进行市场需求量的预测。利用季节指数预测法进行预测时，时间序列的时间单位或是季，或是月，变动循环周期为4季或是12个月。运用季节指数进行预测，首先，要利用统计方法计算出预测目标的季节指数，以测定季节变动的规律性；然后，在已知季度的平均值的条件下，预测未来某个月(季)的预测值。

直接平均季节指数法是根据呈现季节变动的时间序列资料，用求算术平均值的方法直接计算各月或各季的季节指数，据此达到预测目的的一种方法。

直接平均季节指数法的一般步骤如下。

① 收集历年(通常至少有三年)各月或各季的统计资料；

② 求出各年同月或同季观察值的平均数；

③ 求历年间所有月份或季度的平均值；

④ 计算各月或各季度的季节指数；

⑤ 根据未来年度的全年趋势预测值，求出各月或各季度的平均趋势预测值，然后乘以相应季节指数，就得出未来年度内各月和各季度包括季节变动的预测值。

3．因果预测法

因果预测的目的在于通过系统分析寻找出事物发展的因果关系与相互作用的关系。在明确因果关系的基础上建立数学模型，然后通过计算机模拟预测系统的各种行为。常见的有回归分析法和相关分析法。

(1) 回归分析法。

回归分析法是建立在大量实际数据的基础上，寻求随机性背后的统计规律的一种方法。具体是在分析市场现象自变量和因变量之间相关关系的基础上，建立变量之间的回归方程，并将回归方程作为预测模型，根据自变量在预测期的数量变化来预测因变量。

运用回归分析方法进行市场定量预测，已经是一种比较成熟的方法。随着房地产市场的发展、统计数据的完善，回归分析法将会更广泛地应用于房地产市场的定量预测领域。

(2) 相关分析法。

相关分析法是测定经济现象之间相关关系的规律性，并据以进行预测和控制的分析方法。

应用相关分析与回归分析要注意两个问题。一是在资料上，相关分析要求两个变量都必须是随机的；而回归分析则要求因变量必须是随机的，自变量则不能是随机的，而是规定的值，这与在回归方程中用给定的自变量值来估计平均的因变量值是一致的。二是防止虚假相关和虚假回归。

2.4.3 房地产市场预测的程序

市场预测是根据过去的资料和经验，对未来进行科学的推算。要使市场预测的结果更准确、可靠，必须有一个科学、系统的预测程序。通常，一项预测的全过程可分为准备阶段、实施阶段、验证阶段三个阶段，每个阶段又可分若干具体步骤，如图2-1所示。

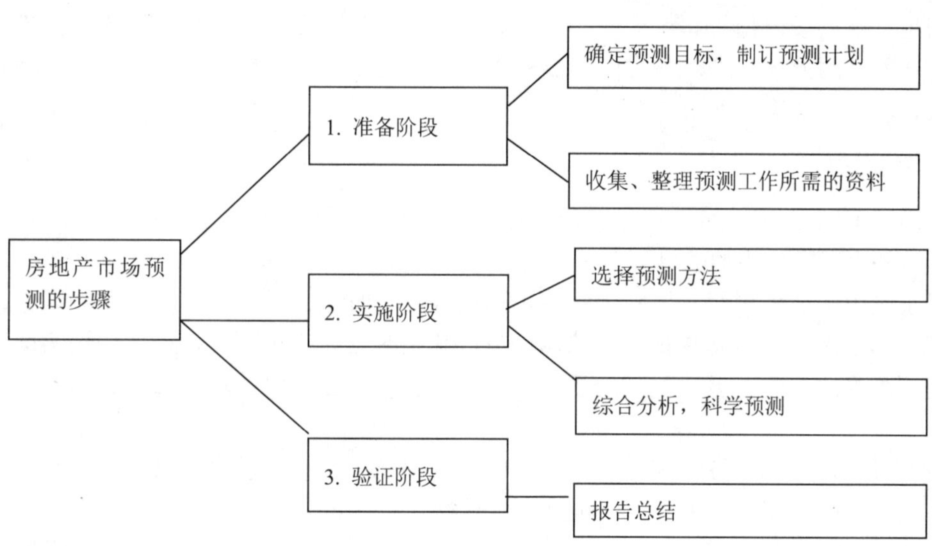

图 2-1　房地产市场预测的程序

1. 准备阶段

房地产市场预测准备阶段是预测工作的开端。准备是否充分，对于实际预测工作和预测的质量影响颇大。预测准备阶段，重点是解决预测的目标、计划，预测所需的资料等问题。在此基础上，制订一个切实可行的预测方案和预测工作计划。这个阶段的具体工作步骤如下。

(1) 确定预测目标，制订预测计划。确定明确的预测目标要以企业的经营目标为依据，并且在确定目标的同时，要确定预测内容，制订具体的市场预测计划，以指导预测工作顺利进行。

(2) 收集、整理预测工作所需的资料。资料是通过调查研究获得的。资料可分历史的、现实的和未来的三种。收集和分析历史资料的目的在于揭示历史的发展规律与趋势，总结过去，预测未来。现实资料反映了当今房地产市场的现状，是市场发展基础，对预测未来有参考价值。未来资料是指政府部门、相关经济部门和房地产企业的同行的工作计划、发展规划、预测资料等。

收集整理资料，不仅包括房地产方面的直接因素资料，还包括影响房地产的间接因素资料，如经济因素、政治因素、政策因素、社会因素等方面的资料，对所收集的资料还要进行归类，使之系统化，便于进行分析。

2. 实施阶段

房地产市场预测目标和所需资料确定以后，就进入预测实施阶段。这个阶段的主要任务是选择预测方法和综合分析。

(1) 选择预测方法。房地产市场预测方法很多，各种不同的预测方法适合不同对象和条件，其预测的精确度也会有差别，预测人员应根据所收集的信息资料，根据预测目的和要求，慎重选择预测方法。

(2) 综合分析，科学预测。用科学的方法对收集到的资料进行定性和定量的综合分析，判断房地产市场发展趋势和可能的结果。但这种趋势和结果只是未来市场的近似描述，可能存在误差。因此，必须对各方面预测中未考虑的因素进行分析，修正和补充已得到的预测结果，确定更准确的预测结果。

3. 验证阶段

房地产市场预测的验证阶段是得出预测结果的阶段。它是预测全过程的最后一个环节，也是预测能否发挥作用的关键环节。

验证阶段主要将预测结果同实施结果相比较，及时修改预测值，找出预测误差。分析产生误差的原因，从而完善预测方法和模型，总结时验证决策提供依据。通过实践对预测结果进行最终的检验，检验预测的效果、准确程度、偏差，以及还存在什么问题、如何调整等。

预测过程是信息、方法和分析相结合的一项系统工程。信息是基础和出发点，预测方法的应用是核心，信息分析贯穿于预测的全过程。

专栏 2： 我国房地产市场发展的阶段

房地产业是国民支柱产业之一，是先导性和基础性产业，其发展带动并影响着其他相关产业的发展，同时也关系到一个国家的产业结构、产业政策和产业发展的协调。改革开放以来，我国房地产市场发展大致可以划分为以下四个时期。

1. 形成及初步发展阶段(1978—1991 年)

我国房地产业的发展是与住房制度的改革齐头并进的，二者相辅相成、相互促进。一方面住房制度改革为我国房地产业提供了良好的发展契机和强大的发展动力，另一方面房地产业的迅速发展也有力地支持和推动了住房制度的改革。住房制度改革始于 1979 年，从新建住房出售起，自 1979 年到 1991 年住房制度改革经历了公租房出售试点、提租补贴试点和全面起步三个时期。在这个阶段，我国相继对土地制度和住房制度进行了改革，从理论到实践逐步地把我国房地产业纳入商品经济的轨道。在此期间，我国商品房综合开发投资额大幅度上升，1986 年我国完成商品房综合开发投资额 103 亿元，并逐年增加，1987 年为 150 亿元，1988 年为 207 亿元，但整体规模仍然较小。

2. 发展中探索(1992—1998 年)

1992—1993 年间，在改革开放的大力推动下，房地产业的发展“过热”，房地产业投资增长的速度也大大超过了国民经济的增长速度。1992 年间，我国房地产开发投资增长率是同期国民经济的 8 倍多，1993 年二者比值更是高达 12.2。1993 年下半年，中央开始对国民经济进行宏观调控，整顿房地产开发企业，以解决房地产发展过热的问题。1994 年，由于政府的宏观调控我国商品房销售价格增长率由 1993 年的 102.5%降到了 17.92%，降幅较大，同期投资增长幅度也大大降低。

1996 年政府全面推行住房公积金制度和租金改革，并开始建立政策性抵押贷款制度，商品房价格在这一年上涨幅度有所回落。1997 年，在从紧的财政政策和货币政策的调控下，房地产开发投资比上一年同期负增长 1.93%。1998—1999 年，政府启动住房消费和深化落实住房分配货币化改革，但房地产开发投资规模并没有大幅上升，商品房平均销售价格比上一年出现小幅回落。

3. 稳步前进，协调发展阶段(1999—2003年)

1998年为克服亚洲金融危机带来的不利影响，我国政府果断采取积极的财政政策和宽松的货币政策，并将房地产市场确定为重点投资领域。由于投资力度大、城市化进程加快和居民消费结构升级等因素的共同拉动，从1998年开始，房地产开发投资增长率逐年攀升，房地产行业也成为拉动GDP增长的主要行业之一，房地产成为国民经济新的增长点。

1998—2002年，是我国房地产市场平稳发展的时期。房地产投资平均增长率为22.5%，竣工面积平均年增长19.35%，销售面积平均年增长22.5%，可见三项指标基本上是同步增长的，房价收入比为5.83。随着房产地市场的发展，物业管理、中介机构、室内设计等房地产相关行业也得以蓬勃发展。

4. 快速发展，宏观调控(2004年至今)

面对日趋上涨的房价，2004年5月，我国政府采用税收、金融、行政等手段多方面对房地产市场进行综合调控。2007年，金融机构连续五次上调贷款利率。国家税务局着手清算土地增值税实施。由于政府加大了宏观调控的力度，2008年我国房地产市场发展出现明显的回落。2009年政府又放宽信贷政策，导致房地产价格出现了报复性上升，房地产价格增幅创这一阶段新高。为使我国城市总体房价回归理性，2009年年末开始又通过金融政策、财政政策、税收等综合手段，使房地产价格上涨速度有所放缓。

(资料来源：张铭华. 我国房地产市场发展阶段的判别研究[D]. 重庆：重庆大学，2012.)

思 考 题

1. 房地产市场的供求影响因素有哪些？
2. 房地产市场分析的限制条件有哪些？
3. 房地产市场分析的内容有哪些？
4. 房地产市场调查的内容、方法及程序有哪些？
5. 房地产市场预测的方法主要有哪些？

第 3 章

房地产投资环境分析

3.1 投资环境与房地产投资环境分析

3.1.1 投资环境与房地产投资环境基本概念

1. 环境与投资环境的含义

环境是指相对于某一主体而言，存在主体之外并且会对该主体产生某些影响的一切外在因素的总称。

投资环境是指在一定的区域内，投资者要进行投资所面临的客观条件，即对要达到投资目标所产生的有利和不利影响的外部条件，投资效果的好坏与这些现实的外部环境密不可分，包括投资区域范围内的社会、政治、经济、法律、文化、自然和地理、基础设施和其他条件，它是一个复杂的面临着与投资相关的各种外部条件的综合系统。

2. 房地产投资环境及其特征

房地产投资环境就是影响房地产投资、开发、经营、管理的一切政治、自然、社会和经济因素的总和。房地产投资环境不包括投资项目的具体内部因素，而是作为外部因素制约和影响房地产投资行为。房地产投资环境是一个复杂的系统，它包括物质和非物质方面的，生产技术和组织管理方面的，基础设施和政策法令方面的，人为的和自然的等。

投资环境是投资活动的重要组成部分，相对于其他内容而言具有以下几个特点。

(1) 系统性。

系统性是指房地产投资环境是一个由各因素组成的系统。系统中各要素内容不尽相同，但要素之间并不是孤立的、单调的，而是相互联系、相互制约的，如木桶效应一样，构成一个有机整体，通过相互协调共同发挥投资环境的作用。如果某一因素发生变化，就会牵一发而动全身，引起其他因素的连锁反应，进而破坏整体环境的系统性。比如房地产商看好一个地段，投资价值巨大，但是政府却要规划这个地段为道路，这样无论这个地段其他环境条件如何，城市规划条件就会让该地段的投资环境变坏。

(2) 差异性。

差异性是投资环境的重要特点。不同国家或地区之间，在自然地理条件、经济发展水平、政府政策等方面表现为空间上的不平衡性和差异性，决定了区域投资环境不仅具有投资环境的共性，而且具有自身的个性，具体分为区域差异性和行业差异性。区域差异性是针对不同区域而言，环境要素的整体表现不同，表现出投资环境不同；而行业投资环境差异性表现为对于相同地区的不同行业而言，投资环境具有相对性和差异性。

(3) 动态性。

动态性是指房地产投资环境是一个动态开放的系统，它总是处于不停的运动变化之中。所以，评价投资环境的标准也会因投资环境的变化而变化。具体表现为一个国家或地区随着经济的发展，当地的劳动力文化素质、基础设施条件、消费结构、体制建设等因素组成的投资环境也会进一步完善。对于同一个产业，在不同的发展阶段也会面临不一样的投资环境。因此，还需要加强对投资环境的动态预测分析，这样才能保证准确地掌握投资环境、利用投资环境。

(4) 客观性与主观性。

房地产投资环境具有自身的客观性。构成投资环境的系统因素是客观存在的，不为投资者的意愿所转移。比如自然地理条件、基础设施条件、文化背景、消费观念、经济发展水平等因素都是先于投资行为发生之前已经存在的。而投资决策却是主观的，投资者决策必须在分析好投资环境的优势条件和劣势条件的基础上进行。

3.1.2　房地产投资环境的类型

房地产投资环境涉及人类社会的各个方面，构成房地产投资环境的各种要素可以根据其不同的功能从不同的角度进行分类。

1．按照房地产投资环境所包含因素的多少来分类

根据投资环境所包含因素的多少，房地产投资环境可以分为狭义的投资环境和广义的投资环境。狭义的投资环境主要指投资的经济环境，包括一国经济发展水平、经济发展战略、经济体制、基础设施、外汇管制政策、市场的完善程度、物价和经济的稳定状况等。广义的投资环境除包括狭义的投资环境外，还包括自然、政治、社会、科技等对投资可能发生直接或间接影响的各种因素。通常所说的投资环境主要指广义的投资环境。

2．按照房地产投资环境因素的不同性质分类

按照房地产投资环境因素的不同性质，房地产投资环境可以分为硬环境和软环境。

硬环境是指影响项目投资的各种外部物质条件。主要包括基础设施、配套设施及自然地理状况。基础设施主要有交通运输、邮电通信、能源、给排水等；配套设施主要有商业网点、文化娱乐设施、医疗卫生及其他服务设施；自然地理状况是指项目所在地块的地质、地貌、水文、植被、山川、气候等。

软环境是指对房地产投资环境有着重大影响作用的无形因素，属于人的意识层面，主要包括政治、法律、社会风气、经济环境等因素，在房地产投资环境层面的软环境因素中，它们起着主导的作用，属于高层次的部分。一是政治环境，如政治局势是否稳定，社会治安环境是否良好等；二是经济因素，主要指在一定的经济条件下，经济增长速度和稳定性、财政政策和货币政策、金融信息服务水平、市场规模和完善程度以及经济运行机制的连续性等；三是管理条件，主要包括政府部门的办事效率及水平，经济管理体制的规范程度和投资者简化行政程序等；四是政策优惠措施，如在税收方面是否给予投资者适当比例的优惠等；五是人口的文化素质，如社会的文化氛围、人口的受教育程度等。如果没有很好的软环境作为支撑，硬环境即使比较优越也难以发挥其应有的作用，通过良好的软环境来弥补硬环境的不足在一定程度上还是可行的。随着经济全球化进程的不断加快，物质条件对投资条件的限制越来越小，而文化、知识、管理条件等软环境在投资环境中的需求在不断提升。

3．按照房地产投资环境因素作用范围的大小分类

按照房地产投资环境因素作用范围的大小，房地产投资环境可以分为宏观房地产投资

环境、中观房地产投资环境和微观房地产投资环境。

宏观房地产投资环境是指影响房地产市场总体投资行为的要素系统，通常表示一国总的房地产投资环境。如政治环境中的政治制度、政局稳定性，经济环境中的社会经济发展状况、经济制度，社会环境中的社会制度、社会信誉，文化环境中的语言、宗教等，都是从一个国家的角度进行研究和评价的。

房地产中观投资环境即城市房地产影响因素相互作用所形成的城市房地产投资环境，是居于国家宏观环境与房地产微观环境之间的一种中间层次的环境。如当地的经济发展水平、社会购买力水平、自然资源条件、基础设施状况等，还有行业发展规模、行业市场容量、行业竞争状况等。据统计部门公布，在全国房地产景气指数连续攀升的宏观大背景下，不同城市间房地产投资额、商品房销售额、销售单价及增长幅度相差甚远，特别是直接受供求关系影响的商品房销售单价及其变动在各城市间有着天壤之别。

微观房地产投资环境是指影响具体房地产投资项目的环境状况，也就是具体房地产项目所选择的建设地点及其周围的投资环境，如投资地点及周围的经济发展水平、地方性政策的取向、当地居民的素质、风俗习惯以及对投资的态度、当地的交通和通信等基础设施的情况、产业技术水平等。

一个国家或一个区域的房地产投资环境良好，不能保证微观房地产投资环境都良好，对于某些项目可能存在不利条件。同样，宏观房地产投资环境不良，也不等于微观房地产投资环境都不好，对于有些项目还是有利可图的。

4．按照房地产投资环境因素的不同内容分类

按照房地产投资环境因素不同的内容，或者说是按照投资环境的构成要素，房地产投资环境又可划分为社会环境、政治环境、文化环境、经济环境、法律环境、自然环境、基础设施环境等若干类型，而每种因素又包含一些子因素。如社会环境包括拟投资地区的社会制度、社会秩序、社会信誉和社会服务，政治环境包括一个国家的政治体制与政权、政治局势、政策和战争风险等方面的基本条件。

5．按照房地产投资环境的不同属性分类

按照房地产投资环境不同的属性，房地产投资环境可分为自然投资环境和人为投资环境。自然投资环境主要指自然地理条件，如有观赏和游玩价值的自然山水、有开采价值的矿产资源等；人为投资环境主要指生产性、生活性及社会性基础设施等。对东道国来说，既要重视对自然投资环境的利用，更要重视人为投资环境的改善。

3.1.3　房地产投资环境分析的意义

房地产投资环境分析在房地产投资过程中具有重要的参考意义。房地产投资的第一步就是进行房地产投资环境分析，这一点随着中国市场经济的成熟和房地产市场本身的完善逐步显示出来。在国外成熟的市场经济体中，房地产投资环境分析的分析策略和分析方法已经非常成熟，在中国加入 WTO 以后房地产行业也已经呈现出与国际接轨的态势。国际投资机构对中国的房地产投资行为都是建立在充分的分析和论证的基础上的，其中房地产投

资环境分析就是非常重要的一环，特别是在选择投资区域时起到决定性作用。

投资环境对单个的投资者而言是无法改变也不可控制的。房地产投资者要想减少或规避风险，最大限度地达到自己的投资目标，他就必须充分认识和分析房地产投资环境，并及时采取措施积极地利用环境变化中提供的机会，同时也要积极采取对策，努力避开这种变化可能带来的威胁，只有这样，投资者才能制定正确的投资方案和投资决策。

3.2　房地产投资环境要素分析

3.2.1　政治环境要素分析

政治环境分析研究的是一个国家的政治制度、政局的稳定性和政策的连续性。政治环境构成的主要要素有政治局势、政策制度、政府管理服务水平及战争风险。

1．政治局势

政治局势稳定包括国内局势稳定和对外局势稳定两层含义。国内政局的稳定依赖于经济和社会的稳定，其动荡也一般由社会动乱、经济萧条等引发；对外局势稳定则依赖于外交的稳定，包括外交政策、边界问题等。无疑，动荡的局势将阻碍房地产这种长期投资的进入。一般来说，一个地区如果政治局势比较稳定，很显然能够吸引房地产投资，房地产价格就会比较高；如果政局动荡，甚至发生战争，显然对房地产投资是不利的，投资效果也不好，土地或房地产价格就会下跌。

2．政策制度

投资者所关注的经济政策和产业政策，包括国民经济发展的政策、引进外资的政策、对外开放的政策以及税收政策。同时，政策的连续性也是房地产投资者考虑的重点。政策不连续、不稳定，将使房地产投资者畏缩不前。

3．政府管理服务水平

近年来，随着政府行政职能的进一步转化，政府的管理服务功能进一步加强，从而诞生了另一项评价房地产投资环境好坏的标准：政府管理服务水平。由于房地产投资中政府审批环节多、时间长，高效、廉洁的政府形象将吸引房地产投资者进入。政府管理水平的优劣，政府服务水平的好坏，直接关系到能否招商引资，能否吸引房地产投资。

4．战争风险

战争是为了一定政治目的而进行的武装斗争。战争一起，一切正常的社会经济秩序都将破坏，生命财产亦失去保障，更不要说项目投资的安全与效益了。因而，投资者在政治环境研究中，尤其要关注拟投资地区的战争风险程度。

3.2.2　经济环境要素分析

经济环境是影响项目投资决策的最重要、最直接的基本因素。经济环境要素包括的内容很多，主要有宏观经济环境、市场环境、财务环境、资源环境等。

1. 宏观经济环境

宏观经济环境是指一国或一地区的总体经济环境。如该地的国民生产总值、国民收入总值、国民经济增长率等反映国民经济状况的指标，当地的消费总额、消费结构、居民收入、存款余额、物价指数等描述社会消费水平和消费能力的指标，当地的经济政策、财政政策、消费政策、金融政策等产业政策方面的情况等。

2. 市场环境

市场环境是指项目面临的市场状况，包括市场现状及未来趋势预测。如市场吸纳量的现状及未来估计、市场供应量的现状及未来估计、市场购买力的分布状况、同类楼盘的分布及其现状、竞争对手的状况、市场价格水平及其走势等。

3. 财务环境

财务环境是指项目面临的资金、成本、利润、税收等环境条件。主要包括金融环境，如资金来源的渠道、项目融资的可能性以及融资成本；经营环境，如投资费用、经营成本、税费负担、优惠条件，同类项目的社会平均收益水平及盈利水平等。

4. 资源环境

资源环境是指人力资源、土地资源、原材料资源及从能源角度研究的投资环境。其中，对于房地产开发投资，土地资源获得的可能性及成本，是投资者必须重点考虑的要素。人力资源、土地资源、资金资源等对于不同投资主体的重要性不同，要具体情况具体分析。

3.2.3 社会环境要素分析

社会环境是指拟投资地域的社会制度、社会秩序、社会信誉和社会服务条件。这些环境条件对于投资安全保障自然是十分重要的。一般来讲，构成项目投资社会环境的要素主要有以下几类。

1. 社会制度

社会制度是指拟投资项目所在国的社会政治制度与社会管理制度。包括经济决策的民主和科学程度、行政管理的透明度、政府对经济事务的干预程度、行政事务的效率及政府官员的廉洁度等。

2. 社会秩序

社会秩序是指拟投资地区的社会政治秩序和经济生活秩序。包括当地社会的稳定性、安全性，当地居民对家乡经济建设的参与感和责任感，对外来经济势力的认同感与欢迎程度等。

3. 社会信誉

社会信誉是由公众道德水准和法律双向支撑的，是维系社会健康发展的基础。社会信誉既包括合同履约的信誉，也包括社会承诺的信誉。作为投资者最关注的还是由产业政策连续性所表现出来的地方政府在经济政策上的信誉。

4. 社会服务

社会服务是指拟投资地区所提供的服务设施及服务效率条件。既包括某些硬件环境条件，也包括某些软件环境条件。构成社会服务硬件环境条件的有金融服务、生活服务、通信服务、交通服务、信息服务等服务内容的设备状况；构成社会服务软件环境条件的除了上述各项服务的服务效率与服务态度外，还有行政服务、法律服务、咨询服务、信息服务等。

3.2.4　文化环境要素分析

狭义的文化是指社会的意识形态，如人口素质、心理因素、消费文化、价值观念等。文化环境直接决定消费需求的形式和内容，直接影响投资项目的开发和经营过程，从而制约着投资方案和投资决策。

1. 人口素质

人类社会随着文明的发展、文化的进步，一些公共设施必然日益完善，同时居住空间也必然力求宽敞舒适，凡此种种都能增加对房地产的需求，同时能促进区域集聚。相反，如果区域中居民素质低、组成复杂，人们多不愿就居，房地产价格也会低落。

2. 心理因素

心理因素中最关键的是人们的消费心理。在我国，长期以来城镇居民住房一直是作为实物福利由政府无偿分配的，个人对国家存在着严重的依赖心理。此外，大多数人具有“不负债消费”的观念，这种心理对全面启动住房消费非常不利。

3. 消费文化与价值观念

民族、区域等因素的不同形成了不同的消费文化和居住文化。即使在同一民族的不同地区，由于区域气候和地理条件的不同，也会导致文化差异，日积月累就会产生不同类型的文化和价值观念。譬如东方人都普遍较西方人更加关注房地产投资，其中可能不乏人口因素，但消费文化和价值观念不同可能是主要原因所在。东方儒家文化是个重土文化，对土地房地产有特别的情结。像深圳这样一个年轻化的沿海城市，与西安、北京这样的历史名城相比，购房观念可能有很大差别。研究消费文化和价值观念上的这种差别，对于房地产投资的区域选择，甚至具体的房地产内部功能设计都是有所裨益的。

3.2.5　自然环境要素分析

房地产包括房产和地产两部分，这使房地产投资环境涉及自然环境因素，而其中又以土地状况、环境质量、绿化情况等要素最为重要。

1．土地状况

土地是一种兼有资源和资产双重属性的生产要素。土地状况以地质条件、地形地貌甚至地块面积、形状等条件为主。如果评价房地产个体项目，土地状况即指项目地块的面积、形状、地质、地势等。这里我们要评价的对象针对的是城市或城市内不同区域，属于宏观区位层次，土地状况即指城市或区域的地形状况及可供土地面积的大小。

2．环境质量

环境状况主要指环境质量。环境质量则包括大气质量、水质量、噪声污染、废渣处理等状况。空气污染严重的地区，如排放有毒气体、污水的工业区，人们一般不愿意在那里居住，当然不是好的投资地区。噪声的污染对人的身心健康的损害也逐渐被人们所认识，人们愿意生活在安静的地区，而不愿居住在靠近噪声源的地方，如工厂、车库等附近。

3．绿化情况

绿化方面主要以绿地覆盖率为指标进行评价。绿化程度这一重要环境因素已为房地产开发和购房人士所重视，越是靠近公园、树林的地区，越是安静、空气清新、有利于人们的身心健康的地区，越是投资的好地方。当今世界日益追求生存质量，保护环境、优化人居环境成为共识，房地产开发投资中也是日益注重绿化，将环境绿化作为重要的卖点。

3.2.6 设施环境分析

房地产投资设施环境范围很广，涉及城市生活的方方面面。由于各大类项目的特点存在较大差异，因此不同项目评价中涉及的重点研究因素也各不相同。依据其用途不同可把城市设施环境分为生活设施环境、商务设施环境、教育设施环境以及基础设施环境四大类。

1．生活设施环境

生活设施环境主要是指项目周边区域的生活设施，如商场、饭店、娱乐场所、邮局、银行、医院等。生活配套的完善与否决定了该区域生活氛围的优劣，对项目定位和开发策略有较大影响。生活配套的水平和数量，反映了区域消费群体的层次和特征。在一个生活配套数量不足、经营规模小、层次低、缺少品牌店的区域，如果要开发高档社区难度就比较大，但难度大小与项目规模成反比。

因此，进行房地产开发，必须认真考察周边生活配套，不仅要依据调查结果调整自己的物业配比，同时也要保证生活配套的水平和质量与所开发的项目定位保持一致。

2．商务设施环境

商务设施环境的成熟度对房地产需求的影响是非常明显的。一个繁荣的商务中心，其内部和周边的写字楼市场、公寓市场和商铺市场都有较高的价格和旺盛的需求。这可以从北京 CBD、金融街、中关村等区域的房地产市场的发展情况看出。

北京 CBD 一流的商务环境创造了巨大的产业增长动力，同时，优秀的商务环境和强劲的产业增长也促进了房地产市场的繁荣。CBD 商业地产也一样火爆，就连与 CBD 有高速公路相连的通州区，住宅的价格都大幅上升。

3．教育设施环境

教育设施环境即房地产投资项目周边的学校、图书馆等文化教育设施的多少、档次、远近等情况。教育设施的内容随市场需求而变化。随着人们生活水平和方式的改变，教育概念随之更新，教育设施项目有了相应变化。

教育设施环境对房地产投资的影响是非常明显的。通常来说，在重点学校附近的房屋特别好卖，也特别好出租，价格也高于其他一般地区。据多家中介公司的业务统计，天津地区的实验小学、上海道小学、岳阳道小学周边，二手房每平方米的平均价格相比同区域、同档次的二手房价要高出 20%左右，租金落差最高达到 50%左右。正是基于良好的教育资源的稀缺为拥有好教育资源的楼盘升值打下了基础，使投资教育地产成为一种不错的选择。

4．基础设施环境

一般来讲，城市基础设施包括六大系统：城市能源系统、城市水资源和供水排水系统、城市交通运输系统、城市邮电和通信系统、城市生态环境系统以及城市防灾系统。这六大系统构成了城市基础设施的整体，它们相对独立又互相协调，从而保证了城市生产和生活的顺利进行。

完备的市政基础设施是区域房地产市场健康发展的基础。市政基础设施在成熟区域很少出现问题，而对于快速成长的中小城市和大城市的边缘地带，问题则比较复杂和频繁。例如，在我国的一些中小城市，长期以来只在一个很小的核心区域成长，市政基础设施只在这一中心区域比较完善。而近年来随着城市化速度的加快，城市核心区域已经不能满足其空间要求，迫切需要开拓新的土地用于城市建设，但却遇到了市政基础设施条件严重不足和不完备的瓶颈。

城市基础设施完善，则可节省经济活动中的费用成本，方便居民生活。这一因素直接影响房地产所在区域好坏，使用是否方便、舒适、完备，物业价值提升以及投资的经济效益。

3.3　区位条件分析概述

3.3.1　区位分析的内容

区位是指特定地块所处的空间位置以及相邻地块间的相互关系。在房地产开发中，区位有狭义和广义之分。狭义的区位是指某一具体投资项目场地的自然地理位置，土地的差异性和不可移动性决定了其位置是独一无二的、排他的。广义的区位是指该投资项目场地所处的社会、经济、政治环境，基础设施，自然环境或背景等。它是自然地理位置、经济地理位置、交通地理位置的综合体，决定了该位置附近的市场状况和消费特征。

房地产业有句名言：第一是区位，第二是区位，第三还是区位。可见，选择最佳区位对房地产投资的成功至关重要。

房地产开发项目的区位因素分析包括地域因素分析、项目选址分析、开发潜力分析、土地资源获取分析和其他具体影响因素分析等。

1．地域因素的分析与选择

地域因素的分析与选择是战略性选择，是对项目宏观区位条件的分析，主要考虑项目所在地区的政治、法律、经济、文化教育、自然条件等因素。

由于房地产位置的固定性和不可移动性，房地产投资的区位选择是房地产价值高低的关键因素。房地产开发商要想成功开发投资策略，需要全面了解地区的经济基础、人口状况、市场状况等，并正确预测地区未来的发展趋势。

房地产开发商在正确分析地区现状的同时，还应综合考虑拟投资地域的可进入性、自身优势、交通状况及已有竞争性项目的情况，以确保开发投资项目的规划用途与周围环境相匹配。例如，随着城市老城区发展的饱和以及居民生活水平的提高，大量的投资者将投资重点转移到城市边缘地区，特别是靠近居住区的区域，兴建大型商业购物中心。但有些商业设施所处区域人口规模较小并且离交通枢纽较远，加上项目定位不够准确，常常造成该商业设施既不能满足本区域内人口需求，也缺乏对城区和外地顾客的吸引力，最终影响商业设施的正常运营。在这种情况下，投资者就应该选择交通良好、车位充足的场地进行建设，以扩大商业购物中心的吸引力。如选址限制较大，则应在商业设施定位上进行创新，在详细了解市场需求的前提下，设立极具特色的项目以弥补选址的不足，从而吸引更多的顾客。

在谨慎地做出进入某一地区或城市的决策之后，开发商则要开始重点考虑项目具体地点的选择问题。

2．具体地点的分析与选择

地域的选择是对宏观区位的选择，是项目开发的大前提；而项目具体场地的选择，则是针对某一特殊地块所进行的一种微观分析，是项目开发的小前提。项目选址的分析是对房地产项目坐落地点本身及周围环境、基础设施条件的分析和选择，主要考虑项目所在地点的如下几个方面的因素：市政基础设施条件、交通通达程度、停车条件和自然环境条件等。

例如，在进行房地产开发时，不同场地周围的基础设施条件往往不同，与项目设定开发程度差异较大的地块可能会极大地增加土地开发成本；场地当前土地使用状况的差异也会导致拆迁成本的不同——居住密度大的场地往往比居住密度小的场地拆迁成本要大；建设用地的临街状况、大小和形状等，会对场地的有效利用、建筑物的平面布局等产生影响，尤其是商业设施，临街状况是决定其未来经营收入的重要因素；噪声及空气污染状况也会潜在地影响地块的价值，特别是居住用地，环境优美的地块往往会提升住宅的品质及价格。

3．开发潜力分析

房地产开发商在进行具体地点分析后，则需要分析具体场地的开发潜力。开发潜力是指待开发土地在合法开发的前提下，以采取最佳利用方式为原则并获得最佳效益的利用能力。

房地产开发商应分析具体场地的最佳使用方式，也就是在技术可行、规划许可、经济上盈利的前提下达到土地的最有效利用。例如，建筑物布局要与地块形状协调一致，以使总体设计最大限度地满足人们的需求；建筑物内部各部分的划分要实用并具有一定的灵活性，以利于投资者及时调整其功能。新开发项目应符合时代潮流，并具有前瞻性，以使建筑物满足未来的潜在需求，尤其是饭店和写字楼等商业设施，符合时尚往往能在不景气的环境中维持较高的收入水平。

4．土地使用权获取方式分析

房地产投资者通过现场调查或利用政府部门公开的信息选中具有开发潜力的土地后，还要与当地政府土地管理部门以及当前土地使用者商讨相关事宜，以获取土地开发的权利。从目前国内获取土地使用权的途径和方式来看，有通过政府土地出让和从当前土地使用者手中转让两种途径。在实际操作中，通过政府出让这一方式获取土地相对容易，尤其是对于那些熟地出让项目。如果是城市毛地出让，则房地产投资者还需进行拆迁安置补偿等工作。通过另一种方式获取土地的操作方式有多样性，既可以从土地使用者手中买断，包括项目收购和股权收购，也可以探讨合作开发的可能性。

通过政府转让获取土地，主要采取招标、拍卖、挂牌的方式，往往面临多方竞争的局面，区位条件越好的土地竞争越激烈，这也是近几年频频造就“地王”的主要原因。如果获取的是毛地，投资者还面临着拆迁的难题，拆迁补偿水平直接关系到开发成本，被拆迁人的意愿直接关系到开发的难易，进而直接关系到项目的成败。通过当前土地使用者手中转让，也面临着较大的难度，如项目债务、法律状况的不明朗，竞争报价信息的不对称等。基于上述获取土地中会遇到的问题，投资者必须认真分析土地获取难度，选择合适的土地进行投资。

5．其他具体影响因素分析

除了上述的因素分析，区位因素分析还包括一些其他具体的影响因素。如城市规划方面、公共配套服务设施完备情况、当前土地使用者的态度、土地价格、供求关系等。

3.3.2　区位的影响因素

影响房地产区位的主要因素包括社会经济、自然、行政和环境等因素。

1．社会经济因素

社会经济的发展水平是影响房地产区位的最重要因素，它包括以下几个方面：繁华程度、交通状况或通达程度、基础设施和公用设施的完备程度、人口状况等。交通状况主要考虑道路的通达程度，出入口的位置，容易识别的程度，停车方便程度等。基础设施和公用设施的完备程度主要考虑治安和消防服务，中小学校、卫生保健设施和邮电通信，垃圾回收与处理，政府提供配套条件所收取的配套税费等。人口状况主要考虑人口增长状况、趋势及预测，就业状况，收入分配和可能的变化等。

2．自然因素

自然因素是影响土地区位的重要因素之一。自然因素主要包括地形坡度、土地承载力、洪水淹没及排水状况、地质构造以及城市的自然景观，它们都会对房地产区位的优劣产生影响。

地形坡度和土地承载力因素决定房地产投资的高走理论。高走理论是指城市将主要向地势高处发展，明显高于周围地区的地段是良好的投资地段。由于地势高的房地产受周围环境的影响小，有居高临下的感觉，所以人们愿意选择这类房地产。

3．行政因素

影响房地产区位的行政因素主要是城镇规划。城镇规划的主要内容是合理安排好城镇各类用地。虽然规划涉及的土地利用是未来的目标，但房地产区位的优劣在现实的房地产市场中就会表现出来。

4．环境因素

环境是作用于有生命生物的所有外界影响力量的总和。一般所说的环境是指构成人类生活条件的各种因素的总和。环境因素包括空气、水和噪声污染水平，公园和绿地以及交通等因素。其中，绿地环境和交通环境是影响人居环境的最直接、最显现的因素。

空气环境决定房地产投资的上风口发展理论。上风口发展理论是指城市将主要向上风口方向发展，上风口地段是良好的投资地段。由于城市的烟尘污染严重，为免受其害，人们必然涌向城市的上风口地区，从而使上风口地段成为好的投资地段。

水环境决定了房地产投资的近水发展理论。近水发展理论是指城市将主要向河、湖、海的方向发展，从市区到水边的地段是良好的投资地段。有水的地方景色秀丽、空气清新，所以人们愿意到这里来居住。

绿地环境决定近公园、绿地发展理论。交通环境决定沿边发展理论。沿边发展理论是指城市将主要沿着铁路或公路两边、江河岸边、境界边发展，沿边地段是良好的投资地段。

3.3.3 不同类型房地产区位分析

1．住宅项目区位分析

住宅是保障人们生存的必需品，它为人们提供一个工作劳动之余享用的安静舒适并且相对私密的空间。从房地产投资的角度来看，居住用地的投资目标与其他用地类型无异，即追求利润最大化。但住宅项目必须最大限度地满足购买者的需求，才能获取最大利润。因此，居住用地的区位选择一般应考虑以下主要因素。

(1) 城市基础设施。

城市基础设施是城市建设的载体和支撑体系，是城市维持经济与社会活动的前提条件，是城市存在和发展的基础保证，也是城市现代化的重要体现。现代城市不论性质、规模，基础设施的构成大体上一致，可分成城市供水与排水系统、城市能源系统、城市交通系统、城市通信系统、城市环境系统和城市防灾系统六大系统。住宅区的基础设施现代化程度越高、越完善，则越受欢迎。

(2) 配套设施。

随着居民物质生活水平的提高，其在精神生活方面的要求也越来越高。居民对住宅小区周围配套设施的要求已不再是满足简单的购物要求。在选择居住小区时，特别是城市旧区改造建设的居住小区，小区周围的教育设施、娱乐设施、医疗保健设施等的情况及水平已逐渐被作为重要因素加以考虑。尤其是教学质量好的学校附近的居住小区明显受欢迎，小区售价也高于同档次的小区。为此，城市住宅小区在选择区位时，应综合考虑小区周边的商业、教育、娱乐、医疗和其他设施的情况，尽量使小区周围城市配套设施完善，充分满足居民的各方面要求。

(3) 市政设施。

城市居住小区的市政设施配套要齐全，不仅要配备满足居民日常最低生活需要的管线，如供水管线、排水管线、供电管线、煤气(天然气)管线、电视闭路电缆、电信电缆等，而且要考虑到随着居住水平的提高及一些新技术的发展，将来住宅小区会增加新的管线品种，如计算机因特网专用电缆等。另外一些管线，如供热管线、生活热水管线、生活垃圾管道等应视各地不同的气候条件、经济发展水平及生活水平，由各地自行规定加以配置，并且还应预留出一定的管线埋设空间，以适应经济和科技的高速发展，避免乱拉线、乱挖沟槽的混乱状态。

(4) 交通。

城市交通是指城市范围以内人和物的流动所产生的交通。其中，客运交通是城市居民生活正常运行的必要手段。绝大多数城市居民上下班、上学、购物以及参加各种社会活动时，都需要客运交通的服务，而且随着劳动生产率的不断提高，人们对交通快速、安全、舒适的要求越来越高。快速便捷的交通可以给居民节约出更多的休息和学习时间，产生社会、经济效益。

交通条件的改善能够增加客流量，缩短与市中心的相对距离，提高区位的效益，从而改善上市土地的供给质量。因此，交通沿线往往是城市要素集聚的热门区域。

(5) 环境。

环境是指构成人类生活条件的各种因素的总和。其中，绿地环境和交通环境是影响人居环境的最直接、最显现的因素。绿地覆盖率是影响城市地价的环境因素。一般来说，绿地覆盖率大的地区，地价比较高；反之，绿地覆盖率低的地区，地价比较低。

除了上述几点主要因素外，当地的气候情况、传统的风俗习惯等也是影响房地产住宅区位选择的因素。

2．零售商业项目区位分析

商业经营活动的目的是追求最大的利润，而商业利润是通过销售产品取得的，因此，产品销量是决定商业经营活动利润的关键。商业项目的区位选择应该以最大限度地增加产品销售量、提高销售额为目标，考虑时应遵循以下几个原则。

(1) 最短时间原则。

商店的位置应位于人流集散最方便的地区，一般以吸引行车 10～20 分钟以内就可到达的人流最为理想。

(2) 易达性原则。

易达性原则即进入性原则。商业企业设点应分布在交通最便捷的区位，即最容易进入的区位。

(3) 接近购买力原则。

商业企业利润是建立在消费者购买力基础上的，而购买力水平取决于消费者的消费水平。一般来说，商业企业的存在，是以服务一定的人口为前提的。维持一个商业企业存在的最低购物人口数量称为该企业的“人口门槛”，因而商业企业用地必须考虑该区域的人口密度和人口数量。人口是购买力的基本因素，它只有与一定的消费水平相结合才能形成现实的购买力，而人们的消费水平取决于经济收入和消费倾向。

(4) 适应消费者需求的原则。

满足消费者需求是一切商业行为都必须遵守的原则，要根据消费者的收入水平、消费态度、职业、年龄等特征来决定商品结构、商品价格、促销活动等。

(5) 接近中央商业中心的原则。

商业活动有扩延效应，一旦一个商业中心形成，在其附近布局的企业就会有利可图。中央商业中心具有极大的繁华度，是城市人流、物流、资金流的中心，是城市商业活动的焦点。在这个中心附近取得一席之地，从事商业经营，能取得较大的利润。

3．写字楼项目区位分析

写字楼是专业商业办公用楼的别称，是指供公司或企事业单位从事各种业务经营活动的建筑物及其附属设施和相关的场地。目前，写字楼市场依照写字楼所处的位置、自然或物理状况及收益能力，通常分为甲、乙、丙三个等级。写字楼项目区位选择所包含的特殊因素主要有以下几个方面。

(1) 办公集聚度。

办公集聚度直接影响着商务活动的生产要素、资讯的集聚和便捷度、资源的优化配置，而城市的中央商务区是办公集聚度最高的区域，选择写字楼项目区位时，应尽量选择在中央商务区范围内。

中央商务区是一个城市现代化的标志，是城市商务资源密度最大、商务活动节奏最快的区域，也是一个城市房地产价格最高的区域，具有最完善的交通、通信等基础设施，有大量的公司、企业、金融机构等在这里开展各种商务活动。中央商务区的特质表明写字楼物业必定是这个区域的主流产品。中央商务区作为城市商务活动的顶级区域，不仅承担着商务活动的核心功能，而且还聚集着一个城市精英的公司和人群，延展着城市形象、城市文化、公司品牌、国际交往等多项功能。例如，中环和尖沙咀是我国香港地区的商业中心，曼哈顿是纽约的象征，拉德芳斯是巴黎的新符号。可见，中央商务区是写字楼选址时应考虑的重要因素。

(2) 配套服务完善度。

随着社会分工越来越细致，企业正逐步走向专业化、多元化的道路，中小型企业成为进驻写字楼的主流。企业的日常运营需要外来的多方面的配套服务支持，如酒店、餐馆、茶馆、邮政快递、订票及文印服务等，这些成熟的商业配套服务是进驻企业衡量写字楼适宜程度的关键。因此，在进行写字楼项目区位选择时必须考虑该区域的配套服务完善度。

(3) 交通便利性。

写字楼中聚集了大量的流动人员，其中包括工作人员和进行各种商务活动的往来客户等。交通条件对写字楼中工作人员和客户的办公效率有直接影响。道路系统的完善程度，尤其是有无快捷有效的道路，是写字楼租用者重点考虑的问题。写字楼建筑周围如有多种交通方式可供选择(公共汽车、地铁、直升机等)，就能极大地方便在写字楼中工作的人员和进行各种商务活动的客户，所以交通的便利程度在很大程度上影响了写字楼使用者的购买或租用决策。

(4) 前瞻性。

写字楼是一项风险较大的长期投资，它的选址关系着房地产后期的经营发展。选址时，要预测未来环境的变化，评估所在地的竞争态势及发展前景，选择具有一定发展潜力的区域，还要考虑集聚效应的作用，选择能够成为城市人流、物流和商务活动焦点的区域。在进行写字楼项目选址的时候，不仅要研究现状，还要科学预测未来的发展态势，要具有前瞻性。

4．工业项目区位分析

工业项目区位的选择所考虑的因素与住宅、商业、写字楼项目有很大不同。工业项目区位的选择须考虑的特殊因素包括：原材料资源数量的多少，连接原材料供应基地和产品销售市场的交通运输成本的高低，技术人才和劳动力供给的可能性，水、电等资源供给的充足程度，环境污染的防治政策等。

不同的工业项目在进行区位选择时所考虑的因素是不同的。例如，农产品加工工业，特别是新鲜农产品加工企业(如水果、蔬菜深加工产业)在做区位分析时，一般将原材料产地作为首选地区，主要考虑原材料数量的多少，例如中粮集团将番茄酱生产基地设在新疆就是基于原材料多少的考虑。再如高新技术产业，其考虑更多的是科学技术、高级人才供给的可能性，大量高新技术产业集聚在大城市就是基于此类考虑。

3.4　房地产投资环境的评价

3.4.1　房地产投资环境评价的原则

房地产投资环境评价是对项目投资环境的优劣所做的综合性与系统性的判断。由于项目投资环境内容上的复杂性，这种评价就必须遵循以下几个一般的原则。

1．全面与重点相结合的原则

房地产投资环境是一个多因素、多层次、复杂的要素系统。在对城市的房地产投资环境进行评价时，需要运用系统分析方法把握房地产投资环境系统的诸多要素。另外针对影响系数大的要素，需要运用重点分析法，分析它在整个系统中的权重，做到全面和重点相结合，这样才能保证评价的全面性和针对性。

2．主观与客观相结合的原则

房地产投资环境是联结房地产投资与城市发展环境的中介纽带，包含投资者和受资者两种角色。房地产投资者是整个投资活动的发起者。房地产投资者在进行房地产投资时，首先明确的是投资动机，如资本增值、规避风险等，另外还需要结合受资者(如城市)的客观环境。因此，房地产投资环境评价实际上是一项主观和客观相结合的分析活动。

3．定性与定量相结合的原则

定性分析与定量分析相结合的原则是房地产投资环境评价非常重要的原则之一。定性分析是对研究对象进行“质”的方面的分析。具体地说是运用归纳和演绎、分析与综合以及抽象与概括等方法，对事物的性质进行直观的评价和分析。定量分析是指分析一个被研究对象所包含成分的数量关系或所具备性质间的数量关系；也可以对几个对象的某些性质、特征、相互关系从数量上进行分析比较，有利于分析系统内部的逻辑性。因此，近年来定量分析在投资环境评价中使用较多。但是，在房地产投资环境评价中，某些因素如政策制度和法律环境等要素，很难用数量形式表示。所以进行房地产投资环境评价时，需要将定性和定量分析相结合，二者缺一不可。

4．静态与动态相结合的原则

房地产投资环境不是一成不变的系统，而是一个伴随经济发展周期、区域规划等宏观因素的改变而不断发生变化的系统。这种动态变化有可能使投资环境变好，也有可能使投资环境变差。尤其像我国房地产市场受国家调控政策的影响非常大，政策稍微调整，都会给房地产投资环境带来动态性变化。因此，在进行房地产投资环境评价时需要把握房地产投资环境的历史变化规律，准确结合当前形势，做出决策，做到动态与静态相结合。

5．普遍性与特殊性相结合的原则

普遍性是指房地产投资环境评价必须遵从区域经济和区域投资环境评价的一般理论、观点和方法，无论是指标体系的建立，还是具体运算方式等都必须借鉴现有的投资环境评价模式。特殊性是指房地产投资环境评价必须带有房地产行业色彩，要能为房地产行业投资决策所用。指标体系和评价要素要更简洁，更加行业化，具体运算程序、运算模式也不必故意复杂化，越是简明的东西，在房地产行业应用上也越有实用效果。

3.4.2 房地产投资环境评价的方法

对投资环境分析的研究始于 20 世纪 60 年代末，截至目前，投资环境评价方法多达 30 余种，但对投资环境的评价还没有形成一种规范的模式，现存的各种方法都有自己的特点和不足。目前较常见的方法有十余种，这里主要介绍以下五种常用的房地产投资环境评价方法。

1．冷热对比法

1968 年美国学者伊西阿・利特法克(Isiah A. Litvak)和彼得・班廷(Peter M. Banting)通过

对美国和加拿大等国投资者的调查研究，在撰写的《国际商业安排的概念构造》中提出了“冷热对比法”。其基本方法是：从投资者和投资国的立场出发，选定七个投资环境因素，并将这些环境因素由“热”至“冷”依次排列，当这些因素处于有利于投资和获取利润的状况时，称之为热因素，反之为冷因素。即“热国”表示投资环境优良，“冷国”表示投资环境欠佳。这七个投资环境因素如下所述。

(1) 政治稳定性。有一个由全国各阶层代表所组成的、深得人民群众拥护、能够创造和保持适宜的工商环境的政府。一个国家或地区的政治稳定性高时，此为“热”因素。

(2) 市场机会。市场对目标产品尚有未满足的需求，且有较大的购买力。当市场机会大时，则被称为“热”因素。

(3) 经济发展及成熟程度。一个地区所处的经济发展阶段、经济增长率、经济效率及稳定性等。当经济稳定且发展程度高时，则为“热”因素。

(4) 文化一体化程度。一个国家或地区内各阶层之间的相互关系以及风俗习惯、价值观念、宗教信仰等方面的差异程度。当文化统一良好时，则为“热”因素。

(5) 法令阻碍。一个国家或地区的法律法规繁复，法律制度不健全，并有意无意地给企业经营带来困难，对投资环境造成影响。若法令阻碍大，这就是一个“冷”因素。

(6) 实质阻碍。一个地区的自然条件，如地形、地理位置、气候、降雨量、风力等。恶劣的自然条件，往往会对企业的有效经营产生阻碍。当实质阻碍高时，就是一个“冷”因素。

(7) 地理与文化差距。投资国所在地与东道国之间的距离，社会观念、风俗习惯和语言上存在差异等。如果地理与文化差距大，就是一个“冷因素”。

总之，政治稳定、市场机会大、经济发展快、文化统一、法令限制小、实质阻碍弱、地理与文化差距小的国家或者地区就称为“热国家”或“热地区”；反之，称为“冷国家”或“冷地区”。一个地区的投资环境越好，则开发企业在该国的投资参与成分就越大；相反，一个地区的投资环境越差，则开发企业参与该地区投资的成分就越小。

虽然冷热对比法只侧重房地产投资环境的宏观因素而忽略投资环境的微观因素，但它却为投资环境分析方法的形成和完善奠定了基础。

2．德尔菲法评价法

德尔菲法(Delphi method)是一种实用性广和技术成熟的决策方法。该方法是一种客观地综合多数专家的经验和主观判断技巧，对成组信息进行意见征询和评估，并最终取得协调一致的评估结果的方法。德尔菲法是1964年由美国兰德公司的道尔奇(N. Dalkdy)和赫尔曼(O. Helmer)发明的，是经过诸多领域实践证明的一种科学的技术测量方法。德尔菲法测定的可信度较高，是系统工程中一种很重要的测定方法，其最大的优点在于能对大量非技术性的无法定量分析的因素进行概率估算，并将估算结果告诉专家，再经专家们独立估值并反馈，最终集中专家们分散的评估意见并逐步收敛为一致。运用该法进行房地产项目选址，不仅要求专家确定影响的因素及其权重，还要求专家根据研究投资区域相应因素的状况，给出单项作用分，然后根据加权汇总值做出投资环境总体评价。

德尔菲法一般要经过四轮基本咨询程序，才可能得到较为满意的结论。有时只需两至三轮也能解决实际问题。但过程相对复杂，这是它的不足。其基本程序如下。

(1) 预先调查。发出第一轮的询问调查表。无任何限制框架，自由回答。调查者用简练而准确的专业术语，进行综合整理，列出一览表。

(2) 首次反馈。将第一轮整理的一览表再发给每位专家，请他们再次对一览表中的问题做出评价并阐明理由，随后将这轮意见集中。调查核对有关问题及对数据加以统计，求出相应中位数和上下四分位点，并写出综合报告，再反馈给各位专家。

(3) 二次反馈。请专家再次对上轮综合材料报告进行判断和陈述理由并重新评价，然后将这些新材料集中。调查者第二次计算新材料对应数据的中位数和上下四分位点并推出这一轮的综合论证，再次反馈给每组专家。

(4) 做出决断。各位专家对上轮材料最后加以评判，根据需要做出或不做出最后推证，调查者最后统计汇总，得出最后评判意见的总一览表。

3. 等级尺度法

1969 年，美国学者罗伯特·斯托伯(Robert B. Stobaugh)发表了《如何分析国外投资气候》一文，提出了等级尺度法。其基本特点是，从东道国对外国投资者的限制和鼓励政策的角度，列举了构成东道国投资环境的八大因素(资本抽回限制规定、外资股权比例、对外商的管制和歧视程度、货币稳定性、政治稳定性、给予关税保护的意愿、当地资本可供程度、近五年的通货膨胀率)，将每一个因素再分成 4～7 个子因素。根据每一个方面的重要程度，定义出从最差到最好的各种情况的分类标准。评估投资环境时，先按各种情况打分，然后将各种情况的分值相加，得出投资环境的总分为 8～100 分。分值越高，投资环境越好，详见表 3-1。

等级尺度法主要着眼于东道国对外商投资的优惠态度、限制以及吸收外资的能力。它主要考察了外国投资者在生产经营过程中直接与投资使用有关的影响因素，但是没有考虑影响项目建设和企业生产经营的外部因素，如投资地点的基础设施、法律制度和行政机关的办事效率等因素，而这些因素正是发展中国家需要提高的，所以采用该方法评估发展中国家的投资机会有明显的片面性。

4. 道氏评估法

道氏评估法是美国道氏化学公司根据其在海外投资的经历制定出的方法。由于对一个跨国直接投资者来说，投资环境不仅仅因国别而异，即使在同一国家也会因不同时期而发生变化，所以在评价投资环境时，要看过去、现在和今后的变化。从动态的角度，道氏公司将国际直接投资面临的风险分为两类：一是“正常企业风险”，即“竞争风险”；二是“环境风险”，即某些可以导致企业发生变化的政治、经济及社会因素，这些因素往往会改变企业经营方式，并可能给投资者带来有利或不利的后果，所以将这些因素按形成的原因和作用范围分为两部分：一是企业从事生产经营的业务条件，二是有可能引起这些条件变化的主要压力。道氏评估法主要指标见表 3-2。

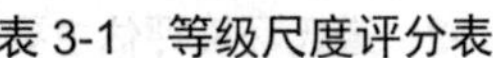

表 3-1　等级尺度评分表

投资环境因素		评　分	投资环境因素		评　分
一、资本抽回(0～12)	无限制	12	五、政治稳定性(0～12)	长期稳定	12
	只有时间上的限制	8		稳定但因人而治	10
	对资本有限制	6		内部分裂但政府掌权	8
	对资本和红利都有限制	4		国内外有强大的反对力量	4
	限制繁多	2		有政变或动荡的可能	2
	禁止资本抽回	0			
二、外资股权(0～12)	准许并欢迎全部外资股权	12	六、给予关税保护的意愿(2～8)	给予充分保护	8
	准许全部外资股权但不欢迎	10		给予相当保护但以新工业为主	6
	准许外资占大部分股权	8		给予少许保护但以新工业为主	4
	外资最多不超过股权半数	6		很少或不保护	2
	只许外资占少部分股权	4		不稳定、政变和动荡极可能发生	0
	外资不得超过股权三成	2			
	不许外资控制股权	0			
三、对外商的管制程度(0～12)	外商与本国企业一视同仁	12	七、当地资本可供程度(0～10)	成熟的资本市场、有公开的证券交易所	10
	对外商略有限制但无管制	10		少许当地资本，有投机性的证券交易所	8
	对外商有少许限制	8		当地资本有限，外来资本不多	6
	对外商有限制并有管制	6		短期资本极其有限	4
	对外商有限制并严加管制	4		资本管制很严	2
	对外商严加限制和管制	2		高度的资本外流	0
	禁止外商投资	0			
四、货币稳定性(4～12)	完全自由兑换	20	八、近五年的通货膨胀率(%)(2～14)	小于 1	14
	黑币与官价差距在一成之内	18		1～3	12
	黑币与官价差距在一至四成	14		3～7	10
	黑币与官价差距在四成至一倍间	8		7～10	8
	黑币与官价差距在一倍以上	4		10～15	6
				15～35	4
				35 以上	2

表 3-2　道氏环境评估主要指标

<table>
<tr><th>企业业务条件
(对以下因素估价)</th><th>引起变化的主要压力
(对以下因素估价)</th><th>有利因素和
假设的汇总</th><th>预测方案</th></tr>
<tr><td>1. 实际经济增长率</td><td>1. 国际收支结构及趋势</td><td rowspan="11">对前两项进行评价以后，从中挑出 8～10 个在某个国家的某个项目能获得成功的因素(它将成为不断查核的指数或继续国家评估的基础)</td><td rowspan="11">提出 4 套国家项目预测方案：
1. 未来 7 年中关键因素造成的“最可能”方案。道氏盈利高峰一般为项目决策后的第 7 年，故将 7 年定为分析的时间段
2. 如果情况比预期的好，会好多少？
3. 如果情况比预期的糟，会如何糟？
4. 使公司“遭难”的方案</td></tr>
<tr><td>2. 能否获得当地资本</td><td>2. 被外界冲击时易受损害程度</td></tr>
<tr><td>3. 价格控制</td><td>3. 实际经济增长与预测比较</td></tr>
<tr><td>4. 基础设施</td><td>4. 舆论界领袖观点的变化趋势</td></tr>
<tr><td>5. 利润汇出规定</td><td>5. 领导层的稳定性</td></tr>
<tr><td>6. 再投资自由</td><td>6. 与邻国的关系</td></tr>
<tr><td>7. 劳动力技术水平</td><td>7. 恐怖主义骚乱</td></tr>
<tr><td>8. 劳动力稳定性</td><td>8. 经济与社会进步的平衡</td></tr>
<tr><td>9. 投资刺激</td><td>9. 人口构成与人口趋势</td></tr>
<tr><td>10. 对外国人的态度</td><td>10. 对外国人和外国投资的态度</td></tr>
<tr><td>……(共 40 项)</td><td>……(共 40 项)</td></tr>
</table>

5. 多因素和关键因素评价法

(1) 闵氏多因素评估法。

香港中文大学闵建蜀教授在等级尺度法的基础上，在 1987 年“中国投资环境比较研究”研讨会上提出一种新的投资环境评价方法——多因素分析法，他将投资环境因素分为政治环境、经济环境、财务环境、市场环境、基础设施、技术条件、辅助工业、法律制度、政府结构、文化环境、竞争环境十一大影响因素(见表 3-3)，每一类因素又由一系列子因素构成。在具体评估东道国投资环境时，首先对各类因素的子因素做出综合评价；然后据此对该类因素做出优、良、中、可、差的判断；最后，在此基础上计算该国投资环境的总分数。

根据闵氏多因素评估法，先对各类要素的子因子做出综合评价，再对各因素做出优、良、中、可、差的判断，然后按下列公式计算投资环境总分：

$$投资环境总分=\sum_{i=1}^{11} W_i(5a_i+4b_i+3c_i+2d_i+e_i)$$

式中：i——第 i 类投资环境因素；

w_i——第 i 类因素权重；

a_i、b_i、c_i、d_i、e_i——第 i 类因素评为优、良、中、可、差的百分比且

$$a_i+b_i+c_i+d_i+e_i=1(i=1,2,\cdots 11)$$

表 3-3　多因素评估法投资环境评价模式

影响因素	子 因 素	权　数
政治环境	政治稳定性，国有化可能，当地政府的外资政策	0.15
经济环境	经济增长，物价水平	0.1
财务环境	资本与利润外调，对外汇价，集资与借款的可能性	0.15
市场环境	市场规模，分销网点，营销的辅助机构，地理位置	0.1
基础设施	国际通信设备，交通与运输，外部经济	0.15
技术条件	科技水平，适合工资的劳动生产力，专业人才的供应	0.05
辅助工业	辅助工业的发展水平、配套情况等	0.1
法律制度	法律完备性，法律的执行的有效性	0.1
政府结构	机构的设置，办事效率，工作人员素质等	0.05
文化环境	价值观念，社会风俗习惯	0.05
竞争环境	竞争对手的强弱，同类产品进口额所占市场份额	0.1

闵氏多因素评估法有三个显著优点：一是考虑要素较全，减少斯托伯等级尺度法的片面性和局限性；二是充分考虑了各子因素的优劣，有利于提高评估结果客观性；三是考虑了各种投资环境因素在整个投资环境要素系统中的地位和作用，同时还可根据需要确定各因素权数，为投资决策提供更加实用可靠的依据。但这种方法主要也只适用于对某国投资环境作一般性的评价，对具体投资项目的投资动机考虑较少。于是，闵建蜀教授又提出了关键因素评估法。

(2) 闵氏关键因素评估法。

该方法从具体投资项目的投资动机出发，在影响投资环境的一般因素中，找出影响投资动机实现的关键因素，然后依据这些因素对投资环境做出评价。该方法把投资动机划分为六种：降低成本，发展当地市场，获得元件和原材料的供应，分散风险，追逐竞争者，获得当地的生产技术和管理技术。同样，每种投资动机又包含若干影响投资环境的关键因素。就评价模式来说，基本上是将多因素评估方法的各子因素进行重新归纳，根据不同的动机归纳出六类影响投资环境的关键因素，并逐一进行了分解，具体见表 3-4。

表 3-4　投资环境影响的关键因素表

投资动机	影响投资环境的关键因素
1. 降低成本	适合当地工资水平的劳动生产率，土地、原材料及元件价格，运输成本
2. 发展当地市场	市场规模，营销辅助机构，文化环境，地理位置，运输条件，通信条件
3. 获得元件和原材料的供应	资源，当地货币汇率变化，当地通货膨胀率，运输条件
4. 分散风险	政治稳定性，国有化可能，货币汇率，通货膨胀率
5. 追逐竞争者	市场规模，地理位置，营销辅助机构，法律制度
6. 获得当地的生产技术和管理技术	科技发展水平，劳动生产率

对于房地产开发项目，投资动机没有那么复杂，需考虑的因素也远远不止以上几种。比如对于我国开发建设的普通住宅投资项目，其环境评价的关键因素可以做如下分类。

第一类因素，即重点因素。重点因素包括：市场环境中的购买力水平、吸纳量、供应量、同类楼盘的分布及其现状等，财务环境中的项目融资可能性、融资成本、税费负担、同类项目盈利水平等，自然环境中的地理位置、风景地貌、自然景观等，设施环境中的电力、通信、给排水、交通、教育以及其他生活设施条件等。第一类因素的权重系数 W=0.6。

第二类因素，即一般因素。一般因素包括：经济环境中的消费结构、居民收入、物价指数等，资源环境中的劳动力资源条件、原材料供应等，政策法规环境中的争议仲裁公正性等。一般因素的权重系数 W=0.3。

第三类因素，即次要因素。次要因素包括社会秩序、社会信誉、社会服务以及文化传统和教育水平等因素。次要因素的权重系数 W=0.1。

对于其他类型的房地产开发投资项目，则应根据具体情况做适当调整。如在其他国家开发的房地产项目，则要把政权稳定性、政治局势、经济政策、价值观念、文化传统等作为第一因素。对于高档住宅，尤其是高级别墅之类的房地产开发投资项目，则要把拟开发地块的自然环境，如植被、气候等因素作为第一因素。

总之，关键因素分析法中的关键因素的划分及权重系数的确定，应视投资项目的具体要求及投资对象的具体情况而定，不能千篇一律。

上述五种房地产投资环境评价方法各有优缺点。在实际中，应该依据项目决策的需要，选取最适合的方法对投资环境进行综合评价。有条件的话也可以同时选取不同的方法，不同方法下的评价结果可以相互印证，以提高房地产投资环境评价的准确度。

方法只是提供一种研究问题的路径。在房地产投资环境分析过程中，对于投资环境的各方面数据的采集和得到权威性的评价因子才是工作投入的重点。有了前两阶段工作的基础，对于以后的应用具体研究模型就很简单了，如果前面的工作没有做好，应用再先进的模型也是没有用的。

3.4.3 房地产投资环境的衡量标准

房地产投资环境的衡量标准是构成房地产评价结论的基础。究竟一个房地产项目是否可行，一方面在于评价的过程，另一方面也在于如何衡量评价的结果。微观经济学里面把经济学主体分成风险偏好者、风险厌恶者和风险中立者。房地产投资根据其行业特征属于高风险、高回报的行业，在承担宏观经济系统风险的同时，从事房地产投资的行为还要承担房地产行业的非系统风险。

究竟什么样的项目才值得投资，这与投资主体对房地产投资环境的衡量标准密切相关。而制定什么样的投资环境的衡量标准又与企业本身的长期战略、近期计划有直接的关系。又安全、回报又高的投资项目在成熟的市场经济条件下是不存在的。投资主体只能在风险和回报率中进行权衡。常见的房地产投资环境衡量标准如下。

(1) 风险小。风险小的房地产项目往往回报率也不高，倾向于选择风险小的房地产投资的主体可归于风险厌恶型投资者。风险小的投资比较适合政府投资、基金投资、养老基金投资等。

(2) 机会多。机会多标准主要适合风险中立主义投资者，机会多的投资环境可以提供分散风险的条件，通过分散风险而不至于因为一个项目的失败而遭受巨大损失。机会多标准比较适合资金雄厚并且已经进入稳定发展状态的大型投资主体。

(3) 盈利能力强。盈利能力强就意味着风险大，乐于投资盈利能力强的房地产投资主体属于风险偏好型企业，这样的企业一般处于房地产投资的起步阶段，由于资金实力、经验等原因，只能选择迅速见效的高回报率项目。

专栏 3：旅游热带动的旅游景观地产热潮

节假日是旅游出行的高峰时段，巨大的人流量瞬间就能让各大景区人满为患，这在暴露了旅游业和城市发展不足的同时也带来了无限契机，特别是一些城市郊区的旅游地产项目，备受购房者关注。

旅游业对城市的发展，一个是形象的带动作用，另一个就是树立城市的旅游地标。旅游业一个行业就能带动上下游的 7 个行业，但是真正旅游业的带动，如果说以黄金周作为中国旅游的代表形式，应该说这种带动是相当有限的。其实旅游可以带动城市的文化、服务业、酒店及第三产业的发展，这些都是城市最需要的。

景观房产是有别于传统住宅的全新概念，其产生与发展是经济发展的必然结果。随着生活水平的提高，人们对居住环境和居住空间有了更高的要求，追求人居与自然的高度和谐成为一种居住时尚，景观房产正符合了人们这种对高品质生活的追求。因此，这种房产也必将从经济发达的城市地区开始。

香港有一个迪士尼，上海也引进迪士尼，就是希望用旅游业补充城市的功能。而像三亚就是用旅游概念发展房地产，因为三亚要发展房地产，要找一个发展主题，用旅游发展房地产就有主题，就可以拉动房地产。时下，滨海旅游产业异军突起，成为中国旅游产业的热点话题。国家旅游局的相关负责人曾表示，旅游业是资源消耗低，带动性大，综合效益好的产业。在我国经济下行压力较大的背景下，旅游产业将成为活力最强、潜力最大、前景最好的产业之一。

以限购为主旨的房地产行业调控政策，严厉地限制了投资和投机性住房需求，导致国内部分小型房地产企业相继陷入资金困境。同时也促使一些具备雄厚资金实力的房企纷纷转战旅游地产以寻出路，将其作为未来投资的重点。

作为中国旅游地产的风向标，海南楼市正在陷入观望氛围浓厚的胶着状态。但在胶着的市场之下，一种新兴的地产产品景观地产却异军突起。

相关数据监控显示，截至 2012 年 1 月底，海南 2012 年 1 月拟开盘项目总计 37 个，相比 2011 年 12 月的 31 个拟开盘数量，环比上涨了 19.35%，至此海南拟开盘数量已经连续两个月上涨。业内人士分析，拟开盘数的增加，说明房价下跌并没有从根本上影响房企对市场走势的信心。

定于 2012 年 1 月份开盘的那香山别墅项目，属于近两年海南正在兴起的热带雨林地产项目。该项目负责人施宝成表示："其实打破海南楼市胶着状态的关键不在于价格，而在于与当下旅游热点相对应的产品转型和升级。"

正如那香山项目负责人施宝成所说，与市场对以价换量的不同反应相比，借势海南的旅游热潮，推出相应产品，成为不少房企的应对之道。

海南省相关部门负责人日前接受媒体采访时表示，2012 年海南旅游业继续保持较快增长，1—10 月，全省接待过夜国内外游客 2 125.56 万人次，同比增长 11%，实现旅游收入 215.01 亿元。

"旅游热点的转移和宏观调控的双重影响，导致海南旅游地产的卖点正在由海景向热带雨林等更加稀缺的资源转移。"

多位旅游地产专家表示，从市场上广受关注的项目看，万科进入三亚的第一个项目万科森林公园，就选择了以森林资源为卖点。而呀诺达·那香山项目，更是以海南首席热带雨林别墅项目作为核心卖点。

施宝成表示，在楼市整体处于淡季的走势下，这些能借势旅游热点的项目，在营销上也可以运用更多的手段来打破胶着状态。

中国房地产业协会商业和旅游地产委员会秘书长蔡云表示，海南旅游长期以来一直依靠滨海旅游产品打市场，但随着国内发达地区旅游市场的转型升级，单一的滨海旅游产品已无法满足市场新需求。正是在这种背景下，从政府到民间，都在关注和开发海南热带雨林休闲旅游产品，希望使之成为继滨海旅游产品之后的新卖点，从整体上提升海南旅游竞争力。

蔡云的观点得到了多位旅游地产专家的认同。他们强调，旅游地产一向都是与旅游热点紧密相连，热带雨林成为滨海之后的新卖点，这在某种程度上意味着，以科学开发热带雨林资源为核心理念的雨林地产，可能将取代海景房，成为海南旅游地产新的风向标。

从综合发展水平看，旅游景观房产在我国都算是起步阶段。概念不够明确，定位不够准确，经营模式尚需培育等都是存在的问题。但无论如何，旅游景观房产都将成为新时期房产业的发展趋势，也将更符合居民和旅游者的要求和特点，前景甚好。今后，各类酒店、度假村、养老型物业、旅游景区物业、旅游运动型物业都将成为旅游景观房产中的"主打项目"。要在借鉴国际经验的基础上，配合都市旅游的大环境，努力做好旅游景观房产的开发工作。

(资料来源：1. 中国行业研究网，《节假日旅游热　房企带动旅游地产投资热潮》；
2. 百度乐居，《楼市"遇冷期"　旅游地产苦寻新卖点》)

思　考　题

1. 狭义与广义的区位各指什么？
2. 影响区位的主要因素有哪些？
3. 房地产投资环境的类型具体有哪些？
4. 如何进行房地产投资环境的要素分析？
5. 房地产投资环境评价的原则有哪些？
6. 详细说明多因素和关键因素评价法的评价原理与操作。
7. 房地产投资环境的衡量标准包括哪些方面？

第 4 章

房地产投资与房地产周期

4.1 房地产周期的含义

房地产周期是指房地产经济水平起伏波动、周期循环的经济现象。表现为房地产业在经济运行过程中交替出现扩张与收缩两大阶段，循环往复的复苏—繁荣—衰退—萧条四个环节。

4.2 房地产周期的类型

1. 按照实际房地产供求波动划分

根据实际房地产供求波动变化，将房地产周期分为需求周期和供给周期。

(1) 需求周期(吸纳周期)。

吸纳周期(Absorption Period，AP)，是指按报告期内的吸纳速度(单位时间内的吸纳量)计算，同期可供租售量可以全部被市场吸纳所需要花费的时间，单位为年、季度或月，在数值上等于吸纳率的倒数。公式如下：

吸纳周期=(上期期末空置量+本期新增供应量)/本期吸纳量

其中，吸纳量(Absorption Volume，AV)，是指报告期内销售和出租房屋的数量之和，单位为建筑面积或套数。本期吸纳量为本期市场销售和出租房屋的数量之和。吸纳率(Absorption Rate，AR)，指报告期内吸纳量占同期可供租售量的比例，以百分数表示，有季度吸纳率、年吸纳率等。在实际统计过程中，可按销售或出租，存量房屋和新建房屋，不同物业类型等分别统计。

(2) 供给周期(建筑周期)。

建筑周期也称为建设周期，是指住宅项目从立项到竣工入住的时间，即从开发商发现市场机会、准备建设到项目竣工入住的时间。

(3) 吸纳周期与建筑周期的关系。

当吸纳周期等于建筑周期时，从这点开始建设，到竣工时，市场原有的住宅正好售完，新建的住宅正好进入市场满足下一轮需求，市场供求正好平衡。吸纳周期大于建筑周期时，此时开始建设，到竣工时，市场住宅尚未售完，市场供过于求。吸纳周期小于建筑周期时，此时开始建设，市场住宅已经售完，而新住宅尚未竣工，市场供不应求。

2. 按照房地产周期波动时间长短划分

根据房地产周期波动时间长短的不同，将房地产周期分类如下。

(1) 长周期。Kaiser’s 研究了房地产长周期，比较了房地产总收益率与机构房地产投资回报率以及建筑、就业、通胀、利率和股指等经济变量的关系，发现了长为 30 年、50～60 年和几百年的房地产周期。一般来说，一个国家房地产周期都会长达 10 多年甚至 20 年。如美国房地产周期平均为 18 年，日本为 10 年。

(2) 短周期。在一个长周期内会有一个或者几个短期的阶段房地产相关指标出现周而复始的循环波动。如美国在每个 18 周年的长周期中会有 1～2 个 3～5 年的短周期。

(3) 季节周期。是指房地产相关指标出现季节性的周期变化，如美国的住宅出租率。

3．按照房地产投资角度划分

根据房地产投资角度的不同，将房地产周期分类如下。

(1) 资产生命周期。是指房地产业、房地产企业和房地产开发项目等资产必须经历一个初创期、成长期、成熟期和衰退期的生命周期。将一个项目、一个企业和一个行业作为一个生命整体来探讨其周期波动的规律。

(2) 资产所有权周期。资产所有权是指所有权人对房地产享有的全面支配和排他性的权利，包括依法占有、使用、收益和处分的权利。当经济出现波动时，房地产所有权会出现不同的处理方式，如繁荣时主要行使收益权，当萧条时处分权就会增加。根据房地产不同的所有权益波动特征来研究房地产周期波动的规律。

(3) 资产组合周期。资产组合的目的就是提高投资效率，降低投资风险。当房地产繁荣时，房地产资产风险小，收益高，属于理想的投资对象，在投资组合里面就会增加房地产资产的比重；反之，在萧条时就会降低。根据房地产资产在资产组合中的变动规律来研究房地产周期波动。

(4) 资本支出周期。资本支出(Capital Expenditure)，又称“收益性支出”的对称，是指会计上视为固定资产增值的所有经费支出，如房屋。房地产投资支出会随着经济波动而周期性波动。

(5) 资本化率周期。资本化率又称还原化率、收益率，指把资本投入到房地产中所带来的收益率。它反映的是房地产投资的获利能力。房地产的资本化率会随着经济的波动而周期性变动。

(6) 营运支出周期。营运支出又称“经营性支出”，房地产日常经营性支出，狭义上主要包括开发成本(土地款、总包工程款、独立发包工程款等)、管理费用、销售费用等。广义上还包括财务费用、贷款利息支出等。营运支出会随着房地产市场发展而变化，一般来说，在项目初期和房地产萧条期，营运支出会增加，而项目中期和繁荣期营运支出减少，因此可以根据营运支出周期变化来分析房地产周期。

(7) 租金率周期。租金率是指租金占房价的百分比，它会随着房地产市场的繁荣下降，当市场泡沫严重时，租金率达到最低点，萧条时租金率提高，呈现周期性波动。

(8) 出租率周期。商业地产、写字楼和投资性的住宅等以出租为主的物业出租率会随着经济波动成周期性波动，一般来说，经济繁荣时，出租率高；经济萧条时，出租率低。出租率为已出租面积和可供出租面积的商。

(9) 房地产景气周期。是指房地产活动或其投入与产出围绕着其长期趋势的周期性但并非定期的波动。

4．按照房地产所在区域范围划分

根据房地产所在区域范围的不同，将房地产周期分类如下。

(1) 国际房地产周期。从全球的范围来研究房地产周期变化的规律和影响的因素。如 1984—1995 年发达国家房地产周期对全世界其他国家房地产周期产生影响。又如 2006—

2008 年美国的房地产危机对全世界其他国家房地产又造成波动。

(2) 国别房地产周期。将一个国家的房地产市场看成一个整体来研究，进而探讨全国房地产市场周期运行规律，并总结其特征，如美国房地产周期。

(3) 区域房地产周期。房地产具有明显的地域性特征，人们研究房地产周期主要针对某地方的房地产周期，如北京房地产周期。

5. 按照房地产研究的视角划分

按照房地产研究的视角的不同，将房地产周期分类如下。

(1) 房地产经济周期。房地产经济周期是指房地产业在发展过程中，随着时间的变化而出现的扩张和收缩交替反复运动的过程。房地产经济周期是从宏观角度来分析房地产业的循环变动，房地产经济周期一般可以用投资量的增减、房地产业增长率、价格涨落和交易旺衰等经济指标来测度，并可以据此来衡量房地产业所处的时期。

(2) 房地产市场周期。房地产市场周期是指受社会经济发展变化影响的房地产市场扩张和收缩的波动交替状态，是房地产业发展规律的客观反映。房地产市场周期侧重于从市场、微观角度对房地产业发展进行度量，对其测度常常采用价格指标。

6. 按照影响房地产波动的因素划分

按照影响房地产波动的因素的不同，将房地产周期分类如下。

(1) 货币周期。房地产市场会随着货币政策变动而呈现周期性波动。一般来说，宽松的货币政策会推动房价上涨，而紧缩的货币政策会打压房价。

(2) 贸易周期。由于贸易部门的效率提高了非贸易部门如房地产的成本，进而导致房地产价格提高。所以房地产市场会随着对外贸易的波动而呈现周期性波动。

4.3 房地产周期的划分

4.3.1 房地产周期划分的主要指标

房地产周期划分的主要指标如下。

(1) 商品房价格指标；

(2) 房地产投资增长率指标；

(3) 商品房销售额增长率指标；

(4) 商品房销售面积的增长率指标；

(5) 建筑面积增长率指标；

(6) 房地产业从业人员增长率指标。

4.3.2 周期指标计算方法

目前判断房地产周期的模型还很不成熟，没有统一的方法，但总结起来主要有三种：

单指标法、扩散指数法(DI)和合成指数法(CI)。三者各有优劣。

(1) 单指标法。是指通过投资额或销售量等单一指标的变动研究房地产周期波动的方法。这些指标主要是销售指标，包括销售额或销售面积的增长率。但是房地产周期是整个房地产经济体系的波动周期，单一指标很难准确全面地反映真实情况。

(2) 扩散指数法(Diffusion Index)。是根据一批领先经济指标的升降变化，计算出上升指标的扩散指数，以扩散指数为依据来判断未来的经济景气情况的预测方法。其优点在于利用一组经济指标进行综合考察，避免仅依靠个别领先指标做出判断预测的弊端。

扩散原理：在景气的上升过程中，多数经济活动指标呈扩张或上升趋势；当景气到顶时，经济活动指标转而向下；当经济活动的扩张指标和收缩指标大体相等，经济处于转折点；当下降指标占上风时，经济开始进入萧条期。根据各类指标的变动情况，可以计算出扩散指数。其计算公式如下：

DI=扩张指标数/采用指标数

根据公式可知：扩散指数的大小是在很多景气指标中用扩张指标数占采用指标数的百分比来表示，故又叫景气动向指数。从表示景气的渗透状况的定义，DI 还可以叫作景气渗透度指数。DI 仅着眼于各景气指标的变化方向，并从总体上把握各景气指标的变化。这是目前用得最多的一种方法，如曹振良、谭刚等人均用它来研究过全国或地方的房地产经济周期，只不过所选指标不同，但它不能准确地反映波动的幅度。

(3) 合成指数法。可以克服前两者的不足，能较好地反映转折点和波动幅度，但它的指标选择和权重的确定较难。合成指数法具体又可采用层次分析法(AHP)或主成分分析法来解决权重的问题，或干脆用简单算术平均法。

4.4　房地产周期运行规律

4.4.1　房地产周期运行阶段

1. 房地产周期的四阶段

房地产周期波动是一个上升与下降、扩张与收缩不断往复运动的过程，它依次经历复苏、繁荣、衰退和萧条四个不同的阶段，如图 4-1 所示，A—B 为复苏期 ，B—C 为繁荣期，C—D 为衰退期，D—E 为萧条期。

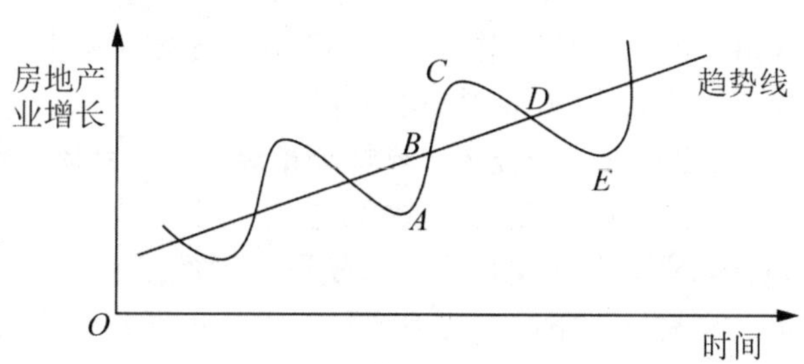

图 4-1　房地产周期运行阶段

2. 房地产循环的 20 个阶段

美国人霍伊特研究了 100 年间的统计资料和同时期的商业、政治与人口事件，最终认为房地产循环包含以下 20 个阶段，并且在调查的这 100 多年间，这一循环总共重复了 5～6 次。

(1) 租金毛收入开始快速上升。

(2) 租金净收入升得更快。

(3) 由于租金飞涨，房屋的销售价格也大幅上扬。

(4) 建造新屋有利可图。

(5) 新屋开工数量增加。

(6) 信贷宽松刺激新屋开建数量增加。

(7) “低成本融资”带动新屋建设数量大幅攀升。

(8) 新屋开建消化闲置土地。

(9) 在景气繁荣期间，人口预测趋于乐观。

(10) 原有耕地的新城市愿景：土地分割法。

(11) 毫无节制的公共设施改善支出。

(12) 各类房价都涨到最高点。

(13) 反转走势开始：房屋滞销。

(14) 丧失抵押品赎回权的情况开始增加。

(15) 股票市场崩盘，商业活动普遍陷入萧条。

(16) 进入损耗的过程。

(17) 银行房地产贷款的宽松政策 180 度大改变。

(18) 陷入停滞与丧失抵押品赎回权。

(19) 存屋出清。

(20) 蓄势待发，为下一次繁荣做好准备，不过繁荣并非自然而然地到来。

4.4.2 房地产周期运行过程

房地产周期运行过程如下。

(1) 复苏与增长阶段。此时，上一轮的萧条使房地产经济陷入长期低迷，自住需求者入市，投资、投机需求基本不存在，销售和出租的价格均较低。进入复苏阶段之后，房价开始回升，少数投机者入市，市场交易量增加空置率下降。各种因素带动房价继续缓慢回升，市场充满乐观情绪，投资者信心饱满，市场预期良好，房地产投资转而旺盛。

(2) 繁荣阶段。此阶段比复苏阶段要短，巅峰期稍纵即逝。具体表现为：房地产开发量激增、品种增多，投机者活跃，市场投机需求高于自住需求。政府开始出台政策限制炒房，投机热情继续旺盛，自住需求者基本退出市场，实际上已经是有价无市。进而新增投资数量下降，销售难度加大，交易量下降，空置率增加，市场出现悲观情绪，持币观望。

(3) 危机与衰退阶段。当投资和投机需求无法转换为消费需求，高房价将真正的自住需求者排斥出市场而仅靠投机资金支持时，就预示着房地产周期的拐点将至——由盛转衰。衰退，即连续两个季度经济将出现负增长。此阶段表现为：交易量萎缩，房地产投资下降，市场悲观情绪加强。受一些突发利空性消息或事件影响，房价急剧下降，炒家惊恐抛售，房地产价格暴跌。进而小开发商纷纷破产，部分在建工程烂尾，大量投机者被套牢，血本无归，房地产业失业人数激增。

(4) 萧条阶段。经过急速而又痛苦的危机爆发后，房地产周期进入持续时间相当长的萧条阶段。萧条是一种严重的经济衰退，意味着经济崩溃。表现为：房价和租金持续下降，交易量锐减，空置率居高不下，大量房地产商破产。大萧条末期房地产泡沫挤出，市场正常需求缓慢增长，政府减少限制性干涉，市场波动开始平稳。房地产慢慢过渡到下一个复苏与增长周期。

4.4.3　房地产周期运行阶段特征

房地产周期运行阶段特征分别介绍如下。

1．复苏阶段特征

复苏阶段特征如下。

(1) 供给严重过剩，新增量为零或者极少。

(2) 需求开始缓慢增长。

(3) 租金从稳定状况向上涨状况转变。

(4) 空置率达到顶峰。

2．繁荣阶段特征

繁荣阶段特征如下。

(1) 供给增加，房地产投资增长率、新开工面积增长率均加速增长。

(2) 需求疯狂增长，投资、投机和自用需求在短期内叠加。

(3) 租金和房地产价格快速增加，期房、楼花价格逐渐与现房价格持平并超过现房价格，三者差距日渐拉大。

(4) 空置率达到自然空置率水平，时间很短，逐步达到周期最低点。

3．衰退阶段特征

衰退阶段特征如下。

(1) 供给增加，挂牌出售数量呈现加速增长趋势。

(2) 需求结构发生变化，投机需求减少。

(3) 租金和房地产价格由涨转向跌。

(4) 空置率逐步增长达到新的自然空置率水平。

4．萧条阶段特征

萧条阶段特征如下。

(1) 供给新开工项目减少和停止，由于时滞作用，新开盘项目大量涌入。

(2) 需求急速下降，自用需求观望。

(3) 租金下降，房地产价格下降，甚至部分跌破成本价，烂尾楼普遍出现。

(4) 空置率达到新的最高点。

4.5 房地产周期特征

房地产周期具有以下几个特征。

(1) 相似性。表现为任何国家，任何时期房地产发展都需要经历扩张和收缩两个阶段。扩张时房地产价格、销售面积、开发速度和供应速度都呈现增长态势，收缩期房地产各项指标都呈下降态势。此外，房地产周期波动还表现为具有相似的波动模式和波动传导机制。

(2) 重复性。是指只要影响房地产波动的因素存在，不管在什么时候和什么区域，房地产周期波动的特征就会重复出现。

(3) 循环性。是指房地产扩张和收缩，复苏、繁荣、衰退和萧条四阶段循环往复的规律周期性出现。

(4) 时滞性。由于建筑业自身滞后的特征，导致经济周期性波动对于房地产周期的影响总存在滞后的特征。

4.6 房地产周期的影响因素

4.6.1 宏观经济因素

宏观经济因素包括：经济增长率、国民收入水平、宏观经济政策和通货膨胀。

1. 经济增长率

(1) 著名经济学家库兹涅茨指出：国民经济增长率和房地产业发展状况存在高度的正相关。房地产业与经济增长率之间存在着相互影响、相互促进和相互依存的关系。在经济增长率较高时，社会结构和需求结构相互适应，从而推动房地产业进入周期的上升通道。相反，如果经济增长率较低，就会产生消极的作用，使房地产进入下降通道。

(2) 房地产周期波动和宏观经济周期波动密切相关，见表 4-1。

表 4-1　房地产周期波动和宏观经济周期波动的相关性

宏观经济增长率	房地产业发展状况
小于 4%	萎缩
4%～5%	停滞甚至倒退
5%～8%	稳定发展
大于 8%	高速发展
10%～15%	飞速发展

资料来源：库兹涅茨. 各国的经济增长. 北京：商务印书馆，1990。

(3) 传导机制：价格传导机制和收入传导机制。

正如上文所述，房地产周期波动和宏观经济波动密切相关。宏观经济增长主要通过房地产价格的需求弹性和收入弹性两种传导机制影响房地产业。当宏观经济繁荣时，人们收入提高，而房地产属于收入富有弹性的商品，需求增长的幅度超过收入增长幅度，导致房地产市场扩张。当宏观经济衰退时，情形正好相反。从需求的价格弹性的传导机制分析，可能要复杂一些。因为当经济繁荣时，房地产的价格会上涨，而房地产属于价格富有弹性的商品，价格上涨，需求会下降，这不利于房地产的发展。但当房地产价格上涨过快引起通货膨胀时，刚性需求就变得缺乏弹性，就会出现房价上涨需求反而增加的房地产吉芬商品现象，从而引起房地产市场的扩张。另外，投机需求虽然是需求富有弹性，但由于房地产名义价格上涨赶不上实际价格上涨速度，实际价格还是下降的，房地产的投资需求依然保持增长，从而导致房地产市场扩张。

2. 国民收入水平

(1) 国民收入水平变化，通过收入弹性传导影响房地产消费和投资需求。

(2) 收入变动从两个方面影响房地产需求：一是影响支付能力，一方面收入水平提高，房屋占各项开支的比重加大；另一方面收入越高的阶层在房屋方面的开支亦越高。二是影响消费者对财富积累的预期，进而会影响房地产需求水平。这表明收入水平与住宅的需求量应是成正比的。由于房地产市场具有投资与消费双重性，人们的收入越高，购买房地产进行保值的意愿也就越强烈。

3. 宏观经济政策

宏观经济政策对于房地产周期的影响形成所谓的政策周期。政策周期源于西方的政治周期学说，即经济的结果是政府政绩的重要标志。由此，执政党在其周期性的大选中，为了获得连任采取重大的政治决策，从而引起经济的周期波动。政治周期不仅在多党制国家存在，而且在实行计划经济体制的一党执政的国家也存在。虽然，我国的政治目标同西方国家相比有着根本的区别，但由于政策因素引起经济周期波动的情况依然存在。由于我国政府对经济活动干预和控制能力强，因而政策因素对经济波动的影响甚至更大。我国房地产经济政策存在着明显的周期性特点，经济扩张政策和经济紧缩政策交替变动，构成中国特有的政策周期。宏观政策主要包括财政政策和金融政策。

(1) 财政政策。

财政政策包括投资政策和房地产税收政策。

① 投资政策。在投资对房地产经济增长的作用与机制保持不变的条件下，如果投资政策发生变动，全社会投资规模与投资结构出现变动，作为外部冲击的投资政策会在两个层次上对房地产经济增长产生波动性影响。一是当社会总投资规模出现变动时，投向房地产的资本量会发生变化，从而导致作为房地产业增长动力的投资水平出现变动，结果使得房地产出现周期波动。二是在社会投资规模保持不变时，投入房地产业的资本会出现投资结构的变动，在这种情况下也会导致房地产业周期性的波动。

② 房地产税收政策。就财税政策而言，要么通过对房产需求者的收入水平进行调节，从而影响消费者的支付能力，使得房产需求受到相应影响，如房地产税；要么通过对房地产供给者的盈利水平进行调节，同时导致房地产价格出现变化，在投资机制和价格机制的双重作用下，最终对房地产供给产生影响，如土地增值税。

(2) 金融政策。

金融机构过于宽松和过于收紧的金融政策导致了房地产的周期波动。即当市场景气，开发商向银行等金融机构争取贷款时，金融机构无一例外地进行贷款；而当市场开始衰退，有的开发商无法按时清偿贷款时，金融机构又出于“恐惧”心理而全面收缩房地产信贷，导致大量开发项目运转停滞，从而造成房地产市场的大幅波动。

① 货币供应变动。对房地产周期的传导机制为货币供应增加，银行贷款可供量增加，投资和消费支出增加，开发商增加开发贷款需求，住房供应增加，购房者购房活跃，增加对抵押贷款的需求，货币供应减少则相反。也可以通过下面的公式加以说明：$ES_m=ED_y+ED_s+ED_h+ED_o$。ES_m表示超额货币供给，ED_y表示超额的产品需求，ED_s表示超额证券需求，ED_h表示超额的房地产需求，ED_o表示超额的其他产品需求。

该式表明，货币市场的超额供给最终将反映到产品市场、股票市场、房地产市场和其他市场上，使这些市场产生超额需求，从而推动各个市场价格上涨，产量也相应出现波动。

② 利率。一般来说，利率变动与房地产经济周期波动呈反方向变化，利率的升高或降低，对房地产市场的直接影响包括供给和需求两方面。在供给方面，开发商融资成本的高低和借贷资金利率息息相关。当利率下降，开发商融资较易，融资成本较低，从而促进了房地产供给增加和市场的繁荣。反之，当利率上升时房地产开发商利息负担沉重，开发成本居高不下，供给减少，则不利于房地产市场的发展繁荣。在需求方面，由于房地产价值高的特性，进入房地产市场必须获得金融的支持，利率高则加大了购房者的按揭成本，从而阻碍了房地产的需求。利率降低则会促进人们投资房地产的意愿，加大了房地产的投资需求和消费需求。因此，利率的升高或降低导致了房地产的快速收缩或扩张，这种变化导致了房地产的周期性波动。

4．通货膨胀

通货膨胀时房地产的影响如下。

(1) 通货膨胀率和房地产价格之间存在正相关关系。通货膨胀因素影响房地产名义价格与真实价格变动，从而导致房地产经济运行出现相应变化。

(2) 通货膨胀因素影响房地产资产的保值与升值功能发生变化，进而影响房地产经济运行发生周期性波动。由于房地产有很好的保值和升值功能，因此作为一种投资工具和消费品，往往被作为很有效地抵抗通货膨胀的壁垒。当通货膨胀率上升时，往往导致房地产的投资需求也有很大的上升，因此两者有正相关的关系。

4.6.2 微观经济因素

微观经济因素主要包括以下五个方面。

1．供求关系

供求关系对房地产的影响如下。

(1) 供求关系不仅包括房地产自身的供求，也包括房地产关联行业的需求。它从供给和需求两个方向影响着房地产业：一方面，随着国民经济扩张，房地产投资将会增加，从而推动房地产供给的增加；另一方面，国民经济扩张和居民可支配收入的上升将会扩大房地产需求。

(2) 建筑工程的时滞。从开发商做出决策到项目竣工存在着一定的“时滞”，开发商往往在市场景气(如需求上升，价格上涨)的时候做出项目投资决策，而当项目竣工时，市场条件已经改变(需求下降)，众多开发商的集体行为导致了高空置率的出现。

(3) 需求的不确定性。首先，在传统计划体制下，长期的福利分房制度使住房需求变成一种不受支付能力约束的住房需要，住房供给则是计划性任务。正是这种非市场引导，使住宅短缺成为必然。其次，在体制转换过程中，住房需求既会受到市场机制的调节，同时也会受到计划机制的影响，以住宅为主体的房地产有效需求较为混乱。最后，在市场因素和非市场因素的交叉作用下，房地产市场形成总量上和结构上的供过于求，以及反映这种失衡的房地产经济波动。

2．市场信息不对称

房地产市场是分散的市场，即整个房地产市场是由多个分散于各地的地方市场所组成的，而且各市场间大多自成体系，彼此相对隔绝，市场信息流动不充分。这就给房屋需求者的预测和决策带来一定困难，但是为开发商的促销活动提供了某种便利，即开发商通过广告促销手段，营造该地段房地产市场需求旺盛的现象，从而误导人们盲目购买，导致房地产市场波动。

3．市场主体心理因素

房地产市场的“羊群效应”对房地产周期性波动会造成一定的影响。“从众行为理论”认为在房地产市场中总有一批幼稚的参与者，他们没有足够的信息来源，也无法获得准确的信息，他们对未来的预期形成主要依赖于市场上其他人的行为和预期，从而通过模仿其他人的行为来选择自己的行为策略。的确，房地产投资主体的理性是有限的。而在信息不对称的情况下，机会主义倾向较大的投资者总是喜欢以他人的决策和行动来决定自己的行动。这样在房地产市场那些头羊的带动下，机会主义投资者就会跟风，形成房地产交易的“羊群效应”，进而影响到房地产的周期性波动。

4．房地产市场的运行特征

(1) 房地产是房产和地产结合于一体的产业部门，横跨生产、消费和流通领域。从运行内容上分析，房地产经济运行实际上是房产经济与地产经济相互交融、互相联系的有机统一过程，但在运行轨迹上两者却有所区别。这就使得，第一，房产与地产在经济运行过程中所形成的相互继起、相互交织的紧密联系，不但共同决定着房地产经济的波动式运行趋势，而且还通过在价值与价格形成过程中的相互强化机制，对按照某一趋势运行的房地产经济发挥着乘数式增强效应或抑制效应，结果在两者共同作用下形成较强的房地产周期性波动。第二，房产与地产的差异性加大了对按照各自轨迹运行的房产与地产进行统一协调的难度，导致房地产经济系统受到地产与房产的运行差异影响而出现整体运行的周期性波动。

(2) 循环周期长。从经济运行时间来分析，房地产商品完成一次循环所需时间更长，而且在时间分布上以房地产商品建成为界，呈现出前短后长的特点，直接影响到房地产经济周期波动。从不同运行周期之间的衔接来看，如果上一周期运行出现问题，那么紧接而来的后一期房地产经济运行也会受到影响，结果导致房地产经济波动在不同运行过程之间出现。

5. 房地产市场呈现不完全竞争和不完全开放的特征

从产业管理角度看，在不完全竞争和不完全开放的房地产市场上，针对市场失灵而进行的宏观产业调控一旦出现失误，就会形成对房地产经济运行的干扰与冲击。

4.7 房地产周期投资的基本原则

房地产周期投资的基本原则如下。

(1) 顺势而为，买涨不买跌。房地产具有消费和投资双重功能，一般来说，投资是买涨不买跌，消费是买跌不买涨。但对于具有周期性波动的房地产市场来说，只要处于下降的周期，即便是消费性的购房也不能买，因为房价还会下跌，只要持币待购一定可以节省不少购房费用，但如果是在上升周期的短暂下跌，不管是投资还是消费性的购房都应该买进。

(2) 在下降往上升的拐点处购买，而不要在上升往下降的拐点处购买。在拐点处购买实际上属于抢反弹行为，由于实际行情中很难判断拐点的位置，反弹点不明确时过早介入，这种占小便宜的心理很容易吃大亏，反而等反弹明确再介入，风险可以降到最低。

(3) 当政策信号明确时出手。我国的房地产市场主要是政策市场，受政策影响较强。当政策明确时，房地产市场会出现明显的反应，但这是由于政策的时滞性和人们认识的差异，市场并未形成统一的认识，房价差异较大，市场机会特别多。

(4) 未雨绸缪，逆周期操作。经济繁荣时应该出售房地产，经济萧条时购买房地产。因为繁荣时房地产价格走高，很容易形成泡沫。而经济萧条房价极低，遍地黄金。但因为普遍流动性缺乏，很难持有现金。美国的经验说明在萧条时地产商都被深度套牢，能够持币买进的都是非房地产商。

(5) 没有只涨不跌的房地产，也没有只跌不涨的房地产。怎么涨上去的就会怎么跌下来，涨得越快，跌得越快，涨得越高，跌得越惨，所以快涨得注意，慢牛不用担心。

专栏 4：美日房地产周期特征比较

不同国家的房地产市场会呈现出不同的运行规律，也就会表现出不同的周期性特征。美国和日本的房地产市场都是发达国家房地产市场的典型代表，周期性特征非常明显，但两者又呈现不同的特征。

1. 周期长短不一样

美国房地产市场周期较长，一般是 18 年左右一个周期，见图 4-2。而日本的房地产市场周期较短，一般是美国的一半，10 年左右。

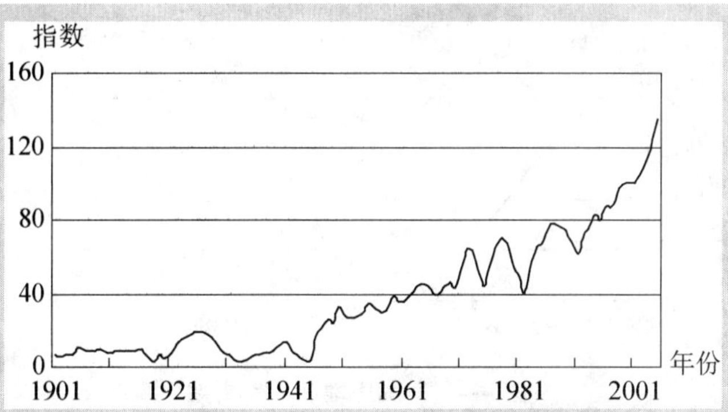

图 4-2　美国房地产周期

资料来源：www.bea.gov/national/FA2004。

从表 4-2 中可以看出，美国自 1870 年以来，房地产按照从波峰到波峰统计共经历 8 个周期。周期时间有长有短。最长的 22 年，最短的 15 年。18 年以上的周期有 5 次，分别为第 1、第 2、第 3 和第 6、第 8 周期。因为全部周期平均长度为 17.8 年，因此可以把 18 年看作美国房地产周期的一般长度。

表 4-2　1870 年以来的美国房地产周期

周期顺序	波　峰	波　谷	波　峰	长　度
1	1870	1876	1887	18
2	1887	1896	1905	19
3	1905	1916	1926	22
4	1926	1933	1941	15
5	1941	1953	1955	16
6	1955	1964	1972	18
7	1972	1982	1987	16
8	1987	1991	2005	18

资料来源：www.bea.gov/national/FA2004。

美国房地产第 3 周期如图 4-3 所示。

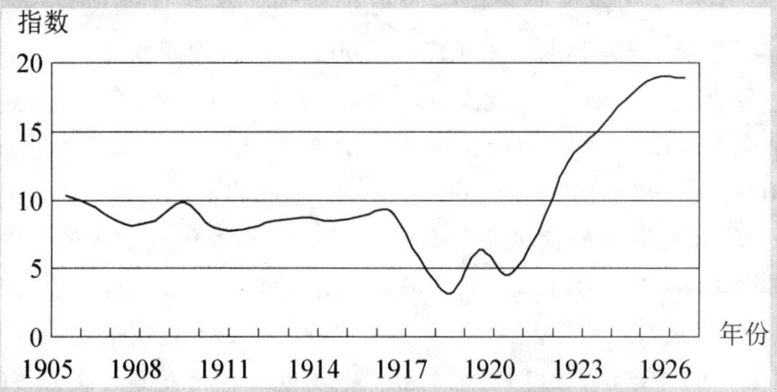

图 4-3　美国房地产第 3 周期

资料来源：www.bea.gov/national/FA2004。

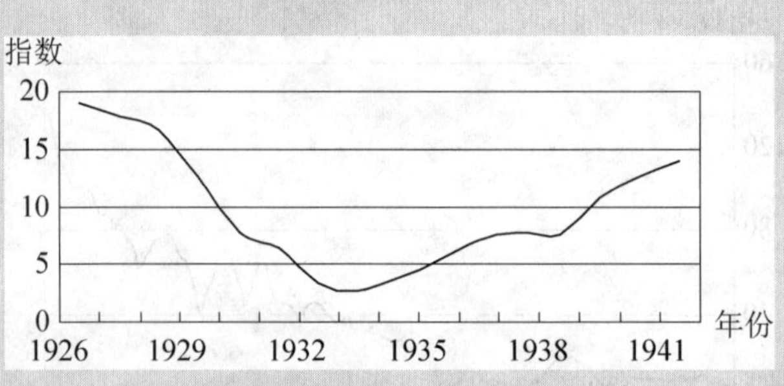

图 4-4　美国房地产第 4 周期

资料来源：www.bea.gov/national/FA2004。

而表 4-3 中日本“二战”后的房地产市场按照从波谷到波谷统计经历 6 个周期。从第 1 周期到第 6 周期的长度分别为 12 年、10 年、11 年、9 年、5 年和 8 年，平均周期长度大概 9.1 年。由此可见，美国每轮的房地产周期所经历的时间较日本房地产市场长，大概是日本的 2 倍。

表 4-3　“二战”后日本的房地产周期

周期顺序	波　谷	波　峰	波　谷	长　度
1	1955	1961	1966	12
2	1966	1970	1975	10
3	1975	1981	1985	11
4	1985	1988	1993	9
5	1993	1996	1997	5
6	1997	1999	2005	8

资料来源：日本内务省。

美国房地产第 4 周期如图 4-4 所示。

2. 波动的幅度不一样

日本房地产市场波动的幅度大于美国房地产市场。这不仅表现在最高涨幅、最高跌幅上，还表现在平均涨幅和平均跌幅上。1975—1995 年，美国房价在 20 年内相当平稳，平均每年上涨 0.5%。而 1980—1990 年，全日本平均地价上涨了一倍多。东京等六大城市的地价涨速更是惊人(见表 4-4)。如果以 1955 年地价指数为基期，六大城市商业用地价格指数在 1965 年超过 1 000，到 1988 年超过 10 000，在 33 年之内上涨 100 倍。如果以 1980 年的土地价格指数为 100，六大城市的商业用地价格在 1985 年上升为 153.6，1990 年为 625.9。美国 1955 年住宅投资价格指数为 34.4，到 1965 上升到 44.5，只上升 1.29 倍(而日本同期上涨 10 倍)，1988 上升为 76.7，上涨 2.23 倍(同期日本地价上涨 100 倍)。直到 2005，美国住宅投资价格指数才上升到 135.4，比 1955 年上涨 3.94 倍。也就是说，美国 50 年的住宅投资涨幅比不上日本 10 年商业地价的涨幅的一半。再往前追溯到 20 世纪初的 1901 年，为 6.68，整整 106 年的时间仅上涨 20.3 倍(见表 4-5)，美国百年住宅投资，日本不用投资，而且只要不到 1/5 的时间就可以空涨上去，并且超过美国。

表 4-4　日本地价的涨跌幅

周期顺序	全国平均地价涨幅或跌幅(%)	六大城市平均地价涨幅或跌幅(%)	扩张期平均地价涨幅或跌幅(%)	扩张期六大城市平均地价涨幅或跌幅(%)
1	20.9	26.3	32.1	46.4
2	12.9	11.2	24	24.9
3	5.5	6.6	8	11.2
4	4.7	9.2	7.9	24.4
5	−3.46	−4.9	−4.6	−11.2
6	−6.1	−7.63	−14.4	−25

资料来源：日本内务省。

表 4-5　1901—2005 美国住宅投资价格指数

年　份	HPI	年　份	HPI	年　份	H P I	年　份	HPI
1901	6.678	1928	16.647	1955	34.394	1982	40.839
1902	6.228	1929	12.593	1956	31.621	1983	57.61
1903	6.275	1930	7.66	1957	29.954	1984	65.925
1904	7.163	1931	6.384	1958	30.705	1985	67.391
1905	10.263	1932	3.4	1959	38.376	1986	75.846
1906	9.506	1933	2.763	1960	35.457	1987	77.653
1907	8.201	1934	3.799	1961	35.747	1988	76.615
1908	8.517	1935	5.392	1962	39.188	1989	74.366
1909	9.802	1936	7.056	1963	43.111	1990	68.094
1910	7.934	1937	7.717	1964	45.612	1991	61.631
1911	7.888	1938	7.542	1965	44.318	1992	70.082
1912	8.509	1939	10.748	1966	40.472	1993	75.505
1913	8.681	1940	12.532	1967	39.304	1994	82.529
1914	8.459	1941	13.908	1968	44.487	1995	79.921
1915	8.851	1942	7.954	1969	46.072	1996	86.268
1916	9.161	1943	5.889	1970	43.435	1997	87.476
1917	5.705	1944	3.937	1971	54.957	1998	94.012
1918	3.157	1945	4.13	1972	64.312	1999	99.382
1919	6.358	1946	17.411	1973	63.875	2000	100
1920	4.512	1947	21.558	1974	50.912	2001	100.65
1921	7.605	1948	25.617	1975	44.586	2002	105.39
1922	12.807	1949	24.089	1976	54.67	2003	113.88
1923	14.956	1950	32.49	1977	66.248	2004	124.29
1924	17.339	1951	27.653	1978	70.243	2005	135.38
1925	18.927	1952	27.182	1979	67.688		
1926	18.928	1953	27.96	1980	53.654		
1927	17.878	1954	29.866	1981	49.546		

资料来源:www.bea.gov/national/FA2004。

总地来说，美国的土地面积是 936.4 万平方千米，日本只有 37.8 万平方千米，只是美国的零头，两者相差约 25 倍。据统计，在 1990 年日本土地总值达 15 万亿美元，比美国总值多 4 倍。

从 1990 年秋天开始日本房价开始下跌，地价首当其冲，跌得最厉害。其中尤其以东京等六大城市为甚。1990 年一年的时间，日本全国地价下跌 4.6%。1991 年东京住宅地价跌 15.1%，1996 年商业地价跌 20.3%，1997 年商业地价再跌 14.8%。以 1993 年商业地价指数为基期 100，1997 年从峰值 350 跌到 96.3，低于 1993 年水平。

3. 上升期和下降期期限长短不一样

美国的每一个周期里包含着一个 5 年左右的短周期，并且上升期较短和下降期较长。例如 1941—1955 年的第 5 个周期中(见图 4-5)，包含了一个为期 6 年的短周期。即从 1950 年的波峰经 1953 年小幅回落再重新达到 1955 年的繁荣期。其中下降期为 4 年，上升期为 2 年。又如在 1955—1964 年的第 6 个波动周期中(见图 4-6)，包含了从 1955 年繁荣期经 1957 年回落，再到 1958 年扩张的为期 4 年的短期波动。其中下降期为 3 年，上升期为 1 年。

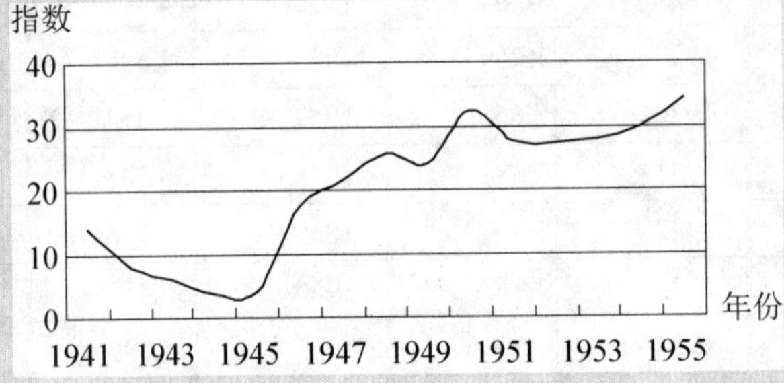

图 4-5 美国房地产第 5 周期

资料来源：www.bea.gov/national/FA2004。

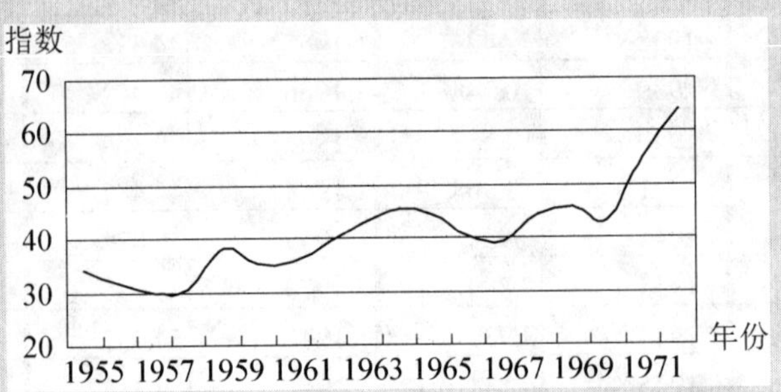

图 4-6 美国房地产第 6 周期

资料来源：www.bea.gov/national/FA2004。

美国各周期内的扩张期和收缩期如表 4-6 所示。

表 4-6 美国各周期内的扩张期和收缩期

长周期顺序	长周期跨度	短周期跨度	扩张期跨度	收缩期跨度
3	22	3	2	1
4	15	12	8	4
5	11	6	2	4
6	18	4	1	3
7	16	7	2	5

资料来源：www.bea.gov/national/FA2004。

而日本房地产周期中一般扩张期长，收缩期短。例如在第 1 周期中前 6 年为扩张期，后 6 年为收缩期；第 2 周期中前 7 年为扩张期，后 3 年为收缩期；第 3 周期中前 6 年为扩张期，后 5 年为收缩期；第 4 周期中前 4 年为扩张期，后 5 年为收缩期；第 5 周期中前 4 年为扩张期，后仅 1 年为收缩期；第 6 周期中，仅前 3 年为扩张期，并且是低水平的扩张，见表 4-7。扩张最高峰值也就是 1999 年的 0 增长率，后面一直是慢慢的收缩期，直到目前都没有很好的增长。如果把第 5、第 6 周期(见图 4-8)合在一起考虑，实际的正增长只有 1 年，即 1996 年，其余 12 年为负增长和 1999 年的 0 增长。再往前看第 4 周期，后 5 年的收缩期。这样日本在 20 世纪 80 年代末期房地产就开始萧条，几乎长达 20 年。而美国在第 8 周期仅见扩张期，不见收缩期。两者恰好相反。

日本各周期内的扩张期和收缩期如表 4-7 所示。

表 4-7 日本各周期内的扩张期和收缩期

周期顺序	周期跨度	扩张期跨度	收缩期跨度
1	12	6	6
2	10	7	3
3	11	6	5
4	9	4	5
5	5	4	1
6	8	3	5

资料来源：日本内务省。

4. 扩张的方式不一样

日本房地产周期扩张基本的轨迹是从大城市住宅市场的土地价格上涨开始。先是土地价格上涨，然后住宅土地价格先涨，进而带动平均地价的上涨，从而带动建筑物价格上涨，进而带动其他市场价格的上涨。而地价，尤其住宅地价的上涨又是从东京等六大城市开始的。

美国房地产周期则是按照建筑周期扩张的。考虑到时滞，两者会有些差距。一般是房地产周期时间落后于建筑周期时间，也不排除房地产周期时间提前于建筑周期。如 1951 年建筑周期到达波谷，房地产周期则于 1953 年到达波谷。但在第 6 周期中的短周期中，房地产于 1957 年先于建筑周期到达波谷，建筑周期于 1958 年到达波谷。

5. 影响的程度不一样

由于日本房地产上升的速度过快过猛，最终导致房地产泡沫现象非常严重。据统计，在第 5 周期，日本的房地产价格上升了 4 倍。房地产泡沫导致其他产业萧条。由于上升的速度过快，导致下降的速度更快。最后，待房地产泡沫破裂以后，日本经济一落千丈，最后拖垮了整个经济，使得全国经济陷入长达 10 多年的萧条(见表 4-8、图 4-8)。而美国的经济情况则完全不同。经过 8 个周期以后，美国的房地产还是温和上扬。特别是在第 8 周期(见图 4-7)几乎是单调递增。从 1991 年住宅投资价格指数 61.63 一直上升到 2005 年的 135.38。增长幅度达 1 倍多。

表 4-8 是日本 1993—2002 年已动工房屋建筑面积和价格增长率。

表 4-8 日本 1993—2002 年已动工房屋建筑面积和价格增长率

年 份	建筑面积	建筑面积增长率(%)	建筑价格	建筑价格增长率(%)
1993	230 848	−3.9	411 576	−7.3
1994	238 587	3.4	407 671	−0.9
1995	232 392	−2.6	387 529	−4.9
1996	258 361	11.2	430 457	11.1
1997	220 580	−14.6	364 448	−15.3
1998	193 353	−12.3	321 999	−11.6
1999	197 017	1.9	321 939	0
2000	194 481	−1.3	303 059	−5.9
2001	178 903	−8	280 216	−7.5
2002	171 030	−4.4	264 721	−5.5

资料来源：日本内务省。

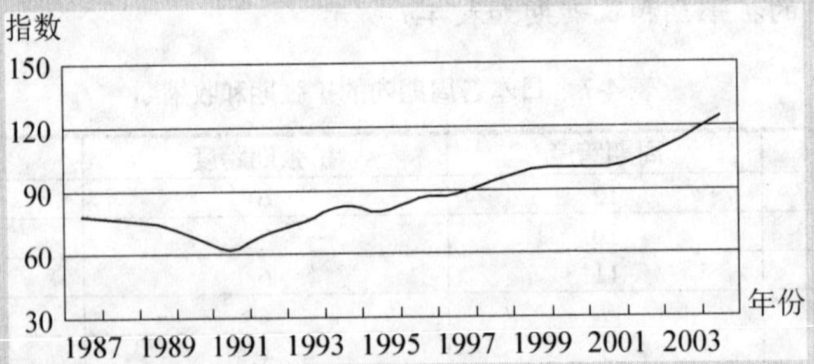

资料来源：www.bea.gov/national/FA2004。

图 4-7 美国房地产第 8 周期

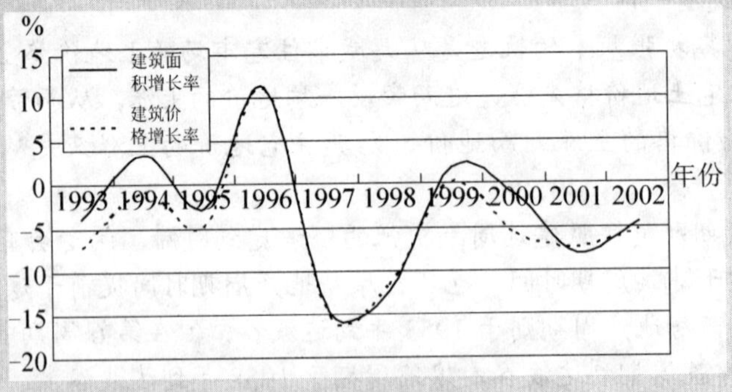

图 4-8 日本房地产第 5、第 6 周期

资料来源：日本内务省。

思　考　题

1. 什么是房地产周期?
2. 房地产周期有哪些类型?
3. 房地产周期特征有哪些?
4. 房地产周期投资原则有哪些?
5. 美日房地产周期运行特征有何不同？原因何在?

第5章

房地产投资与成本费用估算及税金

5.1 房地产投资与成本费用的概念和构成

房地产投资额巨大，成本费用构成复杂，变化因素多，不确定性大，依建设项目的类型不同而有其自身的特点，因此不同类型的建设项目的投资成本存在一定的差异。对于一般房地产开发项目而言，其投资总成本费用由以下部分组成。

5.1.1 土地取得费

1. 土地取得方式

房地产开发企业取得土地的方式有三种：协议出让、招标出让和拍卖出让。目前基本以拍卖方式获得。拍卖出让是按指定时间、地点，在公开场所出让方用叫价的办法将土地使用权拍卖给出价最高者(竞买人)。拍卖出让方式的特点是有利于公平竞争，它适用于区位条件好、交通便利的闹市区和土地利用上有较大灵活性的地块的出让。

2. 土地取得费构成

房地产项目土地取得费是指为取得项目用地使用权而产生的费用。土地取得费占总投资的比例较大，主要包括两类：第一类是土地征用及拆迁安置补偿费，第二类是土地使用权出让金。

土地征用及拆迁安置补偿费是指给被征用土地的人迁移安置的费用。

(1) 土地征用费。国家建设征收农村土地发生的费用主要有土地补偿费、劳动力安置补助费、水利设施维修分摊、青苗补偿费、耕地占用税、耕地垦复基金、征地管理费等。

(2) 拆迁安置补偿费。它实际上包括两部分费用，即房屋征收安置费和征收补偿费。

土地使用权出让金是政府将土地使用权出让给土地使用者，并向受让人收取的政府放弃若干年土地使用权的全部货币或其他物品及权利折合成货币的补偿。包括受让人支付的征地和拆迁补偿费用、土地前期开发费用和土地出让收益等。

5.1.2 前期工程费

前期工程费是指在取得土地开发权之后项目开发前期的筹建、规划、设计、水文地质勘察、测绘、“三通一平”等前期费用。主要包括以下几个方面。

(1) 项目整体性批报建费。项目报建时按规定向政府有关部门缴纳的报批费。如人防工程建设费、规划管理费、新材料基金(或墙改专项基金)、教师住宅基金(或中小学教师住宅补贴费)、拆迁管理费、招投标管理费等。

(2) 规划设计费。项目立项后的总规划设计费、可行性研究费、方案评审费、效果图设计费、规划设计模型制作费、地质勘察设计费、施工图设计费、景观设计费、智能化设计费、综合管网设计费、排水方案设计费、制图晒图费、其他规划设计费。

(3) 勘测丈量费。地质勘察费、文物勘察费、地基勘察费、水文勘察费、沉降观测费、日照测试费、环境评估费、交通影响分析费、基础桩应变费、防雷检测费、拨地钉桩验线费、复线费、定线费、施工放线费、建筑面积丈量费。

(4) “三通一平”费。是指基本建设项目开工的前提条件，具体指：水通(专指给水)、电通(指施工用电接到施工现场，具备施工条件)、路通(指场外道路已铺到施工现场周围入口处，满足车辆出入条件)和场地平整(指拟建建筑物及条件现场基本平整，无须机械平整，人工简单平整即可进入施工的状态)。

(5) 临时设施费。工地甲方临时办公室、临时场地占用费，临时借用空地租费，以及沿红线周围设置的临时围墙、围栏等设施的设计、建造、装饰等费用。临时设施内的资产，如空调、电视机、家具等不属于临时设施费。

(6) 预算编、审费。支付给社会中介服务机构，聘请它为项目编制或审查预算而发生的费用。

(7) 其他费用包括挡光费、危房补偿鉴定费、危房补偿鉴定技术咨询费等。

5.1.3　建安工程费

建安工程费是指直接用于建安工程建设的总成本费用。主要包括建筑工程费(建筑、特殊装修工程费)、设备及安装工程费(给排水、电气照明、电梯、空调、燃气管道、消防、防雷、弱电等设备费用及安装费用)以及室内装修工程费等。

(1) 建安工程费(土建工程)。

① 基础工程费用：包括土石方、桩基、护壁/坡工程费，基础处理费，桩基咨询及检测费，降水等工程费用。

② 主体工程费用：主要包括混凝土框架、砌体、找平及抹灰、防水、垂直运输、脚手架、超高补贴、散水、沉降缝、伸缩缝、底层花园砌体等工程费用。

③ 甲方供应材料费用。

(2) 安装工程费：门窗工程、室内水暖气电管线安装、空调及通风工程、消防安装工程、火灾报警工程、电梯工程、公共部位装修、室内装修、避雷接地工程、停车设备及安装工程及其他安装工程费。

(3) 样板房/售楼处装修费用：样板房装修和售楼处装修费用。

(4) 建安工程监理费：建设监理费、安全监理费。

(5) 检验检测费：基坑监测费、桩基检测费、工程主体沉降观测费等其他费用。

(6) 工程造价咨询费：工程施工招标代理费、工程设备招标代理费、工程预算编审咨询费、工程结算编审咨询费。

(7) 人防设施：人防监理费、人防设施费。

(8) 工程管理费。

① 监理费：支付给聘请的监理单位的费用，包括设计监理、工程监理、造价监理、质量监理、安全监理等各种监理费。

② 预结算编审费：支付给造价咨询公司的预结算的编制、审核费用。

③ 施工合同外奖金：赶工奖、进度奖。

④ 工程质量监督费：建设主管部门的质监费。

⑤ 安全监督费：建设主管部门的安监费。

⑥ 工程保险费。

⑦ 工程咨询费。

⑧ 工程验收费。

5.1.4 基础设施费

基础设施费又称红线内工程费，包括供水、供电、供气、道路、绿化、排污、排洪、电信、环卫等工程费用。

(1) 给水系统费：管道系统、水泵房、用水增容的费用。

(2) 雨污水系统费：管道系统、雨污水泵站的费用。

(3) 供电系统费：设备安装、管道及电缆系统、配电房、用电增容的费用。

(4) 有线电视工程费：管道预埋、检查井等费用。

(5) 电话通信工程费：管道预埋、检查井等费用。

(6) 宽带工程费：管道预埋、检查井等费用。

(7) 智能化系统费：停车管理系统、小区闭路监控系统、周界红外防越、小区门禁系统、电子巡更系统、电子公告屏、室外背景音乐的费用。

(8) 园林环境工程费：绿化建设费，建筑小品、道路及广场建设费，围墙建造费，室外照明、室外其他设施的费用。

5.1.5 公共配套设施费

公共配套设施费是指房屋开发过程中，根据有关法规，产权及收益权不属于开发商，开发商不能有偿转让也不能转作自留固定资产的公共配套设施支出。主要包括以下几类。

(1) 在开发小区内发生的不会产生经营收入的不可经营性公共配套设施支出，包括居委会、派出所、岗亭、儿童乐园、自行车棚等的支出。

(2) 在开发小区内发生的根据法规或经营惯例，其经营收入归于经营者或业委会的可经营性公共配套设施的支出，如建造幼托、邮局、图书馆、阅览室、健身房、游泳池、球场等设施的支出。

(3) 开发小区内城市规划中规定的大配套设施项目不能有偿转让和取得经营收益权时，发生的没有投资来源的费用。

(4) 对于产权、收入归属情况较为复杂的地下室、车位等设施，应根据当地政府法规、开发商的销售承诺等具体情况确定是否摊入本成本项目。如开发商通过补交地价或人防工程费等措施，得到政府部门认可，取得了该配套设施的产权，则应作为经营性项目独立核算。

5.1.6 不可预见费

不可预见费又称为预备费，是指考虑建设期可能发生的风险因素而导致的建设费用增加的这部分内容。预备费又包括基本预备费和涨价预备费两大类型。

基本预备费包括：①设计变更导致的费用增加，②不可抗力导致的费用增加，③隐蔽工程验收时发生的挖掘及验收结束时进行恢复所导致的费用增加。

涨价预备费(价差预备费)是由于建设工期较长的投资项目，在建设期内可能发生的材料、人工、设备、施工机械等价格上涨，以及费率、利率、汇率等变化，而引起项目投资的增加，需要事先预留的费用。费用内容包括：人工、材料、施工机械的价差费，建筑安装工程费及工程建设其他费用调整，利率、汇率调整等增加的费用。

5.1.7　开发期间税费

开发期间税费即房地产项目开发过程中所负担的各种税金和地方政府有关部门征收的费用。房地产开发期间的税费主要涉及营业税、城市建设维护税、教育费附加、防洪工程维护费、土地增值税、企业所得税、人防工程费等。

5.1.8　开发间接费

开发间接费用是指房地产开发企业内部独立核算单位在开发现场组织管理开发产品而发生的各项费用。这些费用虽也属于直接为房地产开发而发生的费用，但它不能被确定为某项开发产品所应负担，因而无法将它直接计入各项开发产品成本。主要包括以下两个方面。

(1) 行政管理费：工资、职工福利费、职工社会保险、住房公积金及房贴、工会经费、职工教育经费、劳动保护费、办公费、业务招待费、差旅费、出国费用、租赁费、运输费、折旧费、修理费、低值易耗品摊销、无形资产摊销、咨询费、劳务费、手续费等其他费用。

(2) 物业管理完善费：包括按规定应由开发商承担的由物业管理公司代管的物业管理基金、公建维修基金或其他专项基金以及小区入住前投入的物业管理费用。

5.1.9　管理费用

管理费用是房地产企业管理部门为管理和组织经营活动所发生的各种费用。包括公司经费、工会经费、职工教育培训经费、劳动保险费、待业保险费、董事会费、咨询费、审计费、诉讼费、排污费、房地产税、土地使用税、开办费摊销、业务招待费、坏账损失、报废损失及其他管理费用。

5.1.10　销售费用

销售费用是指房地产开发企业在销售房地产产品过程中发生的各项费用，以及专设销售机构或委托销售代理的各项费用。

销售费用是房地产营销中心发生的支出，主要包括广告宣传及市场推广费、销售代理费和其他销售费用。

5.1.11 财务费用

财务费用是指房地产开发企业为筹集资金而发生的各项费用。其主要包括借款和债券的利息、金融机构手续费、融资代理费、外汇汇兑净损失以及企业融资发生的其他财务费用。

5.1.12 其他费用

其他费用主要包括临时用地费和临时建设费、工程造价咨询费、总承包管理费、合同公证费、施工执照费、竣工图编制费等。

5.2 房地产投资与成本费用估算的要求和依据

房地产项目投资成本费用估算是筹集基本建设资金和金融部门批准贷款的依据，是确定设计任务书的投资额和控制初步设计概算的依据，是可行性研究和在项目评估中进行经济技术分析的依据。作为投资项目早期决策的重要依据之一，房地产项目投资成本费用估算准确与否，直接影响投资决策、资金筹措、工程建设能否顺利进行、投资经济效果等。经营房地产投入资金多，风险大，在项目的规划阶段，必须对项目的投资与成本费用进行准确的估算，以便做出经济效益评价、投资决策。

5.2.1 房地产投资与成本费用估算的要求

房地产投资分析一般可分为投资机会研究、初步可行性研究(项目建议书)、可行性研究和项目前评估四个阶段。房地产投资分析的不同阶段对投资估算的精度要求如表 5-1 所示。

表 5-1 建设项目决策分析与评价的不同阶段对投资估算的精度要求

序 号	房地产投资分析阶段	投资估算的允许误差率
1	投资机会研究阶段	±30%以内
2	初步可行性研究(项目建议书)阶段	±20%以内
3	可行性研究阶段	±10%以内
4	项目前评估阶段	±10%以内

尽管估算在具体数额上允许存在一定的误差，但必须达到以下要求。

(1) 估算的范围应与项目投资方案所涉及的范围及所确定的各项内容相一致。

(2) 估算的投资内容和费用构成齐全且计算合理，不提高或者降低估算标准，不重复计算或者漏项少算。

(3) 估算应做到方法科学、基础资料完整、依据充分。

(4) 估算选用的指标与具体工程之间存在标准或者条件差异时，应进行必要的换算或者调整。

(5) 估算的准确度应能满足房地产投资分析不同阶段的要求。

5.2.2 房地产投资与成本费用估算的依据

房地产投资估算的依据包括以下几个方面。

(1) 专门机构发布的建设工程造价费用构成、估算指标、计算方法以及其他有关工程造价的文件。

(2) 专门机构发布的工程建设其他费用估算办法和费用标准以及有关机构发布的物价指数。

(3) 部门或行业制定的投资估算办法和估算指标。

(4) 拟建项目所需土地、设备、材料的市场价格。

(5) 拟建项目建设方案确定的各项工程建设内容及工程量。

(6) 土地出让金及地价款等有关政府部门制定的有关规定及相关的市场资料。

(7) 地方政府制定的有关取费标准。

5.3 房地产投资与成本费用估算的方法

投资估算的方法有简单估算法和投资分类估算法两大类。

5.3.1 简单估算法

简单估算法是根据已建成的类似项目的投资，经比较修正，得出待估算项目投资的方法。简单估算方法估算精度不高，主要适用于投资机会研究和项目初步可行性研究阶段。

5.3.2 投资分类估算法

在项目详细可行性研究阶段应采用投资分类估算法。包括土地征用费估算和土地征用及拆迁安置补偿费估算。

1. 土地征用费估算

(1) 各项征地补偿费用的具体标准、金额由市、县政府依法批准的征地补偿安置方案规定，如上海土地收费标准见表 5-2。

表 5-2 上海市土地依法收费项目、标准和依据

<table>
<tr><th rowspan="2">序 号</th><th colspan="2">收费项目名称</th><th rowspan="2">收费标准</th><th rowspan="2">设立依据、批准文号</th><th rowspan="2">文件依据</th></tr>
<tr><th>一级项目</th><th>二级项目</th></tr>
<tr><td>1</td><td>土地使用权出让金</td><td></td><td>招标，拍卖挂牌或协议确定</td><td>2001 年市政府第 101 号令</td><td>《土地管理法》</td></tr>
<tr><td>2</td><td>外商投资企业土地使用费</td><td></td><td>每亩 0.50～170 元</td><td>沪府发〔95〕38 号</td><td>沪府发〔95〕38 号</td></tr>
<tr><td>3</td><td>土地收益金</td><td></td><td>见文件</td><td>沪房地资金〔2003〕339 号</td><td>沪府发〔1999〕44 号</td></tr>
<tr><td>4</td><td>耕地开垦费</td><td></td><td>37.5 元/平方米</td><td>沪价商〔2001〕53 号，沪财预〔2001〕122 号</td><td>《土地管理法》</td></tr>
<tr><td>5</td><td>土地复垦费</td><td></td><td>破坏耕地的，15 元/平方米；破坏非耕农用地的，7.5 元/平方米</td><td>沪价商〔2001〕53 号，沪财预〔2001〕122 号</td><td>《土地管理法》</td></tr>
<tr><td>6</td><td>土地闲置费</td><td></td><td>见文件</td><td>沪价商〔2001〕53 号，沪财预〔2001〕122 号</td><td>《土地管理法》</td></tr>
<tr><td rowspan="2">7</td><td rowspan="2">土地、青苗补偿费</td><td>1. 土地补偿费</td><td>见文件</td><td>沪发改价〔2008〕11 号</td><td>《土地管理法》</td></tr>
<tr><td>2. 青苗补偿费</td><td>见文件</td><td>沪价商〔2006〕9 号</td><td>《土地管理法》</td></tr>
<tr><td>8</td><td>城镇个人使用国有土地地租</td><td></td><td>0.015～0.06 元/平方米</td><td>沪价涉〔92〕188 号</td><td></td></tr>
</table>

(2) 土地被征用前3年平均年产值的确定按当地统计部门审定的最基层单位统计年报和经物价部门认可的单价为准。

(3) 按规定支付的土地补偿费、安置补助费尚不能使需要安置的农民保持原有生活水平的，可增加安置补助费。但土地补偿费和安置补助费的总和不得超过土地被征用前 3 年平均年产值的 30 倍。

2. 拆迁安置补偿费估算

根据《土地管理法》规定，房屋拆迁安置费计算公式如下：

房屋拆迁安置费=搬迁补助费+没有提供周转房情况下的临时安置补助费+超过过渡期限的临时安置补助费+非住宅房屋因停产、停业造成的损失赔偿费

3. 土地出让金估算

土地使用者支付土地出让金的估算可参照政府前期出让的类似地块的出让金数额并进行时间、地段、用途、临街状况、建筑容积率、土地出让年限、周围环境状况及土地现状等因素的修正得到；也可依据所在城市人民政府颁布的城市基准地价或平均标定地价，根

据项目所在地段等级、用途、容积率、使用年限等因素修正得到。表 5-3 是上海市 2003 年月 30 日公布的基准地价表。

表 5-3　上海市基准地价表(基准日 2003 年 6 月 30 日)

<table>
<tr><th rowspan="2">用途
价格和设定容积率
级别</th><th colspan="2">商　业</th><th colspan="2">办　公</th><th colspan="2">住　宅</th><th colspan="2">工　业</th></tr>
<tr><th>价格</th><th>设定容积率</th><th>价格</th><th>设定容积率</th><th>价格</th><th>设定容积率</th><th>价格</th><th>设定容积率</th></tr>
<tr><td>1</td><td>12260</td><td rowspan="2">3.5</td><td>8200</td><td rowspan="2">3.5</td><td></td><td></td><td></td><td></td></tr>
<tr><td>2</td><td>9920</td><td>6200</td><td>6200</td><td rowspan="2">2.5</td><td></td><td></td></tr>
<tr><td>3</td><td>7500</td><td rowspan="2">3</td><td>4550</td><td rowspan="2">3</td><td>4550</td><td>4200</td><td rowspan="2">2</td></tr>
<tr><td>4</td><td>5280</td><td>3300</td><td>3300</td><td>2</td><td>2100</td></tr>
<tr><td>5</td><td>3960</td><td rowspan="2">2.3</td><td>2400</td><td rowspan="2">2.3</td><td>2400</td><td>1.8</td><td>1100</td><td>1.5</td></tr>
<tr><td>6</td><td>2175</td><td>1500</td><td>1500</td><td>1.5</td><td>530</td><td rowspan="5">1</td></tr>
<tr><td>7</td><td>1269</td><td rowspan="2">1.2</td><td>940</td><td rowspan="2">1.2</td><td>940</td><td rowspan="2">1</td><td>295</td></tr>
<tr><td>8</td><td>910</td><td>700</td><td>700</td><td>250</td></tr>
<tr><td>9</td><td>600</td><td rowspan="2">1</td><td>510</td><td rowspan="2">1</td><td>510</td><td rowspan="2">0.8</td><td>195</td></tr>
<tr><td>10</td><td>370</td><td>370</td><td>370</td><td>150</td></tr>
<tr><td>11</td><td colspan="8">滩涂待定</td></tr>
</table>

注：(1) 本基准地价为正常市场条件下，各级别分用途法定出让最高年限下的国有土地使用权的平均价格，基准日为 2003 年 6 月 30 日。

(2) 表中商业、办公、住宅价格均为对应级别平均容积率下的楼面地价；工业用途 3、4、5 级为对应级别平均容积率下的楼面地价，其余级别为地面价。

(3) 表中 1～5 级为“七通一平”，其余为“五通一平”的熟地价。但“七通”、“五通”不包括项目建设向有关部门缴纳的住宅建设配套费及市政管线的接入工程费用。

表中各用途内涵介绍如下。

(1) 商业：包括商业、金融、保险业用地。既包括独立的商业设施用地，也包括商住、商办、住宅等建筑内部用作商业经营的裙房分摊的土地(不含大卖场等用地)。

(2) 办公：主要指经营性写字楼、办公场所用地。

(3) 居住：包括多、高层和低层(别墅)等各类住宅用地。

(4) 工业：包括工业、仓储、交通运输用地及其相应附属设施用地，其中三、四级特指都市型工业用地。都市型工业指知识、信息、技术和手工技能密集，又低能耗物耗、少污染、少占地的工业。

标定地价是指以基准地价为基础确定的标准地块的一定使用年限的价格，是政府根据管理需要，评估的某一宗土地在正常市场条件下于某一估价期日的土地使用权价格。它是该类土地在该区域的标准指导价格。标定地价是政府出让土地使用权时确定出让金额的依据，是清产核资中核定单位所占用地土地资产和股份制企业土地作价入股的标准，是核定土地增值税和管理地产市场的具体标准，是划拨土地使用权转让、出租、抵押时，确定补交出让金的标准。

基准地价即土地初始价，也称为城市基准地价，是指在城镇规划区范围内，对现状利用条件不同级别或不同均质地域的土地，按照商业、居住、工业等用途分别评估法定最高年期的土地使用权价格，并由市、县及以上人民政府公布的国有土地使用权的平均价格。基准地价是政府进行宏观调控地价和进一步评估标定地价、出让底价的基础，是征收土地使用税、土地增值税、契税和地产税的依据，也是土地资源的优化配置和投资的决策参考。

(1) 前期工程费估算。

① 项目的前期规划、设计、可行性研究等所需费用的估算。

一般可按项目总投资的一定百分比计算。一般情况下，规划及设计费为建安工程费的3%左右；可行性研究费占项目总投资的 1%～3%；水文地质勘测所需费用可根据所需工作量结合有关收费标准估算，一般为设计概算的 0.5%左右。

② “三通一平”等土地开发费用的估算。

这些费用的估算可根据实际工作量，参照有关标准进行估算。

(2) 建安工程费估算。

在投资分析中，建安工程费的估算，可以采用以下五种办法。

① 单元估算法。它是指基本建设单元的综合投资乘以工程量，得到项目或单项工程总投资费用的估算办法。

② 单位指标估算法。它是以单位工程量投资乘以工程量得到单项工程投资的估算方法。一般来讲，土建工程、水暖电安装工程及其他设备安装工程可按建筑平方米造价计算，其造价指标可参照有关类似案例获得。

③ 工程量近似匡算法。此法即采用与工程概预算类似的方法，先近似匡算工程量，配上相应的概预算定额单价和取费，近似计算项目投资。

④ 概算指标法。此法即采用综合的单位建筑面积和建筑体积等概算指标，计算整个工程费用。常用的估算公式如下：

直接费=每平方米材料消耗指标×建筑面积

⑤ 类似法。每一个建设项目都有其自身的特点，因此很难对建安工程费中各项目所占比例定一个绝对适用的标准。但在一定情况下，采取通用客观的方法，加之对实际个案的经验总结，可以测算出各类有代表性物业的建安工程费用的大致标准。

目前，房地产项目在可行性研究阶段，建安工程费主要采用单位指标估算法。

(1) 基础设施费估算。

基础设施费用通常采用单位指标估算法来计算。例如供水工程可按水增容量(吨)指标计算，采暖工程按耗热量(瓦特)计算，室外道路按面积(平方米)计算等。这些都属于精细计算，若进行粗略估算，则各项基础设施工程均可按建筑平方米造价估计。

(2) 公共配套设施费估算。

公共配套设施费用估算可参照“建安工程费”的估算方法。

(3) 不可预见费估算。

依据项目的复杂程度和前述各项费用估算的准确程度，以土地取得费、前期工程费、建安工程费、基础设施费和公共配套设施费之和为基数，按 3%～5%计算。

(4) 开发期间税费估算。

固定资产投资方向调节税的计收办法和标准是：商品住宅，按总投资额的 5%计征；经批准允许建设的楼堂馆所，按投资额的 30%计征；解困房等，按总投资额的 0%计征；其余按总投资额的 15%计征。外资企业免征固定资产投资方向调节税。

(5) 开发间接费估算。

当开发企业不设立现场机构，由开发企业定期或不定期派人到开发现场组织开发建设活动时，所发生的费用可直接计入开发企业的管理费用。

(6) 管理费用估算。

它可以以上述开发成本中的土地取得费、前期工程费、基础设施建设费、建安工程费、公共配套设施建设费之和为基数，按 3%左右计算。如果房地产开发企业同时开发若干房地产项目，管理费用应在各个项目之间合理分摊。

(7) 销售费用估算。

销售费用包括以下几个方面。

① 广告宣传及市场推广费，约为销售收入的 2%～3%。

② 销售代理费，约为销售收入的 1.5%～2%。

③ 其他销售费用，约占销售收入的 0.5%～1%。

以上各项合计，销售费用约占到销售收入的 4%～6%。

(8) 财务费用估算。

财务费用包括利息支出和其他财务费用两部分。

① 利息支出。

利息支出是指为筹集资金而发生的各项费用，包括建设投资借款利息(即长期借款利息)和流动资金借款利息。

建设投资借款利息的计算公式如下：

$$每年支付利息=年初本金累计额\times年利率$$

流动资金借款利息的计算公式如下：

$$流动资金利息=流动资金借款累积金额\times年利率$$

例如：某项目需要银行贷款 5 000 万元，预计建设期为三年。按照投资计划要求，第一年需贷款 1 000 万元，第二年需贷款 1 500 万元，第三年需贷款 2 500 万元；银行贷款利率为 5%。那么，建设期内建设单位应偿付的贷款利息计算如下：

第一年年末的贷款利息 $F_1=1/2\times1\,000\times5\%=25$(万元)

第二年年末的贷款利息 $F_2=(1\,000+25+1/2\times1\,500)\times5\%=88.75$(万元)

第三年年末的贷款利息 $F_3=(1\,000+25+1\,500+88.75+1/2\times2\,500)\times5\%=193.1875$(万元)

建设期总的贷款利息$=F_1+F_2+F_3=25+88.75+193.1875=306.9375$(万元)

② 其他财务费用。

其他财务费用有汇兑损失等，实际所占比例不大，可根据实情估计或不予计算。

(9) 其他费用估算。

这些费用按当地有关部门规定的费率估算，一般占投资额的 2%～3%。

5.4 房地产投资与成本费用的具体估算

5.4.1 投资估算指标

投资估算指标是确定和控制建设项目全过程各项投资支出的技术经济指标。其范围涉及建设前期、建设实施期和竣工验收交付使用期等各个阶段的费用支出，一般可分为建设项目综合指标、单项工程指标和单位工程指标三个层次。

1. 建设项目综合指标

建设项目综合指标是指按规定应列入建设项目投资的从立项筹建开始至竣工验收交付使用的全部投资额，一般包括固定资产投资和流动资产投资两部分。

建设项目综合指标一般以项目的综合生产能力单位投资表示，比如元每吨(元/t)、元每千瓦(元/kW)。

2. 单项工程指标

单项工程指标是指按规定应列入能独立发挥生产能力或使用效率的单项工程内的全部投资额，一般包括建筑工程费、安装工程费、设备购置费、工器具及生产家具购置费和工程建设其他费用。

单项工程指标一般以单项工程生产能力单位投资(元/t)或其他单位表示。例如，对于办公室、仓库、宿舍、住宅等房屋则区别不同结构形式以元每平方米表示。

3. 单位工程指标

单位工程指标是指按规定应列入能独立设计、施工的工程项目的费用，即建筑安装工程费用。一般包括直接工程费、间接费、计划利润和税金。其中，直接工程费又包括直接费、其他直接费和现场经费。

单位工程指标一般以如下方式表示：对房屋来说，为了区别不同结构形式以每平方米表示；对道路来说，为了区别不同结构层、面层以元每平方米表示；对水塔来说，为了区别不同结构、容积以元每座表示；对管道来说，为了区别不同材质、管径以每米表示。

投资估算指标为编制建设项目投资估算提供了必要的编制依据，但使用时一定要根据建设项目实施的时间、建设地点的自然条件和工程的具体情况等进行必要的调整、换算，切忌生搬硬套，以保证投资估算确切可靠。

5.4.2 房地产投资与成本费用估算特点

建设周期的长短对项目投资影响很大，在对房地产投资项目进行成本估算之前，我们要先了解房地产项目的建设周期。

房地产开发项目属于建设项目中的一种，是房地产企业以营利为目的，开发建设的住宅、别墅、商铺、写字楼等项目。房地产开发项目与一般性项目相比，具有更为复杂的特征。房地产开发项目的投资估算存在以下几个特点。

1．投资比例的构成不同

在房地产开发项目中，土地取得费和建筑工程费占总投资的绝大部分，设备及工器具购置费在总投资中所占比例相对较小；而一般的工业项目投资中，土地和设备及工器具购置费占总投资的比例较大。房地产项目投资估算的重点是如何准确地估算土地取得费和建筑工程费用。

2．投资估算的期间性

房地产投资估算中的管理费用，仅仅是指从项目筹建到竣工验收期间，为维持项目正常进行而发生的专门用于项目管理的管理费用。不同于房地产企业为维持日常运行，而发生的办公费用、差旅费用等管理费用支出，即财务成本中的期间管理费用。

房地产开发项目投资估算中的利息费用，仅指项目筹建到竣工验收期间发生的利息支出，不包括项目建成后发生的利息费用。

3．房地产开发项目的非生产性

房地产开发项目投资中不应该包括流动资金，不需要像一般的工业项目那样，考虑生产流程和建成后的营运费用。

房地产开发项目投资估算中不包括企业未来生产经营有关的其他费用。只有用于出租或者自营的房地产项目，才在房地产开发项目投资估算中包括与未来企业生产经营有关的其他费用。

4．外部融资较多

房地产项目的资金占用量较大，资金回收期较长，因此外部融资额较大，利息费用支出较高。所以，需要准确估算外部融资成本，即投资估算中的利息费用。

5．类似案例的数量较多

房地产项目发展较快，有许多类似工程。在估算过程中，可以参照已完成的类似工程，对拟建设工程的投资进行估算。

5.4.3 案例介绍

某房地产开发公司开发成本见下面的一系列表格(见表 5-4～表 5-15)，请按照成本类型进行分类核算。

表 5-4　开发成本估算总表

建筑面积暂按：105 000.00(平方米)			平方造价暂按：1418(元)	
建安成本：148 890 000.00(元)			开发成本：3754.44(元)	
序　号	项目内容	楼面单价(元/平方米)	总款(万元)	备　注
1	土地取得费	1 538.64	16 155.72	
2	前期工程费	308.74	3 241.77	
3	建安工程费	1 164.49	12 227.145	
4	基础设施费	257.88	2 707.74	建安成本×0.5‰
5	公共设施配套工程费	62.34	654.57	
6	工程不可预见费	38.6	405.3	新增
7	税费	409.5	4 299.75	
8	开发间接费	10.13	106.365	
9	管理费	49.77	522.585	
10	销售费	131.25	1 378.125	
11	财务费	96.24	1 010.52	
12	其他	4.76	49.98	
	总计	4 072.34	42 759.57	

注：在实际估算过程中，其他费用估算项目包括售楼处、样板房工程(售楼处工程、售楼处装修工程、售楼处空调系统、样板房工程、样板房装修工程、样板房空调系统)费用。

表 5-5　土地取得费估算表

序　号	项目内容	楼面单价(元/平方米)	总款(万元)	备　注
1	土地出让金	1 447.62	15 200.01	
2	财务成本	30	315	(16 000 万+5 000 万)×1.5%
3	契税	57.9	607.95	
4	印花税	0.71	7.455	建安成本×0.5‰
5	领证费用	0.03	0.315	
6	服务费	2.38	24.99	新增
	小计	1 538.64	16 155.72	

表 5-6　前期工程费估算表

序　号	项目内容	楼面单价(元/平方米)	总款(万元)	备　注
1	可行性研究	265.9	2 791.95	
(1)	基础设施费			
(2)	人防异地建设费	30	315	暂按 315 万，由于新旧文件人防比例不同，会有增减
(3)	图审费	3.5	36.75	建安成本的 2.54%(可下调)
(4)	环评费	0.48	5.04	
(5)	规划费	2.48	26.04	
(6)	抗震评估费	1	10.5	需做地震安全评价工作报告
(7)	防雷设计审核费	1.1	11.55	1 500 元/套
(8)	排污费	12	126	建筑面积×0.7+降水井×20 000
(9)	招投费	3.83	40.215	建安成本的 3.7‰
(10)	消防费	71	745.5	
(11)	两金	39.7	416.85	建安成本的 2.8%
(12)	可行性研究报告	0.48	5.04	
(13)	其他	100.33	1 053.465	
2	设计费用	18.82	197.61	
3	检测费	2.5	26.25	
4	三通一平	18.67	196.035	
5	临时设施	2.85	29.925	
	小计	308.74	3 241.77	

注：可行性研究其他费用项目包括：新墙体材料基金，散装水泥费，氡气检测费，城建档案费，节能评估费，质监费，城建配套费，日照分析费，地形图(1∶500)费，灯光夜景效果图费，文物勘探费，考古费，农民工资保证金，水、电管网设计费，渣土费，测绘费，房产初始登记费，房产交易服务费，房价审核费，地名设置费，房产测绘费，土地分宗费用。

设计费用项目包括：规划及方案设计费，扩初设计费，施工图设计费，园林景观设计费以及其他设计费用。

检测费项目包括地基氡浓度检测费、地勘费、沉降观测费、空气检测费、电气检测费和消防检测费。

三通一平项目包括临时道路、临时用水、临时用电和场地平整。

临时设施项目包括围墙和临时办公室。

表 5-7 建安工程费估算表

序　号	项目内容	楼面单价(元/平方米)	总款(万元)	备　注
1	基础工程	475.3	4 990.65	
(1)	桩基工程	70	735	
(2)	桩基检测	1	10.5	
(3)	土石方工程	38.1	400.05	摊入建筑面积
(4)	护壁	12.5	131.25	摊入建筑面积、浆、网、锚固、导管
(5)	地下室	128.7	1 351.35	
(6)	地下车库	221	2 320.5	
(7)	降水	4	42	
2	门窗工程	109.9	1 153.95	
(1)	铝合金门窗工程	70	735	高科型材
(2)	铝合金隔栅	0	0	
(3)	分户门及安装	15	157.5	1 500 元/户
(4)	防火门及安装	4	42	
(5)	人防门及安装	2	21	摊入建筑面积，含人防隔断墙
(6)	车库自动门及安装	18.9	198.45	按 0.7 个车位摊入总面积
3	公共部位普通装修	11	115.5	
(1)	门厅部位	3	31.5	主入口摊入建筑面积+单元入户
(2)	公共楼梯间	8	84	
4	其他建筑分包工程	14	147	
(1)	栏杆、空调围栏	8	84	150 元/m^2，三个空调/户
(2)	屋面瓦工程	0	0	
(3)	钢结构工程	0	0	
(4)	指示牌及安装	5	52.5	含垃圾分类设施摊入总面积
(5)	信报箱工程	1	10.5	
5	主体安装工程	264.14	2 773.47	
(1)	室内水电	119	1 249.5	按 85%计算
(2)	电梯及安装	55	577.5	按 85%计算
(3)	室内消防、通风	35	367.5	按 85%计算喷淋 120 元/m^2
(4)	空调系统	2.14	22.47	安装地下室摊入总建筑面积
(5)	地暖系统	0	0	

续表

序　号	项目内容	楼面单价(元/平方米)	总款(万元)	备　注
(6)	新风系统	20	210	阳光、万象、鸿景
(7)	监控系统	20	210	与户数有关(1 043 户)含黑白可视对讲
(8)	智能化系统	13	136.5	
6	其他	290.15	3 046.575	
	小计	1 164.49	12 227.15	

注：在实际估算中，还包括以下其他项目：结构及初装工程(砌体工程、土建工程、防水工程)，外墙工程(外墙涂料及施工、外墙面砖及施工、外墙石材工程、装饰构件工程)和保温工程(外墙保温、屋面保温)。

表 5-8　基础设施费估算表

序　号	项目内容	楼面单价(元/平方米)	总款(万元)	备　注
1	红线内市政工程	158.7	1 666.35	
(1)	供电系统	70	735	
(2)	给水系统	20	210	含加压泵站
(3)	排水系统	20	210	
(4)	化粪池	5	52.5	
(5)	有线电视系统	1	10.5	
(6)	电话系统	1	10.5	
(7)	其他	41.7	437.85	
2	智能化系统工程	28.18	295.89	
(1)	对讲系统	20	210	含黑白视频、公用天线 3 元/m^2，含 110 联动报警
(2)	周界	0.46	4.83	
(3)	监控	1.43	15.015	
(4)	电子巡更	2.29	24.045	
(5)	停车管理	4	42	架空车位，2.8 万/车位，含报警系统
3	园林环境工程费	71	745.5	
(1)	绿化工程	15	157.5	
(2)	硬质景观工程	18	189	摊入建筑面积

续表

序　号	项目内容	楼面单价(元/平方米)	总款(万元)	备　注
(3)	建筑小品	10	105	
(4)	围墙	6	63	含大门
(5)	室外照明系统	12	126	含智能调光系统普通，泛光照明
(6)	其他	10	105	
	小计	257.88	2707.74	

注：红线内市政工程其他项目包括消防系统、人防系统、交通标识施工、红线内道路、市政土建工程、煤气调压站和水泵房。

园林环境工程费其他项目包括水景设备及安装。

表 5-9　公共设施配套工程费估算表

序　号	项目内容	楼面单价(元/平方米)	总款(万元)	备　注
1	会所	15	157.5	
2	幼儿园	0	0	投入 210 万可回收
3	物业用房	0.43	4.515	1 418×105 000×0.3‰
4	公厕	0.9	9.45	60×700÷105 000
5	垃圾筒	0.15	1.575	
6	健身器材及安装	4	42	最多 4.5 元/m^2 康体设施
7	其他(廉租房)	41.86	439.53	3 100 平方米×1 418÷105 000
	小计	62.34	654.57	

表 5-10　工程不可预见费估算表

序　号	项目内容	楼面单价(元/平方米)	总款(万元)	备　注
1	工程不可预见费	28.6	300.3	总造价的 3%
2	灾害调整设计方案	10	105	
3	灾害造成工程损失	0	0	
	小计	38.6	405.3	

表 5-11　税费估算表

序　号	项目内容	楼面单价(元/平方米)	总款(万元)	备　注
1	土地增值税	45	472.5	销售收入 47 250 万元×1%
2	营业税	225	2 362.5	销售收入 47 250 万元×5%

续表

序　号	项目内容	楼面单价(元/平方米)	总款(万元)	备　注
3	城市维护建设税	15.75	165.375	营业税×7%
4	教育附加税	6.75	70.875	营业税×3%
5	城建税	4.5	47.25	营业税×2%
6	企业所得税		0	利润的 25%
7	房屋维修基金	90	945	120 平方米以下×收入的 1.5%， 120～140 平方米×收入的 3.5%， 140 平方米以上×收入的 4.5%
8	交易印花税	22.5	236.25	销售收入×0.5‰
	小计	409.5	4 299.75	

表 5-12　开发间接费用估算表

序　号	项目内容	楼面单价(元/平方米)	总款(万元)	备　注
1	施工监理费	8	84	8 元/m^2
2	工程造价咨询费	2.13	22.365	建安成本的 1.5‰
3	工程类人工办公费	0	0	
	小计	10.13	106.365	

表 5-13　管理费用估算表

序　号	项目内容	楼面单价(元/平方米)	总款(万元)	备　注
1	开发管理费用	45	472.5	4 500×105 000×1%
2	期间管理费用	4.77	50.085	
3	管理类税金	0	0	
4	其他	0	0	
	小计	49.77	522.585	

表 5-14　销售费用估算表

序　号	项目内容	楼面单价(元/平方米)	总款(万元)	备　注
1	营销代理费用	54	567	4 500×105 000×1.2%
2	广告、宣传费用	67.5	708.75	4 500×105 000×1.5%
3	沙盘、样本等	3	31.5	
4	本公司人员	6.75	70.875	4 500×105 000×1.5‰
	小计	131.25	1 378.125	

表 5-15　财务费用估算表

序　号	项目内容	楼面单价(元/平方米)	总款(万元)	备　注
1	成本利息	95.24	1000.02	总投资的 5%÷总建筑面积
2	融资费用	0	0	5%
3	合同公证费	1	10.5	
4	保险费	0	0	0.2%～0.4%
	小计	96.24	1 010.52	

5.4.4　成本控制

随着房地产微利时代的到来，房地产开发企业成本控制的重要性越发显现。房地产的成本控制要将成本理念贯穿于整个项目的实施过程中，具体包括前期调研、设计阶段、施工阶段和竣工结算阶段。

1．前期调研

在房地产工程开发前期，要充分考虑自身地理条件和市场要求，做好前期调研工作，论证其可行性。可行性研究是在对消费者的心理和市场容量、造价等进行准确分析、充分估计的基础上，决定该工程是否开工。在可行性研究阶段必须把资金的流量和销售计划做出来，这样就可尽量地减少开发者的现金投入，减少资金成本，让项目顺利地进行下去。

2．设计阶段

降低建筑安装成本，首先要做好设计阶段的投资控制。建设单位应以对建安成本影响最大的设计阶段为关键环节，注意以下三个方面。

(1) 实行方案设计、工程设计的招投标制度。建设单位在委托设计时应大力引进竞争机制，以达到控制成本的目的。首先要通过设计招标来选择设计单位。必要时组织设计方案竞选，从中选择能保证设计质量的设计单位；在设计时，可以根据情况实行分阶段招标或委托。

(2) 加强技术沟通，实行限额设计。设计单位在工程设计中，要推行限额设计。凡是能进行定量分析的设计内容，均要通过计算。各专业设计要遵循建筑模数、建筑标准，按设计规范、技术规定等进行设计。在保证项目设计达到使用功能的前提下，按分配的投资限额控制设计，严格控制技术设计和施工图设计的不合理变更，保证总投资限额不被突破。

(3) 加强设计出图前的审核工作。加强出图前的审核工作，将工程变更的发生尽量控制在施工之前。从设计阶段所设计的成果来看，设计方案的不足或缺陷加以克服时，所花费的代价最小，可取得的效果最好。在设计出图前加强对设计图纸的审核管理工作，以求提高设计质量，避免将设计中的不足带到施工阶段。

3. 施工阶段

施工阶段投资成本控制，关键应该从以下三个方面进行。

(1) 合理控制工程变更。工程变更包括设计变更、施工条件变更、进度计划变更和工程项目变更，这些变更主要由建设单位引起。控制施工变更的关键在于建设单位自我约束，按洽商变更程序办事。

(2) 严格审核承包商的索赔要求。对于承包商索赔要求的处理，则应按合同办事。

(3) 搞好材料设备的加工订货。严格按有关规定做好材料限价工作，合理控制价差水平。

4. 竣工结算阶段

凡结算工程必须按设计图纸及合同规定完成，必须要有竣工验收单。重点做好材料价差及竣工调价的审定工作。审核时应与原招标文件对照，凡原标底内已含项目不能重复出现。要严格按合同及有关协议的规定，认真实行结算复审制度及工程尾款会签制度，确保结算质量。

5.5 税 金 估 算

房地产税是一个综合性概念，即一切与房地产经济运动过程有直接关系的税都属于房地产税。从房地产的流转过程来看，可以将其大体划分为四大类：与房地产开发有关的税收，与房地产交易有关的税收，与房地产保有有关的税收和与房地产所得有关的税收。在我国包括房地产业企业所得税、土地增值税、印花税、城镇土地使用税、房产税、耕地占用税、契税、营业税、城市建设维护税、教育费附加等。

5.5.1 企业所得税

企业所得税是对我国内资企业和经营单位的生产经营所得和其他所得征收的一种税。就房地产开发活动而言，企业所得税的纳税人即为开发企业(开发商)。

企业所得税的计算方法为开发企业年所得额乘以所得税税率。其中：

所得额=经营收入−成本+营业外收入−(营业税+城市建设维护税+房产税)

房地产投资经营企业年所得额即年实现利润净值，所得税税率一般为25%。

5.5.2 土地增值税

土地增值税是指房地产经营企业等单位和个人，有偿转让国有土地使用权以及在房屋销售过程中获得的收入，扣除开发成本等支出后的增值部分，要按一定比例向国家缴纳的一种税费。

1. 计税依据

土地增值税以纳税人转让房地产取得的增值额为计税依据，增值额为纳税人转让房地产取得的收入减除规定扣除项目金额后的余额。土地增值税按照四级超额累进税率进行征收(见表 5-16)。

表 5-16 土地增值税税率表

级 数	计税依据	适用税率	速算扣除率
1	增值额未超过扣除项目金额 50%的部分	30%	0%
2	增值额超过扣除项目金额 50%、未超过扣除项目金额 100%的部分	40%	5%
3	增值额超过扣除项目金额 100%、未超过扣除项目金额 200%的部分	50%	15%
4	增值额超过扣除项目金额 200%的部分	60%	35%

注：房地产企业建设普通住宅出售的，增值额未超过扣除金额 20%的，免征土地增值税。—— 财法字〔1995〕第 6 号《中华人民共和国土地增值税暂行条例实施细则》第十一条文。

2. 税额计算

应纳税额=增值额×适用税率−扣除项目金额×速算扣除系数

扣除项目包括以下部分。

(1) 取得土地使用权所支付的金额；

(2) 开发土地的成本、费用；

(3) 新建房及配套设施的成本、费用，或者旧房及建筑物的评估价格；

(4) 与转让房地产有关的税金；

(5) 财政部规定的其他扣除项目。

5.5.3 印花税

房地产印花税是指因房地产买卖，房地产产权变动、转移等而对书立的或领受的房地产凭证的单位和个人征收的一种税赋。

1. 计税依据

房地产印花税的征税对象是特定行为，而其计税依据则是该种行为的所负载的资金量或实物量，其中房地产产权转移书据印花税的计税依据是书据所载金额，房地产权利证书(包括房屋产权证和土地使用证)印花税的计税依据则是按件计收，房屋租赁合同印花税的计税依据是租赁金额，房产购销合同的计税依据是购销金额。

2. 税额计算

在房地产开发经营活动中，涉及的必须纳税的凭证和印花税税率见表 5-17。

表 5-17　印花税税率

序　号	税　目	范　围	税　率	纳 税 人
1	购销合同	包括供应、预购、采购、购销、结合及协作、调剂、补偿、易货等合同	按购销金额 0.3‰贴花	立合同人
2	加工承揽合同	包括加工、定作、修缮、修理、印刷广告、测绘、测试等合同	按加工或承揽收入 0.5‰贴花	立合同人
3	建设工程勘察设计合同	包括勘察、设计合同	按收取费用 0.5‰贴花	立合同人
4	建筑安装工程承包合同	包括建筑、安装工程承包合同	按承包金额 0.3‰贴花	立合同人
5	财产租赁合同	包括租赁房屋、船舶、飞机、机动车辆、机械、器具、设备等合同	按租赁金额 1‰贴花。税额不足 1 元，按 1 元贴花	立合同人
6	货物运输合同	包括民用航空运输、铁路运输、海上运输、内河运输、公路运输和联运合同	按运输费用 0.5‰贴花	立合同人
7	仓储保管合同	包括仓储、保管合同	按仓储保管费用 1‰贴花	立合同人
8	借款合同	银行及其他金融组织和借款人(不包括银行同业拆借)所签订的借款合同	按借款金额 0.05‰贴花	立合同人
9	财产保险合同	包括财产、责任、保证、信用等保险合同	按保险费收入 1‰贴花	立合同人
10	技术合同	包括技术开发、转让、咨询、服务等合同	按所载金额 0.3‰贴花	立合同人
11	产权转移书据	包括财产所有权和版权、商标专用权、专利权、专有技术使用权等转移书据，土地使用权出让合同、土地使用权转让合同、商品房销售合同	按所载金额 0.5‰贴花	立据人
12	营业账簿	生产、经营用账册	记载资金的账簿，按实收资本和资本公积的合计金额 0.5‰贴花。其他账簿按件贴花 5 元	立账簿人

续表

序号	税目	范围	税率	纳税人
13	权利、许可证照	包括政府部门发给的房屋产权证、工商营业执照、商标注册证、专利证、土地使用证	按件贴花 5 元	领受人

5.5.4 城镇土地使用税

城镇土地使用税是以开征范围的土地为征税对象，以实际占用的土地面积为计税标准，按规定税额对拥有土地使用权的单位和个人征收的一种行为税。

1. 计税依据

以实际占有的土地面积为计税依据。

(1) 凡由省、自治区、直辖市人民政府确定的单位组织测定土地面积的，以测定的面积为准。

(2) 尚未组织测量，但纳税人持有政府部门核发的土地使用证书的，以证书确认的土地面积为准。

(3) 尚未核发出土地使用证书的，应由纳税人申报土地面积，据以纳税，待核发土地使用证以后再做调整。

注意：税务机关不能核定纳税人实际使用的土地面积。

2. 税额计算

城镇土地使用税适用地区幅度差别定额税率。

城镇土地使用税采用定额税率，即采用有幅度的差别税额。按大、中、小城市和县城、建制镇、工矿区分别规定每平方米城镇土地使用税年应纳税额。城镇土地使用税每平方米年税额标准具体规定如下。

(1) 大城市 1.5～30 元；

(2) 中等城市 1.2～24 元；

(3) 小城市 0.9～18 元；

(4) 县城、建制镇、工矿区 0.6～12 元。

应纳税额的计算：

$$应纳税额=实际占用的土地面积\times适用税额$$

5.5.5 房产税

房产税是以房屋为征税对象，按房价或出租租金收入征收的一种税，又称房屋税。《房产税暂行条例》规定，房产税在城市、县城、建制镇和工矿区征收。城市、县城、建制镇、工矿区的具体征税范围，由各省、自治区、直辖市人民政府确定。

1. 计税依据

(1) 从价计征。

按照房产余值征税的，称为从价计征，房产税依照房产原值一次减除 10%～30%后的余值计算缴纳。

扣除比例由省、自治区、直辖市人民政府在税法规定的减除幅度内自行确定。这样规定，既有利于各地区根据本地情况，因地制宜地确定计税余值，又有利于平衡各地税收负担，简化计算手续，提高征管效率。

房产原值：应包括与房屋不可分割的各种附属设备或一般不单独计算价值的配套设施。主要有暖气、卫生、通风等，纳税人对原有房屋进行改建、扩建的，要相应增加房屋的原值。

(2) 从租计征。

按照房产租金收入计征的，称为从租计征。房产出租的，以房产租金收入为房产税的计税依据。

2. 税额计算

(1) 从价计征。

从价计征是按房产的原值减除一定比例后的余值计征，其公式如下：

应纳税额=应税房产原值×(1−扣除比例)×年税率 1.2%

(2) 从租计征。

从租计征是按房产的租金收入计征，其公式如下：

应纳税额=租金收入×12%

没有从价计征的换算问题纳税义务发生时间：将原有房产用于生产经营，从生产经营之月起，缴纳房产税。其余均从次月起缴纳。

个人出租住房的租金收入计征，其公式如下：

应纳税额=房产租金收入×4%

5.5.6 耕地占用税

耕地占用税是国家对占用耕地建房或者从事其他非农业建设的单位和个人，依据实际占用耕地面积，按照规定税额一次性征收的一种税。耕地占用税属行为税范畴。耕地占用税是我国对占用耕地建房或从事非农业建设的单位或个人所征收的一种税收。

1. 计税依据

耕地占用税以纳税人占用耕地的面积为计税依据，以平方米为计量单位。

2. 税额计算

耕地占用税以纳税人实际占用的耕地面积为计税依据，以每平方米土地为计税单位，按适用的定额税率计税。其计算公式如下：

应纳税额=实际占用耕地面积(平方米)×适用定额税率

5.5.7 契税

契税是以所有权发生转移变动的不动产为征税对象，向产权承受人征收的一种财产税。应缴税范围包括：土地使用权出售、赠予和交换，房屋买卖，房屋赠予，房屋交换等。

1. 计税依据

契税的计税依据为不动产的价格。由于土地、房屋权属转移方式不同，定价方法不同，因而具体计税依据视不同情况而决定。

国有土地使用权出让、土地使用权出售、房屋买卖，以成交价格为计税依据。成交价格是指土地、房屋权属转移合同确定的价格。

土地使用权赠予、房屋赠予，由征收机关参照土地使用权出售、房屋买卖的市场价格核定。

土地使用权交换、房屋交换，为所交换的土地使用权、房屋的价格差额。也就是说，交换价格相等时，免征契税；交换价格不等时，由多交付的货币、实物、无形资产或者其他经济利益的一方缴纳契税。

以划拨方式取得土地使用权，经批准转让房地产时，由房地产转让者补交契税。计税依据为补交的土地使用权出让费用或者土地收益。

2. 税额计算

契税采用比例税率。当计税依据确定以后，应纳税额的计算比较简单。应纳税额的计算公式如下：

$$应纳税额=计税依据\times税率$$

契税实行 3%～5%的幅度税率。

5.5.8 营业税、城市维护建设税、教育费附加

营业税、城市维护建设税、教育费附加，一般统称为“两税一费”，由税务部门统一征收。

1. 营业税

房地产营业税是指针对企业出售和个人转让房地产的税收。房地产企业有偿转让不动产所有权的行为，适用“销售不动产”税目；房地产企业有偿转让土地使用权的行为，适用“转让无形资产”税目。销售不动产、转让无形资产，税率为 5%。

在房地产投资经营业务中营业税的征收对象包括以下几个方面。

(1) 房地产销售收入。

凡从事房地产投资经营的单位和个人，在房地产销售后，以其销售收入为征税对象，税率为 5%。

(2) 营业收入。

凡从事房地产投资经营的单位和个人，以其营业收入为征税对象，税率为 5%。

(3) 服务费收入。

凡从事房地产中介服务的单位和个人，以其服务费收入为征税对象，税率为5%。

2. 城市建设维护税

城市建设维护税简称城建税，是我国为了加强城市的维护建设，扩大和稳定城市维护建设资金的来源，对有经营收入的单位和个人征收的一个税种。

(1) 计税依据。

城市建设维护税是以纳税人实际缴纳的流通转税额为计税依据征收的一种税，纳税环节确定在纳税人缴纳的增值税、消费税、营业税的环节上，从商品生产到消费流转过程中只要发生增值税、消费税、营业税的当中一种税的纳税行为，就要以这种税为依据计算缴纳城市建设维护税。

城建税实行分区域的差别比例税率，即按纳税人所在城市、县城或镇等不同的行政区域分别规定不同的比例税率。具体规定如下。

① 纳税人所在地在市区的，税率为7%；

② 纳税人所在地在县城、镇的税率为5%；

③ 纳税人所在地不在市区、县城、县属镇的，税率为1%。

(2) 税额计算。

城市维护建设税应纳税额的计算比较简单，计税方法基本上与“三税”一致，其计算公式如下：

应纳税额=(实际缴纳增值税+消费税+营业税税额)×适用税率

3. 教育费附加

教育费附加是对缴纳增值税、消费税、营业税的单位和个人征收的一种附加费。其作用是发展地方性教育事业，扩大地方教育经费的资金来源。

(1) 计税依据。

以纳税人实际缴纳的增值税、消费税、营业税的税额为计费依据。

(2) 税额计算。

计算公式：

应纳教育费附加=(实际缴纳的增值税、消费税、营业税三税税额)×3%

专栏5：我国房产税的演进

房产税是以房屋为征税对象，按房屋的计税余值或租金收入为计税依据，向产权所有人征收的一种财产税。我国房产税课税历史悠久。大多数学者认为，我国房产税最早起源于周代。《周礼》曾记载“掌敛廛布于泉府”，廛布是周代当时课征的土地税的一部分，对三种房屋进行征收，类似于西方国家的不动产税，与我们今天所说的房产税还有一定的区别。

唐德宗建中元年(公元781年)，依照杨炎的建议，根据“量入为出”原则，施行了“两税制”。但由于“藩镇之祸”，军费开销大增，建中四年(公元783年)6月，户部侍郎赵赞以“军需迫蹙，常平刊不时集，乃请税屋间架”。“间架税”是单独以房屋为征税对象的财产税，因此是我国房产税的真正起源。在“间架税”征税期间，房产税的税负较重，百姓怨声载道，苦不堪言。公元 784 年“间架税”被废除，从施行到结束不满一年。但在历史上，“间架税”直接开辟了对房屋征税的先例。

五代后梁时，创设有屋税，主要是针对城市居民的房屋征收的。后唐时则按规定酌量缴纳税钱。明宗天成二年(公元 927 年)，曾颁布免征屋税两年等。随后的宋朝、元朝、明朝，有类似于房产税的税种，但都没有重新开征“间架税”。

清朝初期，出现了地方杂税大兴的局面。宛、平两县有铺面行税，仁和、钱塘有间架房税，江宁有廛输钞，京师有琉璃、亮瓦两厂计檩输税。这些都是属于房产税一类的捐税，经康熙、雍正、乾隆三朝整顿，才逐渐废除。

鸦片战争以后，我国曾在租界内强行开征房捐，这是我国近代房产税的起源。在太平天国的部分辖区内，也一度有过房捐。其征收办法，以间数为准，按日起征。光绪二十七年(公元 1901 年)，各省因为要分担庚子赔款，开征房捐。辛亥革命后，仍沿用旧制，但名称不一，如叫“市政总捐”、“特捐”、“警捐”和“店铺捐”等。在税收管理体制上，北洋政府曾两次划分中央税和地方税，其后国民党政权都将房捐划为地方税。1927 年，国民政府划房捐为地方税。为统一各省市的房捐征收，1941 年国民政府公布《房捐征收通则》，并在同年第三次全国财政会议上确定房捐为县的地方收入，并命名为“土地改良物税”，1943 年又公布房捐条例 14 条。光绪、民国以及国民党政府，都以房捐为名征收房产税，但当时税率过高，对百姓生活造成了很大的负担。

1949 年新中国成立后，政务院发布《全国税政实施要则》将房产税列为开征的 14 个税种之一。我国在 20 世纪 50 年代开征了面向全国征收的城市房地产税。1972 年，将对国营、集体企业征收的城市房地产税并入工商税后，城市房地产税就只对房产管理部门和个人的房屋以及中外合资、合作企业和外资企业的房屋征收。1984 年进行工商税制全面改革，恢复征收房产税，但鉴于中国城市的土地属于国家所有，使用者没有土地所有权的情况，从而将城市房地产税分为房产税和城镇土地使用税两个税种。1986 年 9 月 15 日国务院发布《中华人民共和国房产税暂行条例》，当年 10 月 1 日起施行。

我国现行的房产税是根据 1986 年国务院颁布的《中华人民共和国房产税暂行条例》所征收的。条例上规定，我国对城镇的经营性房屋征税，对个人自住住房不征收房产税。这是和当时我国的住房制度和居民的收入水平相适应的。1998 年住房制度改革后，我国房地产市场迅速发展，一、二、三线城市的房价陆续不断上涨。由于我国经济体制改革使原有房产税税制设置的经济基础发生了巨大变化，房产税税制与经济发展水平不相适应的矛盾也日益凸显。尤其是我国加入 WTO 以后，房产税内外有别的税制结构与市场经济要求的公平、一致的税收环境已很难适应。为了统一内外税制，2008 年 12 月 31 日，国务院公布了第 546 号令，自 2009 年 1 月 1 日起废止《城市房地产税暂行条例》，外商投资企业、外国企业和组织以及外籍个人，依照《中华人民共和国房产税暂行条例》缴纳房产税。至此，我国已经开始对房产税进行初步改革。2010 年，我国官方提出对个人所有的住房恢复征收房产税是必要的。2011 年 1 月 27 日，沪渝两市相继出台个人住房房产税细则，至此，我国开始在沪渝两地开始个人住房房产税试点工作，促使了个人住房房产税在我国的重新征收。2012 年 8 月 12 日，30 余省市地税部门为开征存量房房产税做准备。2013 年 7 月，房产税改革扩围有可能下半年落成，杭州也许成为第三个征收房产税的城市。

(资料来源：漆亮亮. 房产税的历史沿革，有改动)

思　考　题

1. 简述房地产开发成本的构成。
2. 简述房地产开发企业如何降低开发成本。
3. 简述房地产税种及税率。
4. 为什么要对房地产征收各种税？举例说明税收在房地产产业发展中的作用。

第6章

房地产投资收入估算

6.1 房地产投资收入估算原理

6.1.1 房地产投资收入的类型

从房地产投资分析的角度讲，一般而言，房地产投资收入主要有销售收入、出租收入、自营收入、转售收入、避税收入和无形收入六种类型。

1. 销售收入

房地产销售收入是指房地产投资者在市场上进行销售获得的收入，它是房地产投资者在卖出房地产时，得到的房地产投资收入，包括土地转让收入、商品房(包括周转房)销售收入、配套设施销售收入等。配套设施销售收入是开发区域内允许有偿转让的配套设施项目，如停车位的销售收入。计算公式为：

$$销售收入=可出售面积\times销售单价$$

2. 出租收入

出租收入是指房地产投资者在市场上出租的租金收入。它是投资者在利用房地产进行出租经营时获得的收入。出租收入具体包括出租房租金收入和出租土地租金收入。计算公式为：

$$租金收入=可出租建筑面积\times租金单价$$

3. 自营收入

自营收入是指开发企业以开发完成后的房地产为其进行商业和服务业等经营活动的载体，通过综合性的自营方式得到的收入。进行自营收入估算时，应充分考虑目前已有的商业和服务业设施对房地产项目建成后产生的影响，以及未来商业、服务业市场可能发生的变化对房地产项目的影响。

4. 转售收入

在出租和自营型房地产的持有期末，房地产仍有一些价值，这部分价值可以通过市场转让体现出来，这部分通过市场转让体现出来的房地产价值，就是转售收入。更通俗地说，转售收入就是房地产的所有者将自己所有的出租或自营型房地产的所有权转让给他人后获得的收入。转售收入是房地产所有者在持有期末取得的预测收入，也是一种投资回收。需要注意的是，出售型房地产开发投资项目在房地产开发过程中或产品开发完成后全部销售，房地产开发商并不长期持有房地产的所有权，因此正常的销售期末是没有转售收入的。

5. 避税收入

避税收入是指因提取房地产折旧而降低纳税基数，从而给房地产投资者带来的资金投入的减少。它是房地产投资者因拥有房地产而间接获取的收入。避税收入是房地产专家和投资者用以表示降低纳税额的一句术语或行话。避税收入与逃税不一样，它实际上是一种税收节约，这部分税款的支付只是从现在推迟到了将来的某一天。

6．无形收入

房地产投资的无形收入是指房地产投资者因为获得投资活动的成功而在心理上获得的心理享受，并且还有可能得到他人的认同。很明显，前面五种收入都是有形收入。房地产的无形收入与投资者的心理相关，很难量化，它与可计量投资收入不直接挂钩，往往以投资者的心理享受程度来大致衡量。它是用来说明非定量的投资收入的一句术语或行话。

房地产投资者的实力有大有小，实力雄厚的投资者的投资收入主要来源于销售收入。在房地产投资收入中，销售收入是最大的。除了自行消费的用户外，客户购买房地产的主要原因之一是，房地产具有产生出租收入的能力。税收入是房地产投资的间接收入。房地产投资者不可能在仅仅为了获得避税收入，而不考虑出租收入和销售收入的情况下去进行投资。房地产投资的无形收入与投资者的心情相关，它与可计量的投资收益不直接挂钩。

所以房地产投资者为了达到预期目标，往往需要对房地产投资收入进行组合。通过投资收入组合，通常可以达到最为满意的综合效益。至于如何进行投资收入组合，没有现成的固定的方法和标准，只能因人而异，灵活掌握。

6.1.2　房地产投资收入的合理构成

房地产投资收入的合理构成，是房地产投资收入的基本要求。房地产投资者在从事房地产项目的投资时，既要占用大量资金，又要付出管理劳动，还要冒一定的投资风险。以上三个方面都是房地产投资者付出的代价，都应该得到回报。所以，房地产投资收入的合理构成，应包括四部分：投资回收、投资利息、管理报酬以及风险报酬。其中，投资回收是投入资本的回收。其他三者介绍如下。

1．投资利息

由于进行房地产投资，投资者失去了将资金存入银行赚取利息或者投资其他投资品获取收入的权利，所以投资利息需要在投资收入中体现出来。如果房地产投资者利用银行贷款，那么还必须向银行还本付息，所以更应在投资收入中体现出投资利息来。

投资利息体现的是资金的时间价值，它是一种机会收入，同时也是房地产投资的最基本收入。在获得这个收入的基础上，才可以讨论其他收入，如管理报酬和风险报酬收入问题。如果进行房地产投资连最基本的投资利息都难以得到，则这项房地产投资就是失败的投资。

2．管理报酬

与其他投资者一样，房地产投资者为追求未来的潜在收入，将直接或间接地参与房地产项目的开发和经营活动，参与房地产投资的决策和组织实施。为此，房地产投资者将付出一定的管理劳动，遵照按劳分配的原理，这部分劳动理应得到管理报酬。

管理报酬是劳动者付出劳动的报酬，而投资利息是资金的使用收入或报酬。人的劳动和资金的使用科学合理地结合在一起，才有可能取得可观的房地产投资的收入。单纯的劳动或单纯的资金是不能取得房地产投资收入的。

管理报酬与成本中的管理费用是不同的。管理费用属于定额劳动报酬，管理报酬属于超额劳动报酬。管理费用属于成本，管理报酬属于利润。

3. 风险报酬

风险报酬是投资者因冒风险进行投资而要求的，超过无风险报酬的额外报酬。风险和报酬的基本关系是风险越大，要求的报酬率越高。尽管有大小之分，任何投资都会有风险。房地产投资者在进行房地产项目的开发经营投资活动中，要冒许多风险。按风险与报酬同在的原理，房地产投资者理应取得风险报酬。从实质上看，风险报酬是一种综合报酬，即它是资金使用风险和管理决策劳动使用风险的综合收入。进行房地产投资，通常都应该考虑风险报酬，以便科学合理地评价投资效益。

风险报酬与风险大小成正比。只有对那些敢于冒风险的投资者给予风险报酬，才能鼓励投资者从事冒险性投资。

6.1.3 房地产投资收入估算的原则

房地产投资收入估算是一种主观与客观相结合的活动，既有其客观、科学的方面，也难免带有投资估算人员主观的方面。不同的估算人员，可能会有不同的估算结果。要确保收入估算的客观性，一个重要的方面就是遵守房地产投资收入估算的基本原则，这些原则具体有以下几个。

1. 一般性原则

一般性原则就是指在估算房地产投资收入时，通常只估算正常市场条件及正常使用状态下房地产本身的各种可能的合理收入，不能把市场的特殊变化以及房地产投资人的特殊情况，如资金、管理、经营等考虑到收入估算中来。也就是说，估算出来的房地产收入是客观收入。客观收入，即房地产在良好市场意识和正常经营管理情况下所产生的规则而持续的收入，这种收入将生产经营过程中一些特殊的、偶然的因素排除在外。例如房地产投资收入估算不需要考虑市场是否突然发生意外的变化以及投资人是否具有优秀的经营管理能力等的影响。

2. 市场性原则

房地产投资收入与房地产市场、旅游市场、文化娱乐市场等各种与房地产供求相关市场的变化密切相关。或者说，房地产投资收入受供求状况的影响很大：需求不变，供给增加，则收入可能下降；供给不变，需求增加，则收入可能上升。因此，进行房地产投资收入估算时应充分考虑到房地产市场、旅游市场和文化娱乐市场等市场的供求情况，在全面分析目前的条件下，能够比较准确地预测到未来一定时间内(计算期)房地产投资的可能收入，特别是租金、售价等的变化趋势和幅度，只有尊重市场，注意市场性原则，才有可能估算出房地产的客观收入，也才能真正遵守收入估算的一般性原则。

3. 应变性原则

房地产投资收入受宏观经济发展以及各类产业市场，如房地产市场、旅游市场等的影

响很大，因此，在进行房地产投资收入估算的过程中，如果出现直接影响宏观经济和各类产业市场的重大事件或重大政策的变化，投资分析人员就应该及时地充分研究这些事件或变化对未来市场的影响程度、影响范围以及影响时间等，并在此基础上对未来的市场走势和价格、租金等进行重新预测和科学定位，同时应合理地调整影响收入的租金、价格等收入因子，以保证估算出来的投资收入是符合市场情况的客观收入。

当然，房地产投资收入估算的原则也是投资成本费用的估算原则。在市场发生变化的情况下，在调整收入估算的同时，也要调整对投资成本费用的估算。只有这样，才有可能得到比较准确的投资现金流量，进而估算出比较真实的各类投资财务分析指标，从而为房地产投资决策提供正确的依据，也为成功的房地产投资奠定基础。

6.2　租售收入的估算

6.2.1　租售收入估算的一般说明

1. 租售收入的估算公式

租售收入的一般估算公式为：

$$S=\sum_{m=i}^{m}\left[q_n\times p_n\times\left(\frac{P}{F},i,n\right)\right]$$

式中：S——销售收入或出租的租金收入；

q_n——第 n 期的租售数(面积或个数等)；

p_n——第 n 期的租售价格；

m——租售计算期；

$(P/F,i,n)$——复利现值系数(此处复利现值系数中的字母 F 表示第 n 期的租售收入，P 表示第 n 期租售收入的现值，i 表示当时的折现率或报酬率)。

2. 租售收入估算公式的说明

(1) 对房地产销售来说，上述估算公式只是签约后一次付款的表达式，而现实中通常都是多次付款，计算起来更为复杂。其具体估算式为

第 1 期收入=第 1 期销售产品在第 1 期的收款额

第 2 期收入=第 1 期销售产品在第 2 期的收款额+第 2 期销售产品在第 2 期的收款额

第 3 期收入=第 1 期销售产品在第 3 期的收款额+第 2 期销售产品在第 3 期的收款额+第 3 期销售产品在第 3 期的收款额

……

或

第 1 期收入=第 1 期销售数量×售价×第 1 期销售产品在第 1 期的收款比例

第 2 期收入=第 1 期销售数量×售价×第 1 期销售产品在第 2 期的收款比例+第 2 期销售数量×售价×第 2 期销售产品在第 2 期的收款比例

第 3 期收入=第 1 期销售数量×售价×第 1 期销售产品在第 3 期的收款比例+第 2 期销售数量×售价×第 2 期销售产品在第 3 期的收款比例+第 3 期销售数量×售价×第 3 期销售产品在第 3 期的收款比例

……

(2) 对出售房地产来说，由于受市场的影响，其售价通常会有一些调整。公式中的 p 表示第 n 期的租售价格即已表明了价格的变化特性。一般来说，第 n 年的销售价格计算公式为：

第 n 年的销售价格=第 1 年的销售价格×(1+年平均售价上涨率)

实际操作中，通常会根据具体情况确定不同时期的售价上涨率，而不是确定一个平均售价上涨率，这样做更能反映实际的销售情况。

(3) 对出租房地产来说，由于出租所经过的时间较长，租金会因市场的变化而有一定的变化。第 n 年的租金收入计算公式为：

第 n 年的租金收入=第 1 年的租金收入×(1+年平均租金上涨率)

上式中的年平均租金上涨率因受到许多因素的影响，通常难以确定。实际操作中，往往需要依据可类比的商业房地产的情况来确定。该指标的确定在很大程度上受主观因素影响较多，与决策者对风险的估计情况和决策者的心理素质密切相关。另外，实际操作中，在计算第 1 年以后的租金收入时，通常也会假定在前几年保持一个适当的租金上涨率，然后再以一个新的租金上涨率变化到某一年，此后租金不再变化。

6.2.2 租售收入估算的准备工作

1. 销售收入影响因素分析

销售收入的多少与销售价格直接相关，而销售价格又与所选择的销售方式有关。恰当的销售方式，可以促进房地产销售收益的提高。除此之外，付款方式与优惠折扣的确定、销售价格策略的制定也是影响销售收入的因素。

(1) 销售方式的选择。不同的销售方式对销售收入有直接的影响。正确的销售方式能够有效地提高销售数量或销售价格，进而增加销售收入。反之则会降低销售数量或销售价格，进而减少销售收入。按销售主体的不同划分，房地产销售方式可以分为自行销售和委托销售。由于委托销售要支付相当于售价 1.5%～3%的佣金，所以开发商如能自行销售，可以节约一笔可观的佣金，从而增加销售收益。在下述情况下开发商一般愿意自行销售。

首先是大型开发公司，它们往往拥有自己专门的市场推广队伍和销售网络，它们提供的服务有时比委托销售代理更为有效。

其次是房地产市场高涨，所开发的项目很受投资置业人士欢迎，开发商预计在项目竣工后很快便能销售出去。

最后，当开发商的开发项目已有较明确甚至是固定的销售对象时，也无须委托销售代理。

委托销售是房地产开发商将房地产项目委托给房地产代理机构进行销售。房地产代理机构通常拥有熟悉市场情况、具备丰富的销售知识和经验的专业人员，是房地产买卖双方都愿意光顾的地方。优秀的房地产代理机构往往对房地产市场有充分的认识，对当前和未来的供求关系非常了解，或对某类物业的销售有专门的知识和经验。此外，为了更有效地提供服务，房地产代理机构要经常地关注市场状况，它们对市场情况的变化了如指掌。所以，委托销售能促进物业的销售，保证销售收益的实现。虽然委托代理要支付一定的佣金，但有时采用委托代理方式可以提高物业的售价，提高销售收益。

(2) 付款方式与优惠折扣的确定。现实中的房地产销售通常都采取购买者分期付款的方式。采用分期付款方式销售房地产对于购买者的首付款数量要求不高，购房者可以以较少的资金先获得房屋的使用权。因此，会吸引更多的人来买房，增加产品的需求量。同时，由于采取这种方式时，房地产销售方可以先得到售价 20%～30%的资金，将这部分资金再投入其他项目的建设中去，实现了资金运作的良性循环。

与付款方式相适应，不同的付款方式可以有不同的优惠折扣。比如对于一次性付款的客户，可以给予 95%～98%的优惠折扣；对于分期付款多的客户，给予 97%～99%的优惠折扣等。至于具体的折扣比例，可以根据具体的情况来具体分析确定。当然，实物优惠折扣形式，如买房送空调、送冰箱或者送书房等，如果不能折算为现金，则对房地产投资分析来说，其意义并不大。

(3) 销售价格策略的制定。价格竞争是一种十分重要的营销手段。在市场营销活动中，企业为了实现自己的经营战略和目标，经常会采取各种灵活的定价策略，以促进和扩大销售，提高企业的整体效益。一般来说，房地产开发企业的销售价格策略主要有以下两个。

① 低开高走。这种销售价格策略是大多数房地产开发商采用的定价方法，它是指房地产开发商在销售房地产产品时，分期推出楼盘，首期先以低价吸引消费者，但从第二期起即开始逐步加价。这样做的目的是首先以低价汇聚人气，而后以逐渐加价的方式促使消费者马上购买，以免承担较高的楼价，而同时又使人觉得所购买的物业在不断地升值。低开高走价格策略的实施对销售收入有较大的影响，总体来说，可能会使销售初期的销售利润偏低。

② 高开高走。这种销售价格策略是指楼盘第一次面对消费者时，以高于市场行情的价格公开销售，同时，在以后的价格调整中，也与低开高走一样，逐步提高销售价格。高开高走的价格策略能够帮助房地产开发投资者取得更高的销售收入和销售利润，也有利于楼盘品牌的建立。但其不利也是明显的：如果“高开”价格偏离主力市场，则可能导致销售不畅，影响资金的周转；同时，“高开”的价格也会使日后的价格直接调控余地变少，购买者会认为楼盘升值潜力不大而不利于后续的销售。

对房地产投资分析来说，投资分析人员应该了解这些策略的实质，在估算销售收入时，充分体现这种策略的运用效果，把相关数字的大小与变动情况与价格策略联系起来。

2. 出租收入影响因素分析

(1) 同类物业的供求关系。

从理论上讲，租金水平的确定要考虑营运成本、固定的税费和业主期望的投资回报率。实际上，租金水平的高低主要取决于同类物业的市场供求关系。维护较好的旧建筑，由于其建造成本和融资费用较低，往往相对限制了新建筑的租金水平。因此，对旧建筑而言，租金收入常常使回报率超出预期的水平，并且新建筑的建造成本和融资费用上升得越快，这种情况就越明显。

(2) 租金水平的高低。

从总体上讲，物业的租金收入必须能抵偿所有投资成本，并且能为投资者带来合理的投资回报。投资者事先必须了解市场情况，因为过高或过低的租金都有可能导致租金收入的损失。若确定的租金高于市场租金水平，则意味着出租率的降低和空置率的提高；而降低租金水平，虽可能使出租率达到100%，但可获得的总的租金收入并不一定理想。

(3) 物业的位置。

物业的位置决定了其使用者与外界交往的便利程度。位置好的房地产，即使出租价格高，出租率也照样高。比如，上海陆家嘴的写字楼，由于地段好，所以虽然价格较其他一些地区的写字楼高许多，但仍然爆满。相反，而地段差的写字楼，即使出租价格很便宜，也不一定会有人问津。

(4) 物业的类型。

房地产物业的类型。物业的类型对租金的影响很大。一般来说，在其他条件相同的情况下，收益性物业租金从高到低的顺序是：商场、娱乐中心、写字楼、公寓。对于零售物业来说，其租金的高低还与其经营内容有关。一般认为，经营内容不同而使租金按承受能力或获利能力从低到高的顺序是：杂货店、百货店、家具店、餐馆、电器商行、男子时装店、书店和体育用品商店、妇女时装店、化妆品商店以及珠宝首饰商店等。

(5) 租户类型。

从投资的角度来讲，租户类型对物业收益的影响很大。通常来说，将物业出租给大型综合性公司，在获取租金收益方面有着特殊的安全保障。因为在整个租期内，即使这些公司的某些分支机构的利润水平不尽如人意，也能通过公司内部的协调来支付租金。如租给小型公司则不同了，由于小公司的资金有限，其业务亏损的可能性较大，不能按时支付租金的危险也就随之增大。

(6) 物业服务质量。

人们的生活观念与经营理念都在发生着很大变化，对于生活、工作环境有了更高的要求，因此，物业的服务质量成了人们在租房时考虑的重要问题。不同类型的房地产，其物业服务的重点是不一样的。对住宅来说，物业服务重点是生活环境、安全保障、设施维修等；对写字楼的物业服务来说就要注重情节、安全保障、供暖制冷等方面的服务；商业的物业服务重点就要倾向于提供整洁、明亮的环境。无论物业服务的重点是什么，服务质量差的物业，其租金也不会高，甚至无人问津。相反，物业的服务水平高就能够吸引较多的承租者，价格也可以相对高一些。

(7) 楼层、朝向和面积。

物业的租金收益还与楼层、朝向和面积大小有关。例如：对写字楼和电梯公寓来说，楼层越高租金越高；而对于商场而言，楼层越低租金越高。良好的朝向和室外景观能提高人们的工作效率和身心愉悦的程度，故对大多数建筑物来说，良好的朝向的租金要高一些。面积也同样重要，面积不同租金水平也有较大的差异。

3. 租售价格的选择确定

在确定租售价格时，通常需要考虑其价格下限和价格上限。其中，房地产租售价格下限实质上是房地产的成本价。根据前面介绍的房地产投资成本费用估算的方法，估算出来的总成本费用就是其价格下限。房地产租售价格上限是价格的最高上限或上临界线，它主要有市场上限和政府上限两种情况。市场上限即受市场供求影响，以市场营销受阻的价格作为价格上临界线。对市场化的房地产开发而言，价格上限是消费者愿意并且能够支付的产品最高价格。市场上限需要在分析市场的基础上确定。政府上限是政府有关部门根据项目性质以及当地具体情况，在一定时间内公布的该类房地产投资项目的最高限价，如经济适用房的最高限价等。政府上限通常可以从有关政策文件上得到。

至于实际价格确定中，是选择价格下限、价格上限或者两者之间的某一价格，通常需要根据定价目标而定。定价目标一般包括以下几个方面。

(1) 以回笼投资资金为目标。此时一般选择价格下限。

(2) 利润目标。它包括两种：一是获取最大利润目标，此时通常选择价格上限；二是获取平均利润目标，此时的房地产价格通常定位于同类竞争项目的平均水平。

(3) 竞争目标。它是指与竞争对手较量或避免竞争行为的定价目标。与竞争对手较量的定价往往带有很强的挑战性和进攻性，有些项目甚至采取亏损的定价。而避免竞争行为的定价目标大多是跟随型，即按市场调查的平均价格水平来实施定价，以免在竞争中失利。测定价格下限、价格上限或者两者之间的某一价格，需要利用一定的定价方法。一般而言，可把定价方法分为成本导向定价法、购买者导向定价法以及竞争导向定价法三种。

① 成本导向定价法。成本导向定价法是以房地产开发产品的总成本费用为中心来制定价格的方法。这种方法包括成本加成定价法和目标定价法。

所谓成本加成定价法是指开发商按照所开发物业的成本加上一定百分比的加成来制定房地产商品的销售价格，加成的含义是一定比率的利润。这是最基本的定价方法，在目前的房地产市场上，这种定价方法很常用。但是，这种方法忽视了当前的需求、购买者的预期价值以及竞争者的状况。

所谓目标定价法是指根据估计的总销售收入和估计的销售量来制定价格的一种方法。目标定价法要使用临界点示意图这一概念。这种方法的主要缺陷是开发商以估计的销售量来求出应制定的价格，殊不知却又恰恰是影响销售量的重要因素。

② 购买者导向定价法。购买者导向定价法按照买方对产品的价值认可与需求强度定价，而非按照卖方的成本定价的一种定价方法。购买者导向定价法包括认知价值定价法和价值定价法。

所谓认知价值定价法是指房地产开发商根据购买者对物业的认知价值来制定价格的一种方法。比如，经过市场调查，分析人员发现顾客对本公司的商品房有着强烈的价值认知，即认为该公司的产品有一流的质量、一流的服务，在此种状态下，分析人员在确定租售价格时。可以将该产品的价格定得高一些。所以认知价值定价法的关键在于准确评价顾客对物业价值的认识，生产者或销售者的成本与定价并无多大关系。

价值定价法要求价格对消费者来说，代表着“较低(相同)的价格，相同(更高)的质量”，即“物美价廉”。通常用价值定价法制定的产品价格会比竞争对手低；而认知价值定价法是“高价格、高价值的哲学，它要求房地产开发商确定的价格水平与顾客心目中的物业价值相一致。

③ 竞争导向定价法。竞争导向定价法是指房地产开发公司不是根据产品的成本或顾客感受来定价，而是根据在该市场上竞争者的价格来制定价格的方法。竞争导向定价法包括三种：领导定价法、挑战定价法、随行就市定价法。

领导定价法是指由处于市场领导者地位的房地产开发商定价的方法。这种开发公司往往实力雄厚、声望极佳，是同类物业开发中的龙头老大，所以可以制定物业的较高价位，获取较高利润。

挑战定价法的定价比市场领导者的定价稍低或低得较多，但其所开发的物业在质量上与市场领导者相近。这样定价虽然利润低些，但可以扩大市场份额，提高声望，从而争取成为市场领导者。

随行就市定价法是指开发商按照行业中同类物业的平均现行价格来定价。这种方法在很大程度上是以竞争对手的价格为定价基础，不太注重自己产品的成本或需求。公司的定价与主要竞争者的价格一样，也可以稍高于或稍低于竞争对手的价格，主要是中价策略。

那么，这种同类物业的平均现行价格水平如何确定呢？通常市场比较法可以成为随行就市定价法的具体操作手段。

市场比较法是指依据市场交易资料，将需要定价的房地产同能与其形成替代关系的类似房地产进行比较，以后者已知的价格为参照，修正得出该房地产最可能实现的租售价格的一种定价方法。市场比较法大多时候用来对增量房地产中的期房、现房以及存量房地产的价格进行评估，但也可以用来对一个预期的房地产开发项目进行市场定价。

需要说明的是，以投资经济评价为目的的房地产价格确定与以营销为目的的房地产价格确定还是有一定区别的，至少它没有营销价格策划与确定那么详细、具体和具有强烈的策略性。尽管如此，房地产租售价格确定仍然需要协调处理个案销售中不同户型之间的价格关系、本楼盘的价格与竞争者产品价格之间的关系，而且还要以市场为基础，紧密联系当前的市场状况，将楼盘的价格机制建立在竞争者和消费者对本楼盘购买行为可能产生的反应方面，要在不断变化的市场中及时、准确地调整楼盘的价格水平，保证楼盘价格的有效性。也就是说，在执行价格方案过程中，如果销售情况或者市场状况发生了变化，房地产产品的销售价格也要适时进行调整。价格调整通常需要考虑的是，哪些物业的价格需要调整？如何调整(升降及其幅度)？什么时间调整？调整的时间长度如何(价格保持的时间)？等等。对应在房地产投资项目的财务评价中，就是在什么时间、以什么幅度、按照什么方向以及时间长度改变有关测算数字。

4．租售方案的确定

(1) 租售方案的主要内容。为了更好地进行租售收入的估算，通常需要在此之前确定开发项目的租售方案。房地产租售方案一般包括以下内容。

① 开发项目的经营形式，即该项目是出售、出租还是租售并举，如果是租售并举，则租售比例多大等。具体来说，包括出售面积和出租面积的比例是多少？以及整个项目中哪些出售、哪些出租、哪些自营？此外，对于确定出租的房地产，投资者还必须确定是短期出租还是长期出租，因为这将涉及财务安排上的问题。如果是长期出租，投资者就要将更多的成本花在建筑物的维护和保养上，以尽量延长其经济寿命，减小其贬值的程度，同时开展有效的物业服务以确保持续而稳定的租金收入。一般来说，经营形式的确定需要市场调查的结果来支撑，不能偏离市场实际情形。

② 可出售面积、可出租面积、自营面积和可分摊建筑面积及各自在建筑物中的位置。

③ 出售和出租的时间进度安排和各时间段内租售面积数量的确定，并要考虑租售期内

房地产市场可能发生的变化对租售数量的影响。租售时间的安排主要是看项目的建设情况以及产品的宣传情况，尽量做到租售的时间与项目本身工程建设进度、融资需求、营销宣传策略以及预测的市场吸纳速度等保持协调一致，也就是使项目在各方面运转良好的时候进行租售活动。这样做也是满足项目资金再投入及还本付息的需要。另外，投资者还要根据市场的行情选择有利的租售时间，或是调整其租售方案。

④ 售价和租金水平的确定。价格的确定是租售方案制订中的关键环节，处理好租售价格与总成本支出的比例关系，才能获得更好的租售收入。价格制定得过高，会将大多数人拒之门外，影响租售收入；价格制定得过低，虽然能够吸引较多的人，但是有可能出现收入不足以弥补成本的现象。所以，租金和售价的具体数据也需要通过对市场调查的结果进行认真分析后得到。租金和售价的水平应反映市场的可接受程度。

⑤ 收款方式和收款计划的确定。做这项工作时，必须考虑本地房地产交易的付款习惯和惯例，以及分期付款的期数和各期付款的比例。

收款方式分为一次性付款和分期付款两种，分期付款又可分为指定每期付款比例或金额和分期等额付款两种方式。比如，签订合同后一次付款，签订合同后一次预付若干比例，其余在交钥匙后一次付清；签订合同后分多次预付若干比例，其余在交钥匙后一次付清等。在确定收款方式的时候，应该充分考虑房地产交易的付款习惯，确定分期付款的期数以及各期付款的比例。

(2) 编制租售方案需要注意的问题。

① 熟悉项目的租售期(计算期)。租售期可以取年、半年、季或月为单位，每个单位为一期。全部产品以销售方式经营的开发项目，销售期一般从开发建设3～6个月开始到全部商品房屋销售完毕为止，其销售期一般为6～24个月；对开发完成出租的房地产来说，其租期(计算期)一般为15～20年。对于出租和销售混合经营的项目，可以分别确定其销售期和出租期。

② 了解每种开发产品(或每个单项工程)的开工、竣工日期，以及与售出的期房收款有关的施工进度计划。如某住宅小区建设，如果建设期9个月，则1月开工，9月底竣工。

③ 合理安排租售比例或租售数量。不同类型的房地产项目，它在不同的时间能够租售出去的比例有所不同。比如对新建普通商品住宅来说，其销售通常很快，在开始的时候销售比例很大，以后再销售的比例就较小；对新建别墅来说，其销售情况与普通住宅会有所不同，它在不同的时间销售的比例相差通常不是很大。所以，对于不同的项目，确定其在不同时间内的销售比例必须了解项目本身的特点和市场情况，在此基础上，确定系列的比例。例如，某项目的销售数量为2万平方米，以季为单位，计划第2个月开盘销售，当月销售比例为45%，第2个月销售比例为30%，第3个月销售比例为15%，其余在6个月内售完(如比例分别为4%、2%、1.5%、1%、1%、0.5%)。

6.2.3　租售收入估算的注意事项

对于租售收入的估算，有以下几点注意事项。

(1) 在算销售收入时，要注意相应年度的“销售面积”、“单位售价”、“销售比例”、

“可销售面积”(不一定是竣工面积)等问题。另外，估算租售收入时应注意可出售面积比例的变化对销售收入的影响；有时，项目租售需要较长的时间，这时就要考虑一个租金或售价的增长率，以便客观地反映租售实际。

(2) 在估算出租房屋出租收入时，要注意各类出租房的“出租面积”、“单位租金”、“出租率”及各类出租房的可出租面积。

(3) 在估算土地收入时，应注意相应年度各类土地的“出租面积”、“单位租金”和“出租率”及各类土地的可出租面积等问题；原有建筑物拆除后的残值和安置用房的出租及销售收入应冲减拆迁费用；以出让土地使用权为目标的成片土地开发项目，其土地开发工程费用还应包括基础设施建设费用和配套工程建设费用。

(4) 在估算房屋出租收入时，应注意空置期(项目竣工后暂时找不到租户的时间)和出租率(已出租的建筑面积占可出租建筑面积的百分比)对年租金收入的影响。

没有考虑空置率或出租率的租金收入叫潜在总收入或毛租金收入；考虑了空置率或出租率以后，如果该物业中还有其他收入(如自动售货机、洗衣房收入等)，那么从潜在总收入中扣除空置和租金损失，再加上其他收入，就得到了该物业的实际总收入或有效总收入；如果再考虑出租期的运营费用，则出租收入就是净租金收入(或净经营收入)。我们把这三者的关系表示如下：

潜在总收入=可出租面积×单位租金

实际总收入=潜在总收入×(1−空置率)+其他收入

或　实际总收入=潜在总收入×出租率+其他收入

净经营收入=实际总收入−运营费用

这三个概念在随后的指标计算中会经常遇到，计算时一般以年为单位。

6.3　转售收入及其他收入的估算

6.3.1　转售收入的估算

从本质上看，转售收入就是下一个房地产产权的所有者可能付出的价格，这个价格从理论上说是取决于下一个所有者将来的期望值。而且，像其他收入的估算一样，转售收入预测的质量和可靠性仅能根据现在显示出的信息来判断。或者说，估算未来的房地产转售收入，首先需要通过目前的市场情况和其他投资环境情况预测转售时的市场情况，然后才能在预测的未来市场状况的基础上估算未来某一时点房地产的转售价格或转售收入。

无论是出租或者第三产业自营的项目，还是销售和出租或第三产业混合经营的项目，其房地产资产余值都要回收。其中，第三产业自营的房地产资产余值通过回收资产余值反映，出租产品在计算期末通过转售收入来反映。转售收入一般不能低于资产余值。

常用的估算房地产转售价格和转售收入的方法有三种：货币数量估算法、百分率变化估算法以及期末资本化率估算法。

1．货币数量估算法

通常情况下，对转售价格做出的直接货币预测是很少见的。但当一份购买合同中明确了特定的转售价格，并且购买者在原房地产所有者租赁和自营房地产的持有期期末购买该房地产时，就可以使用货币数量估算的方法进行房地产转售价格的估算。

例如，假设一处房地产在10年期末要进行转售。如果利用货币数量估算法估算其转售价格，首先就要对该房地产在10～20年之间收到的现金流量进行分析，然后计算10年中这些现金流量的价值，最终估算出其转售价格。

这种分析方法可用于租赁的继承权无限制的房地产转售价格和转售收入的估算。

2．百分率变化估算法

百分率变化估算就是假设持有期内价值变动的百分率，以此来估算转售收入的方法。可以用每年的或者总的变动来表示变动百分率，这样就可以很清楚地看到房地产价值随时间的变化而增加、减少或是不变的情况了。

3．期末资本化率估算法

期末资本化率估算法就是利用给定时间的净现金流量和选定的合适的资本化率来估算转售价格或转售收入的一种方法。其中，给定时间的净现金流量一般就是通过预测得到的持有期末转售时的净现金流量。合适的资本化率就是预测的在转售房地产时的持有期末资本化率。在理论上，期末资本化率反映了房地产出售时预期的典型利率。当房地产出售给新的所有者时，由于存在与估算现金流量有关的额外不确定因素，有时需要使用稍高的比率。当然，这样做的原因还在于建筑物较旧，不会产生像持有期初那样的潜在收入。稍高的期末资本化率反映了估算转售收入时比较保守的思想，也可以说在期末资本化率中含有风险报酬。

期末资本化率估算法是估算房地产持有期末转售收入的最常用，也是最方便、有效的方法。其计算公式通常为：

$$P_t = A_t\left[\frac{(1+i)^{n-1}-1}{i(1+i)^{n-1}}\right]$$

式中：P_t——持有期末，即第t年末转售时的转售收入或转售价格；

A_t——第t年年末转售时的净现金流量；

i——第t年年末转售时的资本化率。

当假设房地产的所有权或转售后未来收益权为无限年时，上述公式可以简化为：

$$P_t=A_t/i$$

6.3.2 自营收入的估算

自营收入是指开发企业以开发完成后的房地产为其进行商业和服务业等经营活动的载体，通过综合性的自营方式得到的收入，也就是利用物业进行自营的过程中所得到的营业额，它是指酒店、度假村、写字楼等经营性物业，除客房、会议室等的租金收入外，其配套提供的餐饮、商务、娱乐以及交通等方面的非租金经营服务收入额。

自营收入涉及第三产业的各个方面，收入种类千差万别，同时它又与房地产的使用密切相关，具体估算起来非常复杂。在进行自营收入估算时，应充分考虑目前已有的商业和服务业设施对房地产项目建成后产生的影响，以及未来商业、服务业市场可能发生的变化对房地产项目的影响。具体估算时，通常要利用比较法，即选择一些可比自营企业进行比较，最后计算出本自营企业未来的营业额。对宾馆酒店来讲，在估算其营业额时，可以参考当地旅游统计年鉴上面的酒店营业额数字，在这个数据的基础上，根据本酒店的实际情况，估算出本酒店的自营营业额。也可以根据可比物业的营业额数字来估算。表 6-1 是一个自营酒店的毛利情况表，根据这个表就可以通过时间序列分析等方法估算出未来的自营收入总额。

表 6-1　某酒店毛利情况表　　单位：万元

序　号	项　目	2009	2010	2011
1	客房	455.52	618.62	721.65
2	餐饮	316.72	464.49	503.45
3	卡拉 OK 厅	7.28	15.45	19.35
4	商店	9.72	12.66	16.63
5	其他	90.47	110.27	175.57
总　计		879.71	1 221.49	1 436.65

需要说明的是，自营收入的估算和房地产估价的收益估算不同。房地产估价收益估算需要通过一定的方法，如回归模型等，将由房地产产生的收入从第三产业经营全部收入(全部生产要素，包括土地、房产、资本、劳动与管理等所产生的收入)中“剥离”出来，以体现房地产本身的收益能力，从而估算出房地产的价格。而自营收入的估算却不必“剥离”，因为只要可以估算出全部经营收入和全部经营成本就可以得到相关财务指标。

自营收入与经营税金及附加估算表见表 6-2。

表 6-2　自营收入与经营税金及附加估算表　　单位：万元

序　号	项　目	合　计	1	2	3	…	n
1							
1.1	商业						
1.2	服务业						
1.3	其他						
2	经营税金及附加						
2.1	营业税						
2.2	城市建设维护税						
2.3	教育费附加						
…							

6.3.3　其他收入的估算

1. 避税收入的估算

房地产的避税收入是由于房地产在使用过程中有形和无形损耗而引起的。所以，对于避税收入的估算可以转化为对于房地产折旧的计算。因为从租金中提取的折旧并没有真正支付给任何人，仅仅是账面资金的减少，所以并不会影响房地产的实际租金收入。但因为每年都要提取折旧，所以使得房地产企业每年的应纳税所得额都会有所减少，也即因为少交了所得税而减少了房地产投资经营的成本支出，形成了避税收入。

从会计的角度看，建筑物随楼龄的增长，每年的收入能力都在下降，所以税法中规定的折旧年限相对于建筑物的自然寿命和经济寿命来说要短得多。这就使建筑物每年的折旧额要比物业年收入能力的实际损失高得多，致使物业投资者账面上的净经营收入减少，相应地也就减少了投资者的纳税支出。避税收入的计算方法如下：

避税收入=不考虑折旧时应纳所得税额-考虑折旧时实际缴纳所得税额

不考虑折旧时应纳所得税额=不考虑折旧时的应纳税所得额×所得税税率(25%)

2. 无形收入的估算

由于无形收入是一种心理的感觉或享受，难以定量化，所以这里不再讨论其具体的估算。但作为一种收入，无形收入对房地产投资决策也有一定的影响，甚至会超过其他收入对房地产项目投资的影响。因此，在进行房地产投资分析时，有时也需要对投资人的心理感受或无形收入进行一定的评价，以便决定具体的投资方案建议。

需要指出的是，一般情况下，进行房地产投资分析既不考虑避税收入，也不考虑无形收入，而仅仅考虑销售收入、出租收入、自营收入以及转售收入。它们也是房地产投资收入估算的主要部分。

专栏 6：租售比的背离

一线城市房租“跳涨”，白领高呼“租不起”

年年岁岁房子相似，岁岁年年租金见涨。今年以来北京、上海等一线城市房租持续上涨，房东“跳涨”租金的情况屡有发生。普通白领连呼“租不起”，外来务工人员居住条件加速恶化，大学毕业生更是遭遇最难就业与最贵房租的双重打击。业内人士指出，各地租金价上涨将给 CPI 增速带来压力，而当前租金快速上涨已经影响到普通民众的生活。

央视日前披露的一份统计数据显示，2008 年北京单套房每月的平均租金价格是 2 010 元，但之后逐年上涨，至 2013 年一季度租金价格已经攀升至 3 660 元，较 2008 年上涨 82%，5 年时间涨幅近乎 1 倍。

按照国际惯例，住房消费应该控制在家庭收入的 30%以下，如果超过该标准，会导致生活质量下降。随着一线城市住房租金大幅上涨，很多家庭房租收入比已经超过了这一标准。

根据中原集团研究中心对北京、上海等国内 6 个主要城市中心地段租金水平跟踪监测结果显示，截至今年6月底，各地都已达到历史新高。如上海以63.1元/平方米的月租金成为全国最高，北京以57.5元/平方米的月租金紧随其后，深圳和广州分别以46.8元/平方米和44.4元/平方米分列三、四位。

不过，与这些城市的房价相比，尽管租金高涨，但与房屋售价相比仍显得相对“便宜”。以北京为例，今年6月中心地段平均租金为57.5元/平方米，60平方米的一室一厅，平均租金为3 450元。按租售比1∶200到1∶300计算，6月这些区域平均房价每平方米应在11 500元到17 250元之间，但事实上这些区域的房价远远超过这一数字。以上海市浦东新区三林片区70平方米的两居室为例，报价在2 800元/月，而市场售价约为180万元，租售比约为1∶650。浦东新区联洋高档社区一套90平方米房租月租在6 000元左右，市场售价则在360万元以上，租售比也达到1∶600。

国际上运行状况良好的租售比一般在1∶300至1∶200之间。如果租售比高于1∶300，意味着房产投资价值相对变小，房产泡沫显现。业内人士指出，房价大涨之后，租售比进一步扩大，业主投资回报周期被拉长，只有上调房租才能缩短投资回报周期，然而房租上调速度还是追不上房价上涨的脚步。

关店潮背后的转型路，国美苏宁关店止损

按行规，租售比超过3.6%后，实体门店就容易发生亏损。因为如果租金在总成本中的占比达4%，工人占比3%，水电费占比2%，总体费用的占比就已经达到9%。

事实上，租售比近年上升明显。据全国消费电子渠道商联盟依据上市公司资料的统计，国美的租售比2006年为3.52%、2007年3.7%、2008年4.36%、2009年4.67%、2010年3.9%、2011年4.38%；苏宁的租售比为2006年2.72%、2007年2.61%、2008年3.77%、2009年3.67%、2010年3.52%和2011年3.91%。

租金上升与可比门店销售下滑两头夹击，让家电大连锁疯狂开店的模式走到了尽头。目前，租金已是家电大连锁所有费用中最高的一项。2011年，苏宁的租金高达36.16亿元；国美的租金也达到26.20亿元(仅上市公司门店的数据)。而当年，国美人工费用占比2.94%，广告促销费用占比1.51%；苏宁人工费用占比3.88%，广告促销费用占比1.29%，均低于租金占比。

2010年以旧换新等刺激政策陆续启动，家电市场旺盛，可比门店业绩增长较快，所以租售比出现同比下降的可喜现象。但进入2011年下半年之后，随着上一轮节能惠民等刺激政策逐步撤出，加上宏观环境不佳，家电需求增速明显放缓，租售比重新提升。

实体门店一直疯狂增长的模式已经到头，随之而来的是转型——关闭低效店，提升实体门店的单店效益；同时拓展电子商务。

电子商务是另一个重要的应对之策。苏宁、国美自2012年开始都加大了对电子商务的投入，并亮出了宏伟的目标。苏宁易购今年销售额要达到去年约60亿元的四五倍，达到200亿~300亿元的销售规模。国美也号称要争夺国内家电网上销售第一的宝座，最近国美还注资国美网上商城和库巴网，并将库巴网的全部股权收归国美体系。

(资料来源：第一财经，http://yicai.com)

思　考　题

1. 什么是销售收入？其影响因素主要有哪些？
2. 什么是出租收入？其影响因素主要有哪些？
3. 什么是自营收入？自营营业额估算方法是什么？
4. 什么是转售收入？其估算方法主要有哪三种？
5. 房地产投资收入的合理构成是什么？
6. 房地产投资收入估算的原则主要有哪些？
7. 租售方案的主要内容有哪些？编制注意事项是什么？

第 7 章

房地产投资的财务分析

7.1 房地产投资财务分析概述

7.1.1 房地产投资财务分析的含义

房地产项目的财务分析，就是考虑房地产项目本身的直接效益和间接效益，孤立地计算出这个房地产项目投入的资金所能给房地产企业带来的利润，从房地产项目本身的收入和支出来衡量项目是否可取。

房地产财务分析是项目可行性研究的核心内容，是决定房地产项目投资的重要决策依据。

7.1.2 房地产投资财务分析的意义

对投资者来说，房地产投资财务分析具有以下几个意义。

(1) 在房地产项目投资决策前，确定自有资金投资额，采取积极措施。

(2) 制订资金来源和使用计划。

(3) 运用技术经济分析评价方法，从微观角度比较项目的成本和效益。

(4) 分析项目投资所能获得的经济效果，科学预测项目实施后的获利能力。

(5) 考核项目偿还能力和检验项目给投资者带来的净效益。

7.1.3 房地产投资财务分析的程序

房地产投资财务分析的程序如下。

(1) 收集、整理和计算有关基础财务数据资料。

(2) 编制基本财务报表。

(3) 财务分析指标的计算与评价。

(4) 进行不确定性分析。

(5) 由上述确定性分析和不确定性分析的结果，做出投资项目财务上可行与否的最终结论。

7.2 财务静态盈利指标与利润表的编制与分析

7.2.1 财务静态盈利指标及其计算

1. 财务静态指标

静态盈利能力指标是指不考虑资金的时间价值而计算的反映项目在生产期内某个代表年份或平均年份的盈利能力的技术经济指标。

2．财务静态指标分析法

财务静态指标分析法是运用同期的一张财务报表的不同项目之间、不同类别之间或两张不同财务报表的有关项目之间的比率关系，从相对数上对企业的财务状况进行分析和考察。

3．主要的财务静态盈利指标

主要的利润指标，根据利润的来源不同，分为投资利润率、资本金利润率、资本金净利润率和成本利润率等以及静态投资回收期、现金回报率和投资回报率等。

(1) 投资利润率。

$$\text{投资利润率}=\frac{\text{年利润总额}}{\text{总投资}}\times 100\%$$

式中：年利润总额通常为项目达到正常生产能力的年利润总额。

年利润总额=年产品销售收入-年总成本费用-年销售税金及附加

总投资=固定资产投资+建设期利息+流动资金

计算出的投资利润率应与行业的标准投资利润率(也可选取行业的平均投资利润率)进行比较，若大于(或等于)标准投资利润率(或平均投资利润率)，则认为项目是可以考虑接受的；若小于标准投资利润率(或平均投资利润率)，则认为项目是不可以考虑接受的。

(2) 资本金利润率。

资本金利润率是企业净利润与企业主权资本的比率。它反映企业收到的所有者投资资本所具有的获利能力。资本金利润率的计算公式为：

$$\text{资本金利润率}=\frac{\text{利润总额}}{\text{资本总额}}\times 100\%$$

另外，会计期间内若资本金发生变动，则公式中的资本金总额要用平均数，其计算公式为：

资本金平均余额=(期初资本金余额+期末资本金余额)÷2

这一比率越高，说明企业资本金的利用效果越好，企业资本金盈利能力越强；反之，则说明资本金的利用效果不佳，企业资本金盈利能力越弱。其中所说的资本金总额，是股东实际投入的资金，一般指的就是企业的实收资本或者股本。

(3) 资本金净利润率。

资本金净利润率 ROE 表示项目资本金的盈利水平：

$$\mathrm{POE}=\frac{\mathrm{NP}}{\mathrm{EC}}\times 100\%$$

式中：NP——项目达到设计生产能力后正常年份的税后净利润或运营期内税后年平均净利润，净利润=利润总额-所得税；

EC——项目资本金。

资本金利润率高于同行业的利润率参考值，表明用项目资本金净利润率表示的项目的盈利能力满足要求。

(4) 成本利润率。

成本利润率是反映盈利能力的另一个重要指标，是利润与成本之比。成本利润率是反映企业投入产出水平的指标，可以综合衡量生产和销售产品的全部得与失的经济效果，为不断降低产品成本和提高成本利润率提供参考。成本利润率不仅是反映企业生产、经营管理效果的重要指标，而且也是制定价格的重要依据。其主要有经营成本利润率和销售成本利润率。

① 经营成本利润率。

经营成本利润率= (主营业务利润÷经营成本)×100%

其中：经营成本=主营业务成本+主营业务税金及附加。

经营成本利润率越高，表明企业为取得利润而付出的代价越小，经营成本费用控制得越好，盈利能力越强。

② 销售成本利润率。

销售成本利润率是指一定时期内实现的利润额与耗费的销售成本总额之间的比率。

销售成本利润=利润总额/产品销售成本×100%

销售成本利润率越高，表明企业为取得利润而付出的代价越小，销售成本费用控制得越好，盈利能力越强。

(5) 静态投资回收期。

静态投资回收期是指在不考虑时间价值的情况下，收回全部原始投资额所需要的时间，即投资项目在经营期间内预计净现金流量的累加数恰巧抵偿其在建设期内预计现金流出量所需要的时间，也就是使投资项目累计净现金流量恰巧等于零所对应的期间。

静态投资回收期通常以年为单位，包括两种形式：包括建设期(记作 S)的静态投资回收期(记作 PP)和不包括建设期的静态投资回收期(记作 PP′)，且有 $PP=S+PP'$ 。它是衡量收回初始投资额速度快慢的指标，该指标越小，回收年限越短，则方案越有利。

(6) 现金回报率。

常用于房地产置业投资过程中，指每年所获得的现金报酬与投资者初始投入的权益资本的比率。该指标反映了初始现金投资或首付款与年现金收入之间的关系。

(7) 投资回报率。

7.2.2 利润表的编制与分析

1. 利润表的定义

利润表(Income Statement)主要提供有关企业经营成果方面的信息。利润表是反映企业在一定会计期间经营成果的报表。例如，反映 1 月 1 日至 12 月 31 日经营成果的利润表，由于它反映的是某一期间的情况，所以，又称为动态报表。有时，利润表也称为损益表、收益表。

2. 利润表的编制原理

利润表编制的原理是“收入-费用=利润”的会计平衡公式和收入与费用的配比原则。

在生产经营中企业不断地发生各种费用支出，同时取得各种收入，收入减去费用，剩余的部分就是企业的盈利。取得的收入和发生的相关费用的对比情况就是企业的经营成果。如果企业经营不当，发生的生产经营费用超过取得的收入，企业就发生了亏损；反之，企业就能取得一定的利润。会计部门应定期(一般按月份)核算企业的经营成果，并将核算结果编制成报表，这就形成了利润表。

3. 利润表的结构

由于利润是企业经营业绩的综合反映和体现，又是进行利润分析的主要依据，所以企业的投资者和经营者必须明白利润表的主要结构。利润表常见结构有单步式和多步式两种。单步式利润表用各项收入总额减去成本费用和支出总额，从而计算本期损益。单步式利润表是将本期所有的收入加在一起，再将所有的成本费用加在一起，通过一次计算求出本期损益。单步式利润表分为营业收入和收益、营业费用和损失、净收益三个部分。这种方法计算简单，但不能直观地反映经营性收益和非经营性收益对利润总额的影响以及主营业务收益和非主营业务性收益对利润率总额的影响。

我国现行利润表的基本内容包括：主营业务收入，主营业务成本，主营业务税金及附加，其他业务利润、营业费用、管理费用、财务费用，营业利润，投资收益，补贴收入、营业外收入、营业外支出，利润总额，所得税，净利润。

4. 利润表的编制

我国目前所采用的是多步式利润表，就是将收入与相关的成本费用、支出在表中分别对应列示，相互配比，计算出相关的利润指标，从而最后计算出当期净利润，能够分层次提供财务成果形成的数据，便于使用者了解利润构成因素对财务成果的影响。多步式利润表通过四个步骤来计算本期利润。

第一步：从主营业务收入出发，减去主营业务成本，主营业务税金及附加，得出主营业务利润。

第二步：从主营业务利润出发，加上其他业务利润，减去营业费用、管理费用、财务费用，得出营业利润。

第三步：从营业利润出发，加上投资收益，补贴收入、营业外收入，减去营业外支出，得出利润总额。

第四步：从利润总额出发，减去所得税，最后得出净利润。

为了如实反映偶然事项及会计政策变更和会计估计变更对净利润的影响，提高盈利信息的预测价值，编制利润表时，除了正确填报表中数据外，还需要按规定填列补充资料中有关信息。

上述为一般利润表的编制方式，而对房地产开发项目而言，一般采取如表 7-3 这类形式的利润核算表。而表 7-3 所展示的是房地产公司所开发的项目的利润表，即为其主营业务的收入，而对于房地产公司而言，其利润表中还需计算其他业务利润。

(1) 房地产开发项目成本核算表(见表 7-1)。

表 7-1　房地产开发项目成本核算表

序　号	开发直接费	单价/(万元/万平方米)	总建筑面积(万平方米)	总价(万元)
1	土地费			
1.1	置换补偿费			
1.2	动迁费			
1.3	前期补偿费			

续表

序　号	开发直接费	单价/(万元/万平方米)	总建筑面积(万平方米)	总价(万元)
1.4	市政配套费			
1.5	土地出让金契税			
2	前期费用			
2.1	招投标勘察费			
2.2	设计费			
3	建安费			
3.1	商业			
3.2	多层住宅			
3.3	地下车库			
3.4	室外总体及基础设施			
3.5	绿化费			
3.6	不可预见费			
4	其他建设费			
4.1	人防工程建设费			
4.2	市政配套外线工程费			
4.3	水电煤气、增容费			
4.4	监理费			
5	开发间接费			
5.1	管理费			
5.2	资金贷款利息			
5.3	住宅维修基金			
5.4	销售费(含推广费)			
5.5	营业税			
5.6	土地增值税			
	合计			

销售收入估算如表 7-2 所示。

表 7-2　销售收入估算

类　别	预计面积	销售预计单价(元)	销售预计收入(万元)	开发保守成本	计划利润	应税增值额的 30%	盈　利
车位							
店面							
住宅							
合计							

表 7-3　利润表

序　号	项　目	本期金额	上期金额
1	营业收入	表 7-2 为主营业务收入	
2	减：营业成本	为表 7-1 中各项相加	
3	营业税金及附加		
4	销售费用		
5	管理费用		
6	财务费用		
7	资产减值损失		
8	加：公允价值变动收益(损失以“-”号填列)		
9	投资收益(损失以“-”号填列)	9 包含 10	
10	其中：对联营企业和合营企业的投资收益		
11	营业利润(亏损以“-”号填列)	11=1-2-3-4-5-6-7+8+9	
12	加：营业外收入	包括物业管理费，停车费、广告费等收入	
13	减：营业外支出	13 含 14	
14	其中：非流动资产处置损失		
15	利润总额(亏损总额以“-”号填列)	15=11+12-13	
16	减：所得税费用		
17	净利润(净亏损以“-”号填列)	17=15-16	
18	各种利润率		
18.1	投资利润率	年利润总额/总投资×100%	
18.2	资本金利润率	利润总额/资本金×100%	
18.3	资本金净利润率	项目达产年税后净利润或年税后平均利润/资本金×100%	
18.4	成本利润率	利润/成本×100%	

注：其中营业成本=土地费+前期费用+建安费+其他建设费+开发间接费

营业收入毛利率=(营业收入-营业成本)/营业收入×100%

收入利润率=利润总额/主营业务收入

总资产报酬率=净利润/总资产平均余额

7.3 财务动态盈利指标与现金流量表的编制与分析

7.3.1 财务动态盈利指标及其计算

1. 财务动态盈利指标

动态盈利能力指标是指考虑了资金的时间价值，将项目不同时点的现金流量统一到计算期初计算评估的指标。

2. 财务动态指数分析法

财务动态指数分析法是根据企业连续数期的财务报表，通过计算报告期财务指标与基期同一指标的动态指数，以揭示各期财务状况和经营变化状况的一种财务分析方法。

3. 主要的财务动态盈利指标

(1) 财务净现值。

财务净现值(FNPV)，是指项目按行业的基准收益率或设定的目标收益率，将项目计算期内各年的净现金流量折算到开发活动起始点的现值之和，它是房地产开发项目财务评价中的一个重要经济指标，即主要反映技术方案在计算期内盈利能力的动态评价指标。其公式如下：

$$\mathrm{FNPV}=\sum_{t=o}^{n}(\mathrm{CI}-\mathrm{CO})_t(i+i_{\mathrm{c}})^{-t}$$

式中：CI——现余流入量；

CO——现金流出量；

$(\mathrm{CI}-\mathrm{CO})_t$——第 t 期末的净现金流量；

t——计算期，$t=0$ 表示开发期初或第 0 期末；

i_{c}——财务基准收益率或折现率。

财务净现值是评价技术方案盈利能力的绝对指标。当 FNPV>0 时，说明该方案除了满足基准收益率要求的盈利外，还能得到超额收益；当 FNPV=0 时，说明该方案能够满足基准收益率要求的盈利水平，该方案在财务上是可行的；当 FNPV<0 时，说明该方案不能满足基准收益率要求的盈利要求，该技术方案不可行。

例 7-1：某房地产投资项目投资 500 万元，建成租给某企业，第 1 年净收入为 66 万元，以后每年净收入 132 万元，第 10 年年残值为 50 万元，折现率 12%，该项目从财务效益讲是否可行？

解：第一步，确定项目有效期内各年度的净现金流量 初始现金流量为-500 万元；营业现金流量，第 1 年净现金流量为 66 万元，第 2 年至第 10 年每年净现金流量为 132 万；终结点残值回收净现金流量为 50 万元。

第二步，将各年度的净现金流量用折现率(12%)折现至零期。 则该投资项目在有效年份内的财务净现值如表 7-4 所示。

表 7-4　净现金流量累计表

年　数	折现系数	净现金流量现值(万元)	净现金流量现值累计(万元)
0	1.0000	−500.0000	−500.0000
1	0.8929	58.9286	−441.0714
2	0.7972	105.2296	−335.8418
3	0.7118	93.9550	−241.8868
4	0.6355	83.8884	−157.9985
5	0.5674	74.9003	−83.0981
6	0.5066	66.8753	−16.2228
7	0.4524	59.7101	43.4873
8	0.4039	53.3126	96.7999
9	0.3606	47.6005	144.4004
10	0.3220	58.5991	202.9995

第三步，投资评价：由于 FPNV=203 万元>0 万元，所以，该房地产投资项目在财务上是可行的。

(2) 财务净现值率。

财务净现值率(Financial Net Present Value Rate)是项目财务净现值与项目总投资现值之比，其经济含义是单位投资现值所能带来的财务净现值，是反映投资项目在投资活动有效期内获利能力的动态财务效益的分析指标。其公式如下：

$$FNPVR=FNPV/I$$

式中：NPV——财务净现值；

I——总投资的现值。

例 7-1：承上例，求财务净现值率

解：

$$FNPV=-500+\frac{600}{1+0.12}+\sum_{t=2}^{10}\frac{132}{(1+0.12)^t}+\frac{50}{(1+0.12)^{10}}=-500+703=203$$

PVI(总投资现值)=500 万元，则其财务净现值率为：FNPVR=203/500=0.406

因为 $FNPVR=0.406>0$，故该投资项目有较好的财务效益。

(3) 财务内部收益率。

财务内部收益率(FIRR)，财务内部收益率是指项目在整个计算期内各年财务净现金流量的现值之和等于零时的折现率，也就是使项目的财务净现值等于零时的折现率。

$$\sum_{t=0}^{n}(CI-CO)_t(i+FIRR)^{-t}=0$$

式中：FIRR——财务内部收益率；

CI——现金流入量；

CO——现金流出量；

$(CI-CO)_t$——第 t 期的净现金流量；

n——项目计算期。

财务内部收益率是反映项目实际收益率的一个动态指标，一般情况下，财务内部收益率大于等于基准收益率时，项目可行。

财务内部收益率(FIRR)指标考虑了资金的时间价值以及项目在整个计算期内的经济状况，不仅能反映投资过程的收益程度，而且 FIRR 的大小不受外部参数影响，完全取决于项目投资过程净现金流量系列的情况。避免了像财务净现值之类的指标那样需事先确定基准收益率这个难题，而只需要知道基准收益率的大致范围即可。但是财务内部收益率计算比较麻烦，对于具有非常规现金流量的项目来讲，其财务内部收益率在某些情况下甚至不存在或存在多个内部收益率。

例 7-3：用上例，求财务内部收益率。

解：根据上述公式 $\sum_{t=0}^{n}(\mathrm{CI}-\mathrm{CO})_t(i+\mathrm{FIRR})^{-t}=0$，可求得财务内部收益率=20.34%。

(4) 动态投资回收期(P_t)。

动态投资回收期是指在考虑货币时间价值的条件下，以投资项目净现金流量的现值抵偿原始投资现值所需要的全部时间。即：动态投资回收期是项目从投资开始起，到累计折现现金流量等于 0 时所需的时间。

$$\sum_{t=0}^{P_t}(\mathrm{CI}-\mathrm{CO})_t(1+i_c)^{-t}=0$$

式中：P_t——动态投资回收期；

CI——现金流入量；

CO——现金流出量；

$(\mathrm{CI}-\mathrm{CO})_t$——第 t 期的净现金流量。

大多数情况下，动态投资回收期的计算公式为：

动态投资回收期=(累计财务净现值出现正值期数−1)+(上年累计财务净现值的绝对值/当年财务净现值)

例 7-4：现金流量数据见表 7-5。

表 7-5 现金流量累计表

年 数	净现金流量	10%的折现系数	净现金流量现值	净现金流量现值累计
0	−100	1.000	−100.00	−100.00
1	−150	0.909	−136.36	−236.36
2	30	0.826	24.79	−211.57
3	80	0.751	60.11	−151.47
4	80	0.683	54.64	−96.82
5	80	0.621	49..67	−47.15
6	80	0.564	45.16	−1.99
7	80	0.513	41.05	39.06
8	80	0.467	37.32	76.38
9	80	0.424	33.93	110.31
10	80	0.386	30.84	141.15

如表 7-5 所示，该表中的动态投资回收期=(累计财务净现值出现正值期数-1)+(上年累计财务净现值的绝对值/当年财务净现值)=(7-1)+(1.99÷41.05)=6.05(年)。

折现系数又称一次偿付现值因素或复利现值系数，英文为 discount factor，指根据折现率和年数计算出来的一个货币单位在不同时间的现值。

动态投资回收期一般以年表示。其他时间单位可折算为年数，小数部分可折算为月数。

动态投资回收期要比静态投资回收期长，原因是动态投资回收期的计算考虑了资金的时间价值，这正是动态投资回收期的优点。但考虑时间价值后计算比较复杂。动态投资回收期也有明显的局限性，计算复杂、工作量大。净现值法并不能揭示未来可获得的现金流入量的现值而使得投资方案本身可能达到的实际报酬率是多少，而且原始投资额不相等，净现值就缺乏了可比性。

7.3.2　现金流量表的编制与分析

1. 现金流量表的定义

现金流量表是反映企业在一定会计期间内有关现金和现金等价物的流入和流出的报表。现金流量表是反映一家公司在一定时期现金流入和现金流出动态状况的报表。其组成内容与资产负债表和损益表相一致。通过现金流量表，可以概括反映经营活动、投资活动和筹资活动对企业现金流入流出的影响，对于评价企业的实现利润、财务状况及财务管理，要比传统的损益表提供更好的基础。

2. 现金流量表的原理

现金流量表一般情况下应以总额反映现金的流入和流出状况，但下列情况可用净额反映。

(1) 周转快、金额大、期限短(通常为 3 个月或更短时间)的项目。

(2) 金额不大的项目，如处置固定资产发生的现金收入和相关支出。需要注意的是，“处置固定资产、无形资产和其他长期资产所收回的现金净额”项目反映企业处置固定资产、无形资产和其他长期资产所取得的出售收入或保险赔款，减去为处置这些资产而支付的有关费用的净额。当支付的有关费用大于所取得的现金时，说明企业在该项投资活动中，从总体上来看并没有发生现金流入而是发生现金流出，所以不能在“处置固定资产、无形资产和其他长期资产所收回的现金净额”项目中以负数列示，而是在“支付的其他与投资活动有关的现金”项目中以正数反映。

(3) 不反映企业自身交易或事项的现金流量项目，如代收代付款。此外，合理划分经营活动、投资活动和筹资活动。比如，债券利息收入、股利收入属投资活动，而债券利息支出、股利支出则属筹资活动。企业发生的财务费用，应视其形成原因，分别在现金流量表的经营活动、投资活动、筹资活动中反映。比如，票据贴现利息属于企业的经营活动行为，作为“销售商品、提供劳务所收到的现金”的减项；银行存款利息收入属于企业经营活动行为，列入“收到的其他与经营活动有关的现金”、购买固定资产产生的汇兑损益属于企业的投资行为，列入“购建固定资产、无形资产和其他长期资产所支付的现金”；银行贷款利息支出属于企业的筹资行为，列入“分配股利、利润和偿付利息所支付的现金”。需要注意的是，有些支出具有多类现金流量特征，如缴纳所得税、自然灾害保险索赔款等，如不能分清，通常作为经营活动的现金流量反映。不涉及现金流量的投资活动和筹资活动，在补充资料中适当反映。

3．现金流量表的结构

(1) 经营活动：指企业投资活动和筹资活动以外的所有交易和事项。

(2) 投资活动：指企业长期资产的购建和不包括在现金等价物范围内的投资及其处置活动。投资活动中的“投资”是广义的投资，既包括了对外投资(狭义的投资)，又包括了对内投资(长期资产的购建)。

(3) 筹资活动：导致企业资本及债务规模和构成发生变化的活动。投资活动中的“筹资”是广义的筹资，既包括了向债权人的筹资(狭义的筹资)，又包括了向股东的筹资(吸收投资、发行股票、分配利润等)。

4．现金流量表的编制

现金流量表的编制有工作底稿法和 T 型账户法两种方法，两者的编制程序基本一致，区别在于验算平衡方式不一样。工作底稿法是通过现金流量表工作底稿来验算调整分录是否平衡：T 型账户法是通过开设“现金及现金等价物”T 型账户，来验算调整分录是否平衡。

对房地产企业来说采用工作底稿法相较于 T 型账户法而言更加的直观，因此本文将介绍工作底稿法，工作底稿法的编制程序如下。

(1) 将资产负债表期初数和期末数代入工作底稿期初数栏和期末数栏，将损益表本年发生数代入工作底稿本期数栏。

(2) 对当期业务进行分析并编制调整分录。

(3) 将调整分录代入工作底稿相应部分。

(4) 核对调整分录。借贷合计应当相等。资产负债表期初数加减调整分录中的借贷金额以后，应当等于期末数；损益表项目中调整分录借贷金额应当等于本期数。

(5) 根据工作底稿中的现金流量表项目编制正式的现金流量表。

具体编制项目如表 7-6 所示。

表 7-6　现金流量表　　单位：万元

序　号	项　目	合　计	期　数
0	现金流出表	0=1+2+3+4+5+6+7+8	
1	土地费用		
1.1	土地变更费		
2	建安及工程管理费		
2.1	住宅建安费		
2.2	质量监督费		
2.3	安监费		
2.4	工程监理费		

续表

序　号	项　目	合　计	期　数
3	前期工程费		
3.1	测绘钉桩费		
3.2	地形图测量		
3.3	土方平衡		
3.4	施工围墙		
3.5	地勘		
3.6	概念、方案设计费		
3.7	施工图设计费		
3.8	临时水电		
3.9	施工图审查		
3.10	红线外绿化		
4	公共配套		
4.1	会所		
4.2	幼儿园		
4.3	小学		
5	基础设施		
5.1	电信、电视		
5.2	煤气		
5.3	供电		
5.4	供水		
5.5	排水		
5.6	小区智能		
5.7	室外消防		
5.8	水处理系统		
6	园林环境		
6.1	园林设计		
6.2	绿化建设费		
6.3	景观小品		
6.4	道路广场		
6.5	围墙		
6.6	路灯		
6.7	零星		
7	经营费用		
7.1	销售费用		
7.2	管理费		

续表

序　号	项　目	合　计	期　数
7.3	不可预见费		
8	税费		
8.1	两税一费		
8.2	合同印花税		
8.3	所得税		
9	现金流入	9=10+11+12	
10	销售收入		
11	出租收入		
12	自营收入		
13	现金净流量	13=9-0	
14	累计现金净流量		

现金流出=土地费用+建安及工程管理费+前期工程费+公共配套+基础设施+园林环境+经营费用+税费

现金流入=销售收入+出租收入+自营收入

现金净流量=现金流入-现金流出

累计现金净流量为之前各年现金净流量之和。

7.4　资金来源与运用表和资产负债表的编制与分析

7.4.1　资金来源与运用表的编制与分析

1．资金来源与运用表的含义

资金来源与运用表是根据项目的财务状况、资金来源与资金运用，以及国家有关财税规定，测算项目建设期和生产经营期内各年的资金盈余和短期情况的一种表格，供选择资金筹措方案，制订借款及偿还计划之用。此外，还可用以计算固定资产投资国内借款偿还期，进行清偿能力分析。

2．资金来源与运用表的作用

(1) 资金来源与运用表反映企业在会计期间内动态的财务状况，即经营活动及投资和筹资活动的概况。具体而言，资金来源与运用表可以反映企业实现利润的多少，经营所得的营运资金的多少，利润的分配情况，资产的增减状况以及负债和所有者权益的增减状况等等，这样便有利于报表使用者了解和判断企业的经营规模和财务状况。

(2) 资金来源与运用表具体说明了资金变化的原因和结果，提供报告期内企业财务状况变动的全貌，有利于了解企业资金变化的来龙去脉。例如，在报告期内营运资金的增加有多少是由于企业取得净收益而获得的，有多少是由于出售资产和增加债务所得；在报告期

内营运资金的减少有多少是由于企业亏损造成的，有多少是由于增添固定资产或偿还债务造成的。这样，就可说明企业的营运资金在报告期内从哪里来，流到哪里去，为什么有的企业在经营中亏损而营运资金大量增加，等等。据此，既可了解企业的经营方针，尤其是投资理财方针，又可了解企业内部资金流转的情况。

(3) 资金来源与运用表是连接资产负债表和损益表的桥梁。资产负债表虽然反映企业会计期末资产、负债、所有者权益的变化结果，但不能说明其变化原因，它是静态报表。损益表虽为动态报表，却只说明了资产负债表中所有者权益变动的原因。财务状况变动表则是反映企业在一定时期的资金流动情况，并对资产、负债和所有者权益各项目增减变动及其原因做出说明。因此，资金来源与运用表起到了资产负债表和损益表所不可代替的作用，成为连接这两个表的桥梁。

3. 资金来源与运用表的结构

资金来源与运用表基本内容分左右两方，左侧反映企业流动资金的来源和运用，右侧反映企业流动资金内部各项目的变动，最后，左侧的流动资金增加净额等于右侧的流动资金增加净额。

(1) 该表左侧中，营运资金的来源和运用指引起营运资金增加和减少的项目。来源减去运用就是营运资金的净增加额。它是通过营运资金的来源和运用的动态过程来说明营运资金增减变动的具体原因。

(2) 该表右侧通过流动资产净增加额与流动负债净增加额之差反映企业一年内财务状况变动的结果。是从静态角度反映企业财务状况的变动。

(3) 分析该表各项目，可以看出共有经营活动、筹资活动、投资活动三方面内容。即这三种活动是引起企业的财务状况变动的主要原因。总之，财务状况变动表左侧是反映营运资金增减变动的原因和过程，是主表；右侧则是附表，反映企业营运资金内部项目变动情况，是财务状况变动的结果。由于财务状况变动表左右两方是从动态和静态两个不同的角度来说明企业财务状况变动的原因、过程和结果，因此左右两方的金额相等。

4. 资金来源与运用表的编制

资金来源与运用表能全面反映项目资金活动全貌。编制该表时，首先要计算项目计算期内-各年的资金来源与资金运用，然后通过资金来源与资金运用的差额反映项目各年的资金盈余或短缺情况。项目资金来源包括：利润、折旧、摊销、长期借款、短期借款、自有资金、其他资金、回收固定资产余值、回收流动资金等；项目资金运用包括：固定资产投资、建设期利息、流动资金投资、所得税、应付利润、长期借款还本、短期借款还本等。项目的资金筹措方案和借款及偿还计划应能使表中各年度的累计盈余资金额始终大于或等于零；否则，项目将因资金短缺而不能按计划顺利运行。

资金来源与运用表反映项目计算期内各年的资金盈余或短缺情况，用于选择资金筹措方案，制订适宜的借款及偿还计划，并为编制资产负债表提供依据，如表 7-7 所示。

(1) 利润总额、折旧费、摊销费数据分别取自损益表、固定资产折旧费估算表、无形及递延资产摊销估算表。

(2) 长期借款、流动资金借款、其他短期借款、自有资金及“其他”项的数据均取自投资计划与资金筹措表。

(3) 回收固定资产余值及回收流动资金见全部投资现金流量表编制中的有关说明。

(4) 固定资产投资、建设期利息及流动资金数据取自投资计划与资金筹措表。

(5) 所得税及应付利润数据取自损益表。

(6) 长期借款本金偿还额为借款还本付息计算表中本年还本数；流动资金借款本金一般在项目计算期末一次偿还；其他短期借款本金偿还额为上年度其他短期借款额。

(7) 盈余资金等于资金来源减去资金运用。

(8) 累计盈余资金各年数额为当年及以前各年盈余资金之和。

表 7-7 资金来源与运用表

序号	项目	合计	建设期	计算期
1	资金来源			
1.1	销售收入			
1.2	长期借款			
1.3	流动资金借款			
1.4	项目资本金			
2	资金运用			
2.1	经营成本			
2.2	销售税金及附加			
2.3	增值税			
2.4	所得税			
2.5	建设投资(不含建设期利息)			
2.6	流动资金			
2.7	各种利息支出			
2.8	偿还长期借款本金			
3	盈余资金	3=1−2		
4	累计盈余资金			

7.4.2 资产负债表的编制与分析

1. 资产负债表的定义

资产负债表是反映企业在某一特定日期(如月末、季末、年末)全部资产、负债和所有者权益情况的会计报表，它表明权益在某一特定日期所拥有或控制的经济资源、所承担的现有义务和所有者对净资产的要求权。它是一张揭示企业在一定时点财务状况的静态报表。资产负债表利用会计平衡原则，将合乎会计原则的资产、负债、股东权益交易科目分为“资产”和“负债及股东权益”两大区块，在经过分录、转账、分类账、试算、调整等会计程序后，以特定日期的静态企业情况为基准，浓缩成一张报表。其报表功用除了企业内部除错、经营方向、防止弊端外，也可让所有阅读者于最短时间内了解企业经营状况。

2．资产负债表的作用

(1) 表明企业拥有或控制的资源及其分布情况。

可以提供某一日期资产的总额及其结构，使用者可以一目了然地从资产负债表上了解企业在某一特定日期所拥有的资产总量及其结构。

(2) 反映企业负债和所有者权益情况。

可以提供某一日期的负债总额及其结构，表明企业未来需要用多少资产或劳务清偿债务以及清偿时间；可以反映所有者所拥有的权益，据以判断资本保值、增值的情况以及对负债的保障程度。

(3) 反映企业的流动性和财务实力。

资产负债表还可以提供进行财务分析的基本资料，如将流动资产与流动负债进行比较，计算出流动比率；将速动资产与流动负债进行比较，计算出速动比率等，可以表明企业的变现能力、偿债能力和资金周转能力，从而有助于报表使用者做出经济决策。

3．资产负债表的结构

(1) 资产。

资产是指企业过去的交易或者事项形成的、由企业拥有或者控制的、预期会给企业带来经济利益的资源。资产应当按照流动资产和非流动资产两大类别在资产负债表中列示，在流动资产和非流动资产类别下进一步按性质分项列示。

企业的流动资产是指预计在 1 年或超过 1 年的一个正常营业周期中变现、出售或耗用的资产。资产负债表中列示的流动资产项目通常包括货币资金、短期投资、应收票据、应收账款、预付账款、应收利息、应收股利、其他应收款、存货和其他流动资产等。

企业的非流动资产是指流动资产以外的资产。资产负债表中列示的非流动资产项目通常包括长期债券投资、长期股权投资、固定资产、生产性生物资产、固定资产清理、无形资产、长期待摊费用以及其他非流动资产等。

(2) 负债。

负债是指企业过去的交易或者事项形成的，预期会导致经济利益流出企业的现时义务。负债应当按照流动负债和非流动负债在资产负债表中进行列示，在流动负债和非流动负债类别下再进一步按性质分项列示。

企业的流动负债是指预计在 1 年或者超过 1 年的一个正常营业周期内清偿的债务。资产负债表中列示的流动负债项目通常包括短期借款、应付账款、预收账款、应付职工薪酬、应交税费、应付利息、应付利润、其他应付款、其他流动负债等。

非流动负债是指流动负债以外的负债。非流动负债项目通常包括长期借款、递延收益和其他非流动负债等。

(3) 所有者权益。

所有者权益是指企业资产扣除负债后由所有者享有的剩余权益。它一般按照实收资本(或股本)、资本公积、盈余公积和未分配利润分项列示。

4．资产负债表的编制

资产负债表的编制方法：资产负债表各项数据的来源，主要通过以下五种方式取得总账。

(1) 根据总账科目余额直接填列。

(2) 根据总账科目余额计算填列。

(3) 根据明细科目余额计算填列。

(4) 根据总账科目和明细科目余额分析计算填列。

(5) 根据科目余额减去其备抵项目后的净额填列。

下面介绍根据总账科目余额填列编制资产负债表的办法，资产负债表期初数是上年期末数，一年不变，今年的年末数就是明年的期初数。表上有什么科目就填什么，按表要求填，特殊的提示一下。货币资金是现金余额加银行存款余额。存货是原材料余额加产成品余额。累计折旧余额放在固定资产下面。

流动资产+固定资产=资产总计

右面是负债的余额，如果应交税金是借方余额就用负号表示，有贷款在长短期借款中反映。

损益类和未分配利润(未分配利润余额+本年利润余额)如亏损用负号表示。

同时，资产=负债+所有者权益。具体如表 7-8 所示。

表 7-8　资产负债表

单位：元

资　产	期末余额	年初余额	负债和所有者权益	期末余额	年初余额
流动资产：			流动负债：		
货币资金			短期借款		
交易性金融资产			交易性金融负债		
应收票据			应付票据		
应收账款			应付账款		
预付款项			预收款项		
应收利息			应付职工薪酬		
应收股利			应交税费		
其他应收款			应付利息		
存货			应付股利		
一年内到期的非流动资产			其他应付款		
其他流动资产			一年内到期的非流动负债		
流动资产合计			其他流动负债		
非流动资产：			流动负债合计		
可供出售金融资产			非流动负债：		
持有至到期投资			长期借款		

续表

资　产	期末余额	年初余额	负债和所有者权益	期末余额	年初余额
长期应收款			应付债券		
长期股权投资			长期应付款		
投资性房地产			专项应付款		
固定资产			预计负债		
在建工程			递延所得税负债		
工程物资			其他非流动负债		
固定资产清理			非流动负债合计		
生产性生物资产			负债合计		
油气资产			所有者权益(或股东权益):		
无形资产			实收资本(或股本)		
开发支出			资本公积		
商誉			减：库存股		
长期待摊费用			盈余公积		
递延所得税资产			未分配利润		
其他非流动资产			所有者权益(或股东权益)合计		
非流动资产合计					
资产总计			负债和所有者权益总计		

专栏 7：房地产企业的高负债率

我国特殊的土地政策使得土地价格居高不下，土地价格高企导致房地产成本上升，而房地产业的主要经营产品便是房屋和土地，加之房地产业生产周期长，使得房地产价值量大，需要大量货币资金支撑。而开发商依赖自由资金很难得到快速发展，于是外源融资就成为必要的途径。这样自然导致我国房地产公司的资产负债率居高不下，一般维持在 70%以上。而我国房地产上市企业作为房地产企业中的核心，由于财务制度健全，财务指标较好，所以扩张能力强，相应地，融资能力也较强，其资产负债率显著高于其他行业。

根据我国主要几家上市公司 2013 年的负债率指标做一个分析。2013 年 9 月 30 日在沪深股市上市的几家房地产业公司的流动比率、速动比率和资产负债率，其中可以看到几家上市公司的资产负债率都在 60%以上，其中作为房地产龙头企业之一的保利地产的资产负债率高达 80.1962%，虽然各个房地产公司的流动比率均大于 1，但是其速动比率都小于 1，可见各房地产公司的即时还款能力较差，其手中积压的房产价值过大，见表 7-9。

表 7-9　沪深主要房地产业公司的主要负债指标　　单位：%

	流动比率	速动比率	资产负债率
万科	1.3376	0.3114	79.5362
保利地产	1.78	0.3947	80.1962
华业地产	2.9722	0.6248	75.8687
天地源	2.3387	0.6886	78.679
中华企业	2.5841	0.4782	79.663
东华实业	1.6442	0.4954	68.5991
新黄浦	3.063	0.8593	60.145

改革开放以来，我国直接融资市场发展很快，但是在短时期内仍然难以改变以间接融资为主的融资格局，房地产业在相当大的程度上需要银行的信贷资金支持。房地产项目融资资金主要来自银行贷款。这种高度集中于银行的融资体制，如果商品房空置面积长期持续大量积压，开发企业流动资金受阻难以支付各种贷款与工程材料费用时，只有将产品抵押给债权人，而建筑商、材料供应商等债权人的资金中大部分也是来源于银行贷款，风险最终传递给银行。这样银行成为房地产项目融资风险的最大承担者。

关于房地产开发企业资产负债率高的弊端。从微观角度而言，企业负债水平偏高会降低企业抵御风险的能力。如果出现突发的市场风险或者融资环境发生不利的变化，使得企业资金成本大幅度提高，则更易于诱使开发企业放弃正在建设的开发项目，从而损害消费者的利益，并对房地产市场形成不利冲击。近年来国家对房地产行业出台了一系列金融政策，房地产筹资成本不断增大，2011 年 2 月 9 日，央行再次上调人民币存贷款利率，此次金融机构人民币存贷款基准利率上调后，五年期以上贷款利率达到 6.6%。目前房地产信托的收益率一般在 8%～10%之间，加上渠道费用占比 3～4 个百分点，大型开发商的信托融资成本在 12%～15%，小型开发商的则一般在 18%左右，有的甚至高达 20%以上。

从宏观角度而言，房地产行业总体负债水平偏高，企业可利用的资金增多，造成市场上的在建和新竣工项目超过有效需求，增加了市场上不必要的竞争和社会资源的浪费。这一方面影响优质企业的发展速度，另一方面也制约着行业整体效益的提高。

根据标准普尔的分析，中国房地产业将面临最大的风险；如果发生中等力度的经济着陆，这领域将严重受挫。评级较高的开发商应该能够支撑下去，但一些债务评级已经是 B 的开发商将暴露出弱点，难免发生违约。在经济出现中等力度着陆的情形下，银行、建筑原材料等房地产相关行业也会受到一些影响，但如果出现硬着陆，这些行业将受到严重影响。

随着我国经济形势下行，自 2009 年 12 月份国家开始楼市调控以来，调控政策连续升级,由 2010 年 1 月的“国十一条”到 4 月的“国十条”、9 月的“9.29 新政”再到 2011 年 1 月的“新国八条”，2013 年 2 月 20 日刚出台的“国五条”则是第五次调控升级。可以看出国家对房地产市场从未放松过监管，对房地产企业的信贷政策、股权融资、债券融资也相较于其他行业严格。

解决房地产企业合理负债问题，需要政府部门、金融机构和开发企业相互配合。政府部门既要通过相关政策引导和规范企业融资行为，也要积极鼓励金融行业开发新的融资产品；金融机构则要通过严格的审批确保开发贷款的质与量，并要注重结合房地产企业的开发进程与特殊需求发展多种贷款模式，如土地开发贷款、建设贷款和备援贷款等，以紧密配合项目的进展，利于开发商按期筹措资金；房地产开发企业则需结合自己的实力，预先策划，统筹安排，防止因盲目扩张而引发资金紧缺问题。

(资料来源：新浪财经，万科2013年年报)

思　考　题

1. 财务分析的主要内容包括什么？
2. 财务分析的作用主要表现在哪几个方面？
3. 财务分析的基本程序包括哪几个步骤？
4. 财务分析的基本报表主要有哪些？
5. 通过利润表可以计算哪些财务指标？

第8章

房地产投资不确定性分析

8.1　不确定性分析概述

8.1.1　不确定性分析的定义及不确定性的原因

1．不确定性分析的定义

不确定性分析(Uncertainty Analysis)是指对决策方案受到各种事前无法控制的外部因素变化与影响所进行的研究和估计。它是决策分析中常用的一种方法。通过该分析可以尽量弄清和减少不确定性因素对经济效益的影响，预测项目投资对某些不可预见的政治与经济风险的抗冲击能力，从而证明项目投资的可靠性和稳定性，避免投产后不能获得预期的利润和收益，以致使企业亏损。

2．不确定性的原因

一般情况下，产生不确定性的主要原因有以下几个。

(1) 价格的变动。在市场经济条件下，由于价值规律的作用，货币价值随着时间的推移而降低，即物价的总趋势是上涨的。项目的产品价格或原材料价格是影响经济效益的最基本因素，它通过投资费用、生产成本和产品的价格反映到经济效益指标上来。在项目的寿命周期内，各种原材料或产品价格必然会发生变动，因此价格的变动是项目评价中重要的不确定性因素。

(2) 技术装备和生产工艺的变革。随着科学技术的迅猛发展，在项目可行性研究和评估时拟定的生产工艺和技术方案，有可能在项目建设和实施过程中发生变更。项目采用的技术装备甚至可能被淘汰。这样，根据原有技术条件和生产水平估计的项目收入和产品的质量、数量与价格，也将由于新技术和新产品、新工艺和新设备的出现和替代而发生变化，因而使评价产生不确定性。

(3) 生产能力的变化。生产能力的变化主要是指生产能力达不到设计生产能力。没有达到设计生产能力可能是由于原材料供应、能源、动力保证不足造成，也可能是管理水平、技术水平过低造成的。生产能力的变化会使项目的规模效益下降，减少盈利甚至亏损，它是产生不确定性的一个重要原因。

(4) 建设资金和工期的变化。由于筹集资金的措施落实不力，外购生产设备不及时到货等原因，会使项目建设工期延长，推迟投产时间，这不仅会因贷款利息增加而提高建设成本，也会使销售收入和其他各种收益发生变化。建设资金结构变动，都会影响建设成本和经营成本，最终反映在投资效益指标上。此外，在评价项目时，由于各种原因，忽视了非定量的无形因素的估计，也会低估项目固定资产投资和流动资金投资，从而对各种效益指标产生影响。

(5) 项目寿命期的变化。随着科学技术的发展，无形损耗增大，项目采用的工艺、技术、设备等都越来越快地被更新，使整个项目的技术寿命期缩短。同时，随着经济的发展和市场需求的变动，产品寿命周期也会缩短，因而影响项目的效益，是产生不确定性的又一重要原因。

(6) 政府政策和规定的变化。由于国内外政治、经济形势与体制改革的影响，政府的各项经济政策和财务制度规定的变化，必然会对投资项目的财务预测产生重要影响。这些政策，如政府的产业政策、税收政策、企业经营制度、对外经贸政策的变化，在项目评价中无法预见和控制，但这些变化的结果会造成投资项目经济效益的变化，给项目带来较大风险。

8.1.2　房地产投资项目的主要不确定因素

1. 租售价格

租金收入或销售收入构成了房地产投资项目的主要现金收入，因此租金或售价对房地产投资项目收益的影响是显而易见的，而准确地估算租金或售价又非易事。

2. 土地费用

土地费用是房地产投资分析中一个重要的计算参数。在进行开发投资分析时，如果开发投资者还没有获得土地使用权，土地费用往往是一个未知数。该数据的收集不仅涉及财务部门，同时还涉及工程部、征迁部等，需要多个部门相互协助。不仅需要准确的账面金额，而且还需要相关项目的合同金额、概算数以及部分项目的估算标准等。

3. 开发周期

项目开发周期大体上由前期、建造期和租售期三个阶段组成。在前期阶段，开发商要进行征地、拆迁、安置、补偿工作，委托建筑师做规划设计方案和方案审批，还要办理市政基础设施的使用等手续。在建造期阶段，建筑施工工期的变化影响投资收益实现时间的长短和贷款利息的多少。由于受某些特殊因素的影响，可能会引起施工工期的延长。在出租期或出售期阶段，出租期或出售期的长短与宏观的社会经济状况、市场供求状况及居民购买力有直接的关系。

4. 建安工程费

在房地产开发项目进行投资分析的过程中，建安工程费的估算比租金或售价的估算要容易一些。但即使这样，分析时所估算的建安工程费与实际建安工程费之间也不一定相符。导致建安工程费发生变化的原因主要有以下两种。

(1) 由于建安工程费的估算时间与承包商报价时间之间经历了购置土地使用权等一系列前期准备工作，两者往往相差半年到一年时间，此期间由于建筑材料和劳动力价格水平的变化，可能出现建安工程费上涨或下跌的情况。

(2) 当建筑工程开工后，由于建筑材料价格和人工费用发生变化，导致建安工程费用改变。

5. 融资成本

融资成本的高低是由贷款利率决定的。贷款利率的变化对许多财务评价指标都有影响。房地产投资周期长，其间政府宏观政策的变化及经济运行情况都可能引起贷款利率的变化。

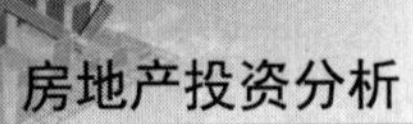

6. 出租率

出租率是可出租的建筑面积占总建筑面积的比例。与之相对应的一个概念是空置率，它是指准备出租但没有出租出去的建筑面积占总的可出租建筑面积的比例。

7. 建筑面积

建筑面积是地产名词，与实用面积及实用率计算有直接关系。因应国家地区不同，其定义和量度标准未必一致。因此在计算过程中会存在很大的不确定性。

8. 资本化率

国外有些文献将房地产估价中的资本化率(Capitalization Rate)定义为贴现率和资本返还率之和。这个定义应用在一定期限内投资本金将被投资者或借款人收回的收益流分析中。而在财务文献中，资本化率被定义为一种贴现率，用来发现一系列未来现金收益的现在价值，因此，资本化率有时也被称作贴现率。资本化率是将一项投资的净收益折现以确定该投资在估价时点的价格的投资收益率。房地产资本化率反映了不同类型房地产在不同区位、环境和其他条件下的收益与价值之间的关系，资本化率是因房地产类型不同、区位不同、环境不同而不同的“个体”指标数据。

8.1.3 房地产投资不确定性分析的含义与作用

1. 房地产投资不确定性分析的含义

房地产投资项目不确定性分析是对未来不确定性因素对房地产项目的影响而进行的分析，分析这些不确定性因素对项目可能造成的风险。不确定性分析是房地产项目经济评价的重要组成部分，对房地产项目投资决策的成败有着重要的影响。房地产项目不确定性分析可以帮助投资者根据房地产项目投资风险的大小和特点，提出控制风险的方案，有重点地加强对投资风险的防范和控制。

2. 房地产投资不确定性分析的作用

房地产投资不确定性分析是投资者进行房地产项目投资时的重要决策手段，它对于房地产投资项目的成功与否有着极其重要的作用。

(1) 不确定性分析可以减少投资决策的失误。房地产投资项目的总投资额、建设期、年销售收入、年利率等指标值与其实际值之间往往存在差异，通过不确定性分析，可以预测出这些差异的存在范围，从而进行比对研究，做出判断，并制定具体的应对措施，减小投资决策失误的风险。

(2) 提高项目的风险防范能力。通过不确定性分析可以预测项目对某些不确定因素(如社会、经济、环境等)变化的抗冲击能力，从而证明一个项目的可靠性和稳定性。另外，通过不确定性分析可以确定各个影响因素对项目经济效果的影响程度，对于一些不利于项目收益的因素应采取相应对策予以克服。

(3) 考虑投资主体的实际情况。不确定性分析从投资者的角度进行分析，更符合投资者的实际情况。房地产投资市场的投资主体众多，而每一个投资主体的最终目标不尽相同，对各个因素的控制也会有所不同。不确定性分析就是从投资主体的实际出发，使投资决策更加有效和实用。

(4) 考虑投资的长期风险。不确定性分析可以对现在看上去盈利较大，但最终会亏损的投资项目做出正确判断。在实际的投资操作中有些项目在运作初期看上去可以盈利，但是随着技术的进步、通货膨胀等因素的影响加剧，在项目运作的中期或是后期会逐渐亏损。这类情况靠表象的分析是不足以发现的，只有通过较为复杂的不确定性分析才能得以证明。

8.2　盈亏平衡分析

8.2.1　房地产投资盈亏平衡分析概述

1．盈亏平衡分析的含义

盈亏平衡分析也称量本利分析、盈亏临界分析和收支平衡分析，它是通过分析房地产投资项目在一定时期内的开发数量(销售数量)、成本、税金、利润等因素之间的变化关系，找出生产规模或销售规模的盈亏平衡点，判断房地产投资项目对不确定性因素的承受能力。

盈亏平衡点是指项目既不盈利也不亏本状态下的规模，也称保本点。求取盈亏平衡点是盈亏平衡分析的目标。盈亏平衡点是房地产投资项目盈利和亏损的分界点，在这一点上，项目的收入等于支出，净收入等于零。盈亏平衡分析就是要找出项目方案的盈亏平衡点。盈亏平衡点是判断投资方案对不确定因素变化的承受能力，为决策提供依据。在盈亏平衡点上，项目的收入和支出持平，净收益等于零。盈亏平衡点越低，说明项目盈利的可能性越大，亏损的可能越小，因而项目有较强的抗风险能力。

2．盈亏平衡分析的优缺点

用盈亏平衡分析法的优点有：通过盈亏平衡法分析得出盈亏平衡点，是外部条件简单地表现出来，根据盈亏平衡点的高低，可以大致了解项目抗风险的能力。这种分析方法较为简便。

同时，盈亏平衡分析在分析某些不确定因素，如销售量、产品价格、产品成本等的变化对项目利润水平的影响时，有着其他不确定性分析方法所不能替代的独到之处。其优点主要在于通过盈亏平衡分析有助于了解项目可承受的风险程度，简便、合理地确定项目的经济规模、工艺技术的最佳方案。

盈亏平衡分析的缺点是：假设模型是建立在理想的假设条件下，而这些假设条件在现实里面很难满足。

首先，其通常假定单位售价为常数。这和事实不符，事实上是房价变化很大，甚至一房一价，没有固定的价格。

其次，盈亏平衡假定产量与销量相等，但实际情况两者不可能完全相等。有积压、尾房和空置率是房地产市场常见的现象，正常的现象是销量小于产量。

最后，假定成本函数中固定成本为常数，固定成本包括置地、基础设施建设、勘察设计和借贷利息等费用，但实际情况中每年的置地成本和建设费用都在变动，基本上是呈上升趋势。

另外，盈亏平衡分析假定变动成本是建筑面积的线性函数，单位变动成本不变，变动成本包括单价、管理费、人工费、营销费外、有关税费等，这些费用在实际情况中也发生着变化。

8.2.2 线性盈亏平衡分析

1. 线性盈亏平衡分析的含义

线性盈亏平衡是一个变量是另一个变量的一次方程。线性盈亏平衡分析是指收入、成本、利润等均和产量呈线性关系的盈亏平衡分析。

2. 线性盈亏平衡分析的条件

要进行线性盈亏平衡分析，一般需要满足以下五个条件。

(1) 在所分析的租售范围内，产品的固定成本与单位租售价格在产品租售期间保持不变。

(2) 产品的变动成本是建筑面积(或产销量)的正线性函数。

(3) 产品的开发量和销售量相等，即开发的房地产全部租售出去。

(4) 产品的总销售收入和生产总成本是房地产开发面积(或产品产量)的线性函数。

(5) 计算所使用的各种数据是正常生产年度的数据。

3. 线性盈亏平衡分析的计算公式

设某开发项目的总成本为 C，其中固定成本为 C_F，变动成本为 C_V，单位变动成本为 V，开发数量为 Q，销售收入为 S，销售税率为 r，销售单价为 P，利润为 E，则有:

$$C=C_F+C_V=C_F+VQ$$

$$S=PQ-rPQ=PQ(1-r)$$

$$E=S-C=PQ(1-r)-(C_F+VQ)$$

上述线性盈亏平衡分析模型 $E=PQ(1-r)-(C_F+VQ)$中，含有 6 个相互联系的变量，只要给定其中的 5 个，便可以求出另外一个变量的值。

当 $E=0$，即开发项目达到盈亏平衡时，项目的销售量 Q_0 为:

$$Q_0=\frac{C_F}{P(1-r)-V}=\frac{C_F}{P-T-V}$$

式中：T——支付的税金；

C_F——固定成本；

P——销售单价；

V——单位变动成本；

r——销售税率。

4. 线性盈亏平衡分析的图形分析

当 $Q>Q_0$ 时，项目盈利，项目可以实行，当 $Q<Q_0$ 项目亏损，项目不可实行，而当 $Q=Q_0$ 时，项目盈亏平衡，见图 8-1。*A* 点为项目的平衡点，在 *A* 点左侧，由于项目的销售收入小于项目的总成本，所以当产量小于 Q_0 时，这个项目是亏损的，因此不可行。在 *A* 点右侧，由于项目的销售收入大于项目的总成本，所以当产量大于 Q_0 时，这个项目是盈利的，因此可行。

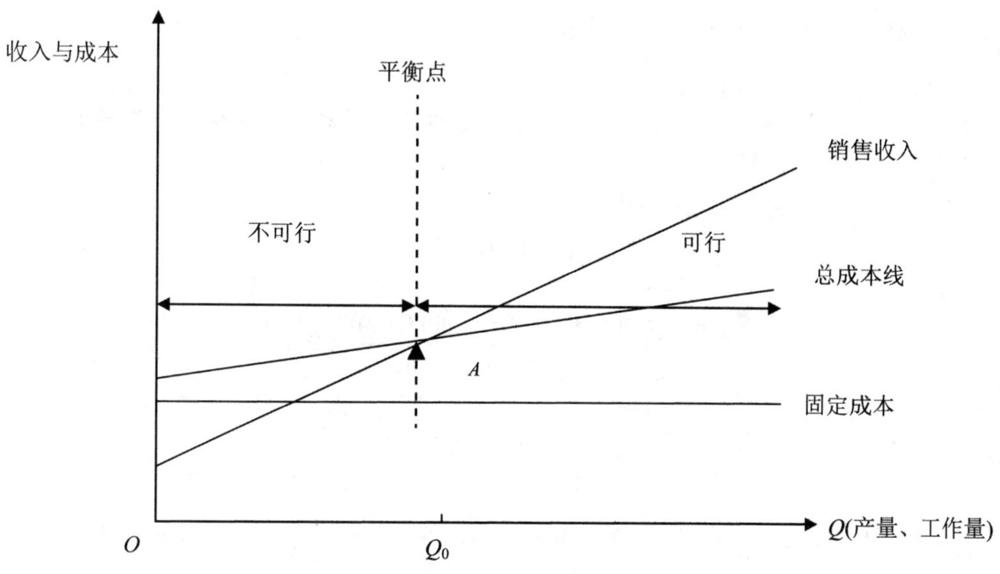

图 8-1　线性盈亏分析图

5. 线性盈亏平衡分析的案例分析

例 8-1：某房地产项目建成后预计平均价格为 8 000 元/平方米，项目固定成本为 13.2 万元，项目的可变成本为 3 600 元/平方米，销售税金为 400 元/平方米。试求盈亏平衡点的产量。

解：盈亏平衡点的产量=$\dfrac{\text{年固定成本}}{\text{产品单价}-\text{单位可变动成本}-\text{产品销售税金}}$

则：盈亏平衡点的产量=$\dfrac{132\,000}{8\,000-3\,600-400}=2.64$(万平方米）

因此该项目的房地产商需要建造 2.64 万平方米才能保本。

8.2.3　非线性盈亏平衡分析

1. 非线性盈亏平衡分析的含义

非线性盈亏平衡分析是指收入、成本、利润等均和产量成非线性关系的盈亏平衡分析。

2. 非线性盈亏平衡分析的条件

在实际商品住宅项目开发过程中，项目开发的成本、产销量和销售收入之间并不总是表现为线性关系。如当产量增加会产生规模效应，但达到一定程度后继续增加产量，便会出现工程复杂程度增加、融资难度加大、产品空置积压资金、减少销售收入。从而使产品的固定成本和可变成本率都要发生变化。因而，前述线性关系，只是在一定假设条件下或在一定范围内才适用的状态。因而实际的盈亏平衡关系应采用非线性盈亏平衡分析。

3. 非线性盈亏平衡分析的公式与图形

(1) 非线性盈亏平衡分析的公式。

利用经济学的基本原理，利润最大化有两个条件，一是利润最大化的一阶导数等于零；二是利润最大化的二阶导数小于零。

根据这两个条件，形成两个公式：

$$\mathrm{E}(Q)=\mathrm{TR}(Q)-\mathrm{TC}(Q)$$

令

$$\frac{\mathrm{d}[E(Q)]}{\mathrm{d}Q}=\frac{\mathrm{d}[\mathrm{TR}(Q)]}{\mathrm{d}Q}-\frac{\mathrm{d}[\mathrm{TC}(Q)]}{\mathrm{d}Q}=0$$

则

$$\frac{\mathrm{d}[\mathrm{TR}(Q)]}{\mathrm{d}Q}=\frac{\mathrm{d}[\mathrm{TC}(Q)]}{\mathrm{d}Q} \tag{8-1}$$

这也是经济学里面常见的利润最大化均衡条件公式，即边际收益等于边际成本：

$$\mathrm{MR}=\mathrm{MC} \tag{8-2}$$

这样可以解出均衡产量，即盈亏平衡点的开发量或租售量。

但有时，求出的开发量或租售量有两个，哪个对应着最大利润值还无法判别，因此还需要通过二次求导，利用利润最大化的二阶条件加以判定。即：

$$\frac{\mathrm{d}^2[\mathrm{E}(Q)]}{\mathrm{d}Q^2}=\frac{\mathrm{d}^2[\mathrm{TR}(Q)]}{\mathrm{d}Q^2}-\frac{\mathrm{d}^2[\mathrm{TC}(Q)]}{\mathrm{d}Q^2}$$

如果式(8-3)小于零，则求得的产量就是利润最大时的开发量或租售量，反之为亏损最大时的开发量或租售量。

(2) 非线性盈亏平衡分析的图形。

非线性盈亏平衡分析法通过图 8-2 进行简要说明。以纵轴表示收入与成本，横轴表示开发(租售)数量 Q，图中两条曲线表示总成本线和租售收入线。TR 线与 TC 线的两个交点均为盈亏平衡点，其分别对应开发数量 Q_1 和 Q_2，即为盈亏平衡时的开发(租售)数量。

从上图中可以看出：当 $Q_1<Q<Q_2$ 时，房地产投资项目盈利；当 $0\leqslant Q<Q_1$ 或 $Q>Q_2$ 时，项目亏损；当 $Q=Q_1$ 或 $Q=Q_2$ 时，项目不盈不亏，达到盈亏平衡。

利润最大时的产量(租售量)为 $Q_{\max}$。

让收入曲线和成本曲线的函数式相等，可以从中解出 Q_1 和 Q_2。求出 Q_1 和 Q_2 后就可以知道盈利区的具体范围，在该范围内，可以求出企业最大利润时的开发量或租售量。

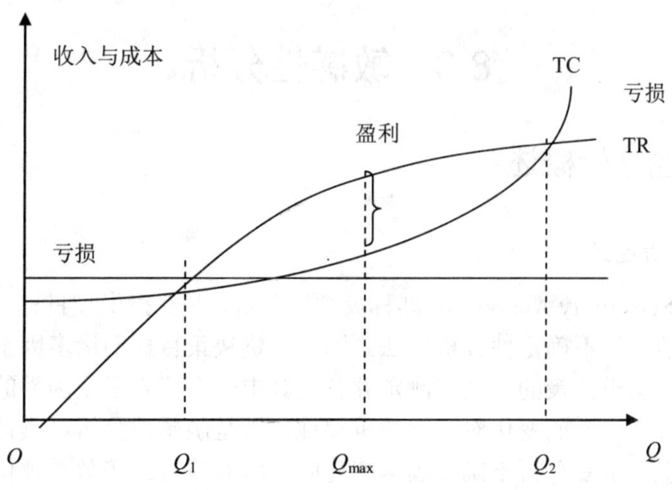

图 8-2　非线性盈亏平衡分析

4．非线性盈亏的案例

例 8-2：某房地产开发公司开发商品房项目，已知该项目的开发固定成本 8 000 万元，单位变动成本为 2 000 元/平方米，商品房的销售价格为 8 000 元/平方米。虽然市场需求量很大，但市场竞争也十分激烈，因此公司决定采取降价促销的措施，按销售量的 1%递减售价，并按销售量的 1%递增单位变动成本，试问：该房地产公司的开发规模在什么范围内可以实现盈利？如果盈利，则实现最大盈利的开发规模是多少？

解：已知 C_F=8 000×10^4 元，V=2 000 元/m^2，P=7 000 元/m^2，售价和单位变动成本的变动均为 1%。

设该房地产公司的开发规模为 Q，则有：

销售收入：$S=(P-Q\times1\%)Q=(8\,000-0.01Q^2)$

开发总成本 $C=C_F+(V+Q\times1\%)Q=(8\,000\times10^4+2\,000Q+0.01Q^2)$

盈亏平衡时，$S=C$，即：

$$(8\,000Q-0.01Q^2)=(8\,000\times10^4+2\,000Q+0.01Q^2)$$

经整理可得到：

$$-0.02Q^2+6\,000Q-8\,000\times10^4=0$$

解此一元二次方程，可得：

$$Q_1=13\,985.30\text{m}^2，Q_2=286\,014.71\text{m}^2$$

显然，该项目盈利区间落在(13 985.30m^2, 286 014.71m^2)范围内。

为求出最大盈利开发规模，可以对方程 $y(Q)=-0.02Q^2+6\,000Q-8\,000\times10^4$ 分别求一阶导数和二阶导数，并令一阶导数等于零，则得到：Q=150 000m^2，并且求出其二阶导数小于 0，所以当 Q=150 000m^2 时，开发项目达到了最大的盈利点，最大的盈利为 370 000 000 元，即最佳开发规模为 15 万平方米，最大盈利为 37 000 万元。

8.3 敏感性分析

8.3.1 敏感性分析概述

1. 敏感性分析定义

敏感性分析(Sensitivity Analysis)，亦称灵敏度分析，是在投资项目评价和企业其他经营管理决策中常用的一种不确定性分析方法。影响投资决策目标的诸多因素的未来状况处于不确定的变化中，出于决策的需要，测定并分析其中一个或者多个因素的变化对目标的影响程度，以判定各个因素的变化对目标的重要性，就是敏感性分析。具体地说，它是在确定性分析的基础上，重复分析不确定因素变化时，将对项目经济效益评价影响的程度。例如，当销售量、价格、生产能力、成本等因素发生变动时，将对净现值、内部收益率等发生不同程度的影响。

敏感性分析是研究和预测项目的主要变量发生变化时，导致项目投资效益的主要经济评价指标发生变动的敏感程度的一种分析方法。

在房地产投资分析中，其主要经济指标是净现值、内部收益率、开发商利润等。

2. 敏感性分析的目的和作用

(1) 敏感性分析的目的。

研究影响因素的变化所引起的经济效益值的变动范围，找出影响投资项目经济生命力的最关键因素，并进一步分析与之有关的可能产生不确定性的根源。通过多方案敏感性大小对比，区别敏感性大或敏感性小的方案，以选择敏感性小的方案；通过可能出现的最有利与最不利的经济效果范围分析，用寻找替代方案或对原方案采取某些控制措施的方法，来确定最经济的方案组成。

(2) 敏感性分析的作用。

① 找出影响项目效果的最敏感因素。

项目的敏感性因素可能不止一个，而且影响程度也不一样。通过敏感性分析，找出对经济效益评价指标影响程度最大的因素，即最敏感因素，作为项目经济分析的重点因素，进一步提高与之相关的数据的可靠程度，从而有利于提高整个评估工作的质量。

② 了解和比较项目各开发方案的风险程度。

同一投资项目的不同投资方案，对同一敏感性因素的敏感程度是不相同的。一般而言，敏感程度大的方案，风险大；敏感程度小的方案，风险小。通过敏感性分析，开发项目决策部门就可以了解和比较项目各开发方案风险的大小，从而作为方案优选和投资决策依据。

③ 了解各种敏感性因素的偏差在多大范围内项目是可行的。

通过敏感性分析计算出允许这些敏感性因素变化的最大幅度(或极限值)，或者说预测出项目经济效益变化的最乐观和最悲观的临界条件或临界数值，以此判断项目是否可行，预测项目经济效益变化的最乐观和最悲观的临界条件或临界数值，可以为投资决策者提供可能的风险范围，从而有助于决策者对原方案采取某些控制措施或寻求可替代的方案，以保证预期经济效益指标的实现。例如，价格是开发项目中的一个非常重要的敏感性因素，其变化幅度通常难以把握，通过敏感性分析可以揭示出价格在什么范围内变动时，项目仍然是有利可图的，以此作为把握价格风险的尺度，并据此根据实际情况调整价格策略。

④ 掌握各种不确定因素的利弊及其大小。

通过敏感性分析可以比较好地将不确定性因素进行利弊分类，并对其影响性大小进行比较，以便在项目的实施过程中，有针对性地充分利用有利因素，尽量避免不利因素，从而有助于投资项目经济效益的提高。

⑤ 找出合适的项目。

通过敏感性分析，可以对不同的投资项目(或某一项目的不同方案)进行选择，一般应选择敏感程度小、承受风险能力强、可靠性大的项目或方案。

3．敏感性分析的方法

(1) 根据每次变动因素的数目不同，敏感性分析可以分为：单因素敏感性分析和多因素敏感性分析。单因素敏感性分析是指就单个不确定因素的变动对方案经济效果的影响所做的分析。多因素敏感性分析是指在假定其他不确定性因素不变条件下，计算分析两种或两种以上不确定性因素同时发生变动，对项目经济效益值的影响程度，确定敏感性因素及其极限值。

(2) 根据项目对某种变量的敏感程度分析结果表述方法的不同，可以分为：列表法和图解法。列表法运用列出表格来进行敏感性分析。图解法通过画图可以把数量之间的关系变得直观明了，从而使得敏感性分析更加直观。

(3) 根据分析问题的目的不同，可以分为：相对测定法和绝对测定法。

4．敏感性分析的步骤

(1) 选取不确定因素。

进行敏感性分析首先要选定不确定因素并确定其偏离基本情况的程度。不确定因素即在项目决策分析与评价过程中涉及的对项目效益有一定影响的基本因素。敏感性分析不用对全部因素都进行分析，而只是对那些影响较大的、重要的不确定因素进行分析。不确定因素的选取通常结合行业和项目特点参考类似项目的经验进行，特别是项目后评价的经验。

可以选取的不确定因素包括建设投资、产出物价格、主要投入物价格、可变成本、运营负荷、建设期以及人民币汇率，根据项目的具体情况也可选择其他因素。

(2) 确定不确定因素变化程度。

敏感性分析通常是针对不确定因素的不利变化进行，为绘制敏感性分析图的需要也可考虑不确定因素的有利变化。

习惯上常选取±10%。对于那些不便用百分数表示的因素，例如建设期，可采用延长一段时间表示，例如延长 1 年。

(3) 计算因素波动所引起的分析指标的变化。

首先将某一因素的变化设定为若干级的变动数量和变化幅度，然后分别计算在其他因素不变的条件下，相应的经济指标的变化。计算使评价指标发生倒转的各因素波动的临界值。对每一因素均重复这些计算，并将计算结果列成表或图形，便得到了用于显示经济指标对因素变化敏感程度的数据资料。

(4) 确定敏感因素和敏感程度。

根据上述计算结果，可以查明每种因素的变化对经济指标的影响及其影响程度，并能对影响程度的大小进行排序。那些有较小变化便会带来评价指标上较大变化的因素，就可以确定为该开发项目的敏感性因素。在这个基础上，还需要对项目的风险情况做出进一步判断。

(5) 敏感性分析结果表述。

① 编制敏感性分析表。

通过前面敏感性指标的计算应将敏感性分析的结果汇总在敏感性分析表中，敏感性分析表中应同时给出基本方案的指标数值、所考虑的不确定因素及其变化、在这些不确定因素变化的情况下项目效益指标的计算数值以及各不确定因素的敏感度系数和临界点。

② 绘制敏感性分析图。

根据敏感性分析表中的数值可以绘制敏感性分析图，横轴为不确定因素变化率，纵轴为项目效益指标。

(6) 对敏感性分析结果进行分析。

① 将敏感度系数及临界点的计算结果进行排序，找出较为敏感的不确定因素。

② 定性分析临界点所表示的不确定因素变化发生的可能性。

③ 归纳敏感性分析的结论，指出最敏感的一个或几个关键因素，粗略预测项目可能的风险。

8.3.2 单变量敏感性分析

1. 单变量敏感性分析定义

单变量敏感性分析是敏感性分析的最基本方法。进行单变量敏感性分析时，首先假设各变量之间相互独立，然后每次只考察一项可变参数的变化而其他参数保持不变时，项目评估结果的变化情况。

所谓单因素敏感性分析法，是指就单个不确定因素的变动对方案经济效果的影响所做的分析。在分析方法上类似于数学上多元函数的偏微分，即在计算某个因素的变动对经济效果指标的影响时，假定其他因素均不发生变化。

2. 单变量敏感性分析步骤

(1) 确定分析指标。

分析指标的选定，是项目投资敏感性分析首要解决的问题。确定分析指标，应符合以下原则。

① 与经济评价指标相一致的原则；

② 与经济分析阶段相一致的原则；

③ 突出重点的原则。

(2) 确定因素及因素变化范围。

选定不确定性因素，有如下两条原则。

① 预计在其可能变动的范围内，其变动将较为强烈地影响经济效益指标；

② 对其在确定性经济评价中采用的数据的准确性把握不大。

(3) 计算因素波动所引起的分析指标的变化。

① 应将某一因素的变化设定若干级的变动数量和变化幅度；

② 然后分别计算在其他因素不变的条件下，相应的经济指标的变化；

③ 对每一因素均重复这些计算，并将计算结果列成表或图形，便得到了用于显示经济指标对因素变化敏感程度的数据资料。

3．单变量敏感性列表法分析

单变量敏感性列表分析法的填列具体如表 8-1 所示，而实际案例将在之后章节展开。

表 8-1　单变量敏感性列表分析法

各变量变化幅度 +/-10%		开发商利润		利润变化幅度(%)
		利润值(万美元)	占总价值百分比(%)	
租金	+10%	350	20	+52
	-10%	50	10	-52
收益率	+10%	80	10	-48
	-10%	300	30	+48
建设成本	+10%	120	15	-32
	-10%	236	28	+32
贷款利率	+10%	135	18	-9
	-10%	186	23	+9
施工期	+10%	148	17	-5
	-10%	120	15	+5
出租期	+10%	131	13	-7
	-10%	105	12	+7
场地准备期	+10%	185	15	-3
	-10%	132	15	+3
场地购置期	+10%	147	12	-15
	-10%	177	16	+15

4．单变量敏感性图形分析

敏感性分析需要找到导致开发项目由可行变为不可行的不确定因素变化的临界值。临界值可以通过单变量敏感性分析图求得。

敏感性分析图是通过在坐标图上做出各个不确定性因素的敏感性曲线，进而确定各个因素的敏感程度的一种图解方法，它可以求出导致项目由可行变为不可行的不确定性因素变化的临界值(见图 8-3)。具体做法如下。

(1) 将各个变量因素的变化幅度作为横坐标，以某个评价指标(敏感性分析的对象，如内部收益率)为纵坐标作图。

(2) 根据敏感性分析的计算结果绘出各个变量因素的变化曲线(取点范围小时，近似为直线)，其中与横坐标相交角度较大的变化曲线所对应的因素就是敏感性因素。

(3) 在坐标图上做出项目分析指标的临界曲线(如 NPV=0，FIRR=i_c 等)，求出变量因素的变化曲线与基准收益率曲线(即临界曲线)的交点，则交点处所对应的横坐标称为变量因素变化的临界值，即该变量因素允许变动的最大幅度，或称项目由盈到亏的极限变化值。变量因素的变化超过了这个极限，项目就由可行变为不可行。

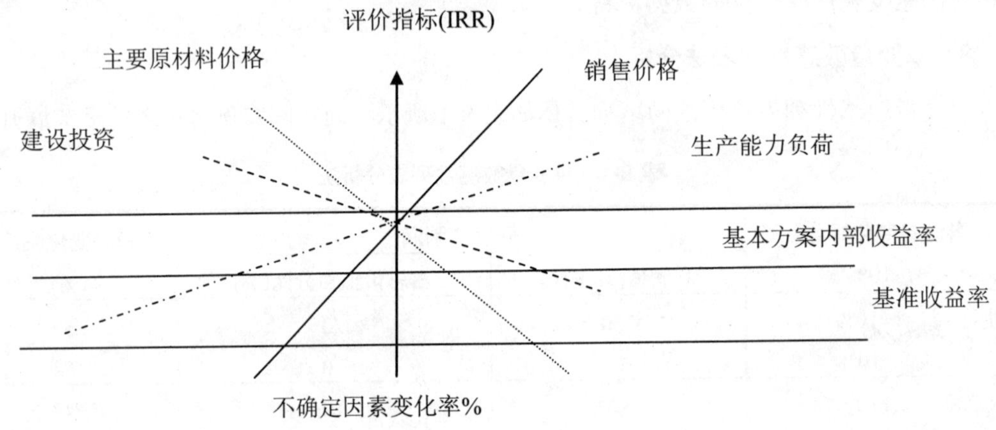

图 8-3　单变量敏感性分析

单变量敏感性分析方法是敏感性分析中最基本的方法，它给开发商提供了关于项目营利性的有用信息和它对评估变量的敏感性，同时指出哪些变举是最关键的变量。但该分析方法忽视了各变量之间的相互作用关系。在实际项目开发中，很可能有几个变量同时发生变化。因此，很有必要做更进一步的敏感性分析，以弥补上述方法的不足。

8.3.3　多变量敏感性分析

1. 多变量敏感性分析的含义

单变量的敏感性分析在计算某特定因素变动对经济指标的影响时，假定其他因素不变。实际上这种假定很难成立，可能会有两个或两个以上的因素同时变动，此时单变量敏感性分析就很难反映项目承担风险的状况，因此在必要时要进行多因素敏感性分析。多变量敏感性分析法是指在假定其他不确定性因素不变条件下，计算分析两种或两种以上不确定性因素同时发生变动，对项目经济效益值的影响程度，确定敏感性因素及其极限值。

进行多因素敏感性分析的假定条件是：多个变动的因素互相独立。

2. 两变量敏感性分析的含义

两变量敏感性分析法是指在假定其他不确定性因素不变条件下，计算分析两种不确定性因素同时发生变动，对项目经济效益值的影响程度，确定敏感性因素及其极限值。

3. 两变量敏感性分析的步骤

两变量敏感性分析可以按照以下步骤进行。

① 选定敏感性分析的主要经济指标作为分析对象。

② 从众多的不确定因素中，选择两个最敏感的因素作为分析的变量。

③ 列出方程式，并按分析的期望值要求，将方程式转化为不等式。

④ 做出敏感性分析的平面图。

4. 两变量敏感性分析的案例

例 8-3：假定某项目的初始投资为 200 000 元，年租金收入为 50 000 元，年经营费用为 5 000 元，项目寿命为 5 年，资产残值为 30 000 元，基准收益率为 10%，现就初始投资各年租金收入对该项目的净现值进行两变量敏感性分析。

设 x 表示初始投资变化的百分数，y 表示同时改变的年租金收入的百分数，则：

$$\begin{aligned}\text{NPV} &= -200\,000(1+x)+50\,000(1+y)\frac{(1+10\%)^5-1}{10\%(1+10\%)^5} \\ &\quad -5\,000\times\frac{(1+10\%)^5-1}{10\%(1+10\%)^5}+30\,000\times\frac{1}{(1+10\%)^5} \\ &= -10\,186.36-200\,000x+189\,540y\end{aligned}$$

当 NPV≥0 时，该方案盈利可在 10%以上，即

$$-10\,186.36-200\,000x+189\,540y \geqslant 0$$

$$y \geqslant 1.0552x+0.0537$$

5. 两变量敏感性分析图

以横轴和纵轴分别代表两种因素的变化率，并将不等式等于零的一系列结果描绘在平面图上，由代表这些结果的一条线将平面划分为两半，该直线就作为临界线，在直线的一边表示投资项目的效益指标在两因素同时发生变化的情况下仍能达到规定的要求，而直线的另一边则表示项目的效益指标是不可行的(即净现值小于零或内部收益率小于基准收益率)，详见图 8-4。

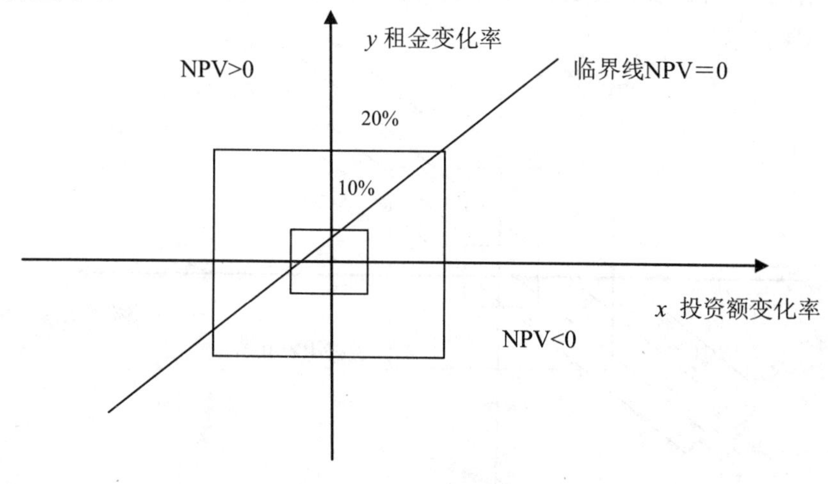

图 8-4 两变量敏感性分析

6．三因素敏感性分析含义

三因素敏感性分析法是指在假定其他不确定性因素不变条件下，计算分析三种不确定性因素同时发生变动，对项目经济效益值的影响程度，确定敏感性因素及其极限值。

7．三因素敏感性分析案例

例 8-4：假定某项目的初始投资为 200 000 元，年租金收入为 50 000 元，年经营费用为 5 000 元，项目寿命为 5 年，资产残值为 30 000 元，基准收益率为 10%，现就初始投资各年租金收入对该项目的净现值、年经营费用进行三变量敏感性分析。

设 x 表示初始投资变化的百分数，y 表示同时改变的年租金收入的百分数，z 表示年经营费用变化的百分比，则：

$$\begin{aligned}\mathrm{NPV} &= -200\,000(1+x)+50\,000(1+y)\frac{(1+10\%)^5-1}{10\%(1+10\%)^5} \\ &\quad -5\,000\times(1+z)\times\frac{(1+10\%)^5-1}{10\%(1+10\%)^5}+30\,000\times\frac{1}{(1+10\%)^5} \\ &= -10\,186.36-200\,000x+189\,540y\end{aligned}$$

按照对两变量敏感性变化时的分析，得

当 z=0.5 时，$y \geqslant 1.0552x+0.1037$

当 z=1 时，$y \geqslant 1.0552x+0.1537$

当 z=−0.5 时，$y \geqslant 1.0552x+0.0037$

当 z=−1 时，$y \geqslant 1.0552x-0.0463$

8．三因素敏感性分析图

根据上例，如图 8-5 所示，根据 z(即年经营费变化率)的不同取值得到不同的临界线(z=1，z=0.5，z=−0.5，z=−1)，即在不同的年经营费变化率情况下，得出不同的 x(初始投资变化的百分数)和 y(同时改变的年租金收入的百分数)所组成的临界线。在直线的一边表示投资项目的效益指标在另外两因素 x(初始投资变化的百分数)和 y(同时改变的年租金收入的百分数)同时发生变化的情况下仍能达到规定的要求，而直线的另一边则表示项目的效益指标是不可行的。

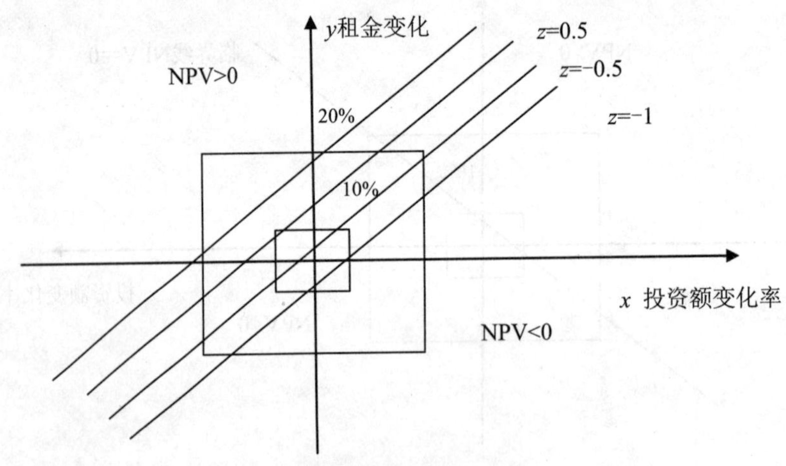

图 8-5　三因素敏感性分析

8.3.4　敏感性分析的优缺点

1．敏感性分析的优点

敏感性分析对于项目分析中不确定因素的处理是一种简便易行的、具有有效实用价值的方法，在一定程度上定量地描述了不确定性因素的变动对于项目投资效益的影响，得到了维持投资方案在经济上可行所允许的不确定因素发生不利变动的最大幅度。

2．敏感性分析的缺点

敏感性分析具有如下几个缺点。

(1) 敏感性分析对项目的不确定因素只能作程度上的评价，而不能对其大小进行测定。

(2) 对各种风险因素变化范围的确定是模糊的、人为的，主观性强，缺乏科学性(如增加 10%，降低 10%)，它没有给出这些因素发生变化的概率，而这种概率是与项目的风险大小密切相关的。

(3) 在分析某一因素的变动中，是以假定其他因素不变为前提的，这种假定条件，在实际经济活动中是很难实现的，因为各种因素的变动都存在着相关性。

8.3.5　敏感性分析案例

1．案例介绍

例 8-5：某公司准备开发住宅，预计开发面积 1 万平方米，开发固定成本 120 万元，每平方米变动成本 600 元，预计售价 1 000 元/m^2，销售税率 5%，计算该项目的预期利润并进行敏感性分析。

解：按盈亏平衡分析公式：$P\cdot X = C_f + U\cdot X + E(x)$

式中：P——销售价格；

X——预计开发面积；

$E(X)$ ——该开发项目的预期利润；

U——每平方米变动成本；

C_f——固定成本。

该开发项目的预期利润：$E(X) = P\cdot X\cdot(1-5\%)-U\cdot X-C_f$

$$= 1000\times1\times95\%-1\times600-120 = 230(\text{万元})$$

按题意，要对预期利润进行敏感性分析，此时分析指标是预期利润。在盈亏平衡分析中，计算预期利润是假定其他参数都是确定的，但是实际上由于市场的变化，模型中的每个参数都会发生变化，使原来计算的预期利润、盈亏平衡点失去可靠性，作为投资者希望事先知道哪个参数对预期利润影响大、哪个参数影响小，通过对敏感因素的控制，从而使投资过程经常处于最有利的状态下。

2．相关参数的确定

对盈亏平衡分析中的利润指标进行敏感性分析，主要研究与分析有关参数发生多大变化会使盈利转为亏损、各参数变化时对利润变化的影响程度、各参数变动时如何调整销售量以保证原有目标利润的实现等。

有关参数发生多大变化可使盈利转为亏损。

单价、单位变动成本、销售面积、固定成本等各因素的变化都会影响预期利润的高低，并且当变化达到一定程度，就会使项目利润消失，进入盈亏临界状态，使企业经营状况发生质变。通过敏感性分析，可以提供能引起预期目标利润发生质变时的各个参数变化的界限。

(1) 单价的最小值。

当开发利润为0时，利用盈亏平衡公式可得：

$P\times1\times(1-5\%)-600\times1-120=0$

$P=757.89$(元/m^2)

当售价降至757.89元，即单价降低24.2%，项目由盈利转为盈亏平衡，如果进一步降低，则出现亏损。

(2) 单位变动成本的最大值。

单位变动成本上升会使项目利润下降并逐渐趋近于0，此时的单位变动成本是该项目能承受的最大值。

$$1\,000\times1\times(1-5\%)-U\times1-120=0$$

$$U=830(\text{元/m}^2)$$

单位变动成本上升到830元，即单位变动成本上升38.3%时，该项目利润降至0。

(3) 固定成本最大值。

固定成本上升也会使项目利润下降，并逐步趋于0。

$$1\,000\times1\times(1-5\%)-600\times1-C_f=0$$

$$C_f=350(\text{万元})$$

固定成本增至350万元，即固定成本增加191.7%时，该项目利润降为0。

(4) 销售建筑面积的最小值。

销售面积的最小值，即盈亏临界点的销售量为：

销售量$=C_f/[P(1-5\%)-U]=1\,200\,000/[1\,000\times(1-5\%)-600]=3\,429$(m^2)

说明如果销售计划只完成34.3%(3 429/10 000)，则该项目的预期利润降为0。

3．各参数变化对利润变动的影响程度

各参数变化都会引起利润的变动，但其影响程度各不相同。有的参数发生微小变化，就会使利润发生很大的变化，说明利润对这些参数的变化十分敏感，我们称其为敏感因素；与此相反，有些参数发生变化后，利润的变动并不大，反应较迟钝，称其为不敏感性因素。

反应敏感程度的指标是敏感系数，计算公式为：

$$\text{敏感系数}=\frac{\text{目标值变动百分比}}{\text{参量值变动百分比}}$$

(1) 单价的敏感程度。

设单价增长 20%，则 P=1 000×(1+20%)=1 200(元)

按 1 200 元计算，利润=1 200×(1−5%)×1−600×1−120=420(万元)

利润原为 230 万元，其变动百分比=(420−230)/230=82.6%

单价的敏感系数=82.6/20=4.13

结果说明：单价对项目利润的影响很大，从百分率来看，利润是以 4.13 倍的速率随单价变动。因此，提高单价是提高项目盈利最有效的手段，价格下跌也将是实现利润的最大威胁，因为单价每降低 1%，项目将失去 4.13%的利润。所以投资者必须格外对单价予以关注，不到万不得已，不能轻言降价销售。

(2) 单位变动成本的敏感程度。

设单位变动成本增长 20%，则 U = 600×(1+20%)=720(元)

按 720 元单位变动成本计算，利润=1 000×1×(1+5%)−720×1−120=110(万元)

利润原为 230 万元，其变动百分比=(110−230)/230=−52.2%

单位变动成本的敏感系数=−52.2/20=−2.61

计算结果表明，单位变动成本对利润的影响程度要比单价小，单位变动成本每上升 1%，利润将减少 2.61%。虽然单位变动成本对利润的影响程度较单价小，但敏感系数的绝对值大于 1，说明单位变动成本的变化造成利润更大的变化，仍属于敏感因素。

(3) 固定成本的敏感程度。

设固定成本增长 20%，则 $F(X)$= 120×(1+20%)=144(元)

按此固定成本计算，利润=1 000×1×(1+5%)−600×1−144=206(万元)

利润原为 230 万元，其变动百分比=(206−230)/230=−10.43%

固定成本的敏感系数=−10.43/20=−0.52

计算结果表明，固定成本对利润的影响程度很小，固定成本每增加 1%，利润将减少 0.52%，敏感系数的绝对值小于 1，属于不敏感因素。

(4) 销售量的敏感程度。

设销售量增长 20%，则 X = 10 000×(1+20%)=12 000(m^2)

按 12 000 m^2 计算，利润=1 000×12 000×(1+5%)−600×12 000−1 200 000=300(万元)

利润原为 230 万元，其变动百分比=(300−230)/230=30.43%

销售量的敏感系数=30.43/20=1.52

通过上述计算，表明影响开发公司预期利润的诸多因素中，最敏感的是单价，其次是单位变动成本，第三是销售量，最后是固定成本。其中敏感系数为正值，表明它与利润同向增减；敏感系数为负值，表明它与利润反向增减。

4．敏感分析表的编制

敏感系数提供了各因素变动百分比和利润变动百分比之间的比例，但不能直接显示变化后利润的值，为了弥补不足，可编制敏感分析表(见表 8-2)，列出各因素变动百分比及相应的利润值。

表 8-2 单因素变动敏感分析表

利润变动百分比因素	−20%	−10%	0	+10%	+20%
单价	40	135	230	325	420
单方变动成本	350	290	230	170	110
固定成本	254	242	230	218	206
销售量	160	195	230	265	300

一般各因素变动百分比通常以±20%为范围，便可以满足实际需要，上表以 10%为间隔，也可按需要改为 5%为间隔。列表法的缺点是不能连续表示变量之间的关系，为此又可以用敏感分析图来表示。图中横轴代表单位变动成本、固定成本、销售量、单价等各因素变动百分比，纵轴代表利润。以单位变动成本为例，根据原来的目标利润点(0，230)和单位变动成本变化后的点(+20%，110)，画出单位变动成本线，这条直线反映单位变动成本不同变化水平时所对应的利润值和利润变动百分比。其他影响因素的直线画法与此类似。这些直线与利润线的夹角越小，对利润的影响越大，说明对利润的敏感程度越高。

专栏 8：万科降价的盈亏平衡点

盈亏平衡点是房地产开发项目盈利与亏损的分界点，在这一点上项目的收入与支出持平，净收入等于零。它是开发企业的销售收入扣除销售税金后与成本相等的经营状态，即边际利润等于固定成本时企业所处的既不盈利又不亏损的状态。

通过盈亏平衡点分析，投资者可以判断投资项目对市场需求变化的适应能力、盈利能力和抗风险能力。它特别适用于先开发后出售的投资项目的经济评价。

接下来我们便对万科集团的房地产销售数据(见表 8-3)进行盈亏平衡点分析。

表 8-3 万科 2005—2010 年房地产销售数据(一)

年 份	房地产销售收入(万元)	营业成本(万元)	结算面积(万平方米)
2010	5 003 095.17	2 962 956.26	452.05
2009	4 831 622.86	3 414 881.63	605.16
2008	4 048 960.34	2 465 348.00	451.37
2007	3 517 517.70	2 044 673.82	393.73
2006	1 766 965.96	1 108 055.78	289.6
2005	1 037 905.22	672 020.82	176.9

数据来源：万科 2005—2010 年度报告。

注：房地产销售收入为主营业务收入减去物业收入

经过计算可以得到如表 8-4 所示的数据。

表 8-4 万科 2005—2010 年房地产销售数据(二)

年 份	主营业务收入(万元)	营业成本(万元)	结算面积(万平方米)	单位售价(元/平方米)	税后收入(万元)
2010	5 003 095.17	2 962 956.26	452.05	11 067.57	4 752 940
2009	4 831 622.86	3 414 881.63	605.16	7 984.042	4 590 042
2008	4 048 960.34	2 465 348.00	451.37	8 970.38	3 846 512
2007	3 517 517.70	2 044 673.82	393.73	8 933.832	3 341 642

续表

年 份	主营业务收入(万元)	营业成本(万元)	结算面积(万平方米)	单位售价(元/平方米)	税后收入(万元)
2006	1 766 965.96	1 108 055.78	289.6	6 101.402	1 678 618
2005	1 037 905.22	672 020.82	176.9	5 867.186	986 010

注：(1) 单位售价=房地产销售收入/结算面积；

(2) 税后收入=房地产销售收入×(1−税率)；

(3) 根据万科集团年度报告，房地产销售收入的营业税税率为 5%。

1. 线性盈亏平衡点

销售收入 $F(x)=Px(1-r)$

总成本 $C(x)=C_vx+C_f$

公式中的字母 x 表示产(销)量；P 表示单位售价；r 表示销售税率；C_v 表示单位变动成本；C_f 表示固定成本。

选取 2010 年的数据作线性盈亏平衡分析(见图 8-6)。

因为 P=11067.57 元，r=5%，

C_v=(2010 年总成本−2009 年总成本)/(2010 年面积−2009 年面积)

=(2 962 956.26-3 414 881.63)/(452.05-605.16)=2 951.64(元/平方米)

因为 2010 年销售面积和成本都下降，因此不需对等式的符号进行调整。

C_f=2010 年总成本−2010 年可变成本

=2 962 956.26−452.05×2 951.64=1 628 372.23(万元)

销售收入：$F(x)= Px(1-r)$= 11 067.57x(1−0.05)=10 514.20x

总成本：$C(x)=C_vx+C_f$=2 951.64x+1 628 372.23

解得盈亏平衡点 X_0=215.32(万平方米)

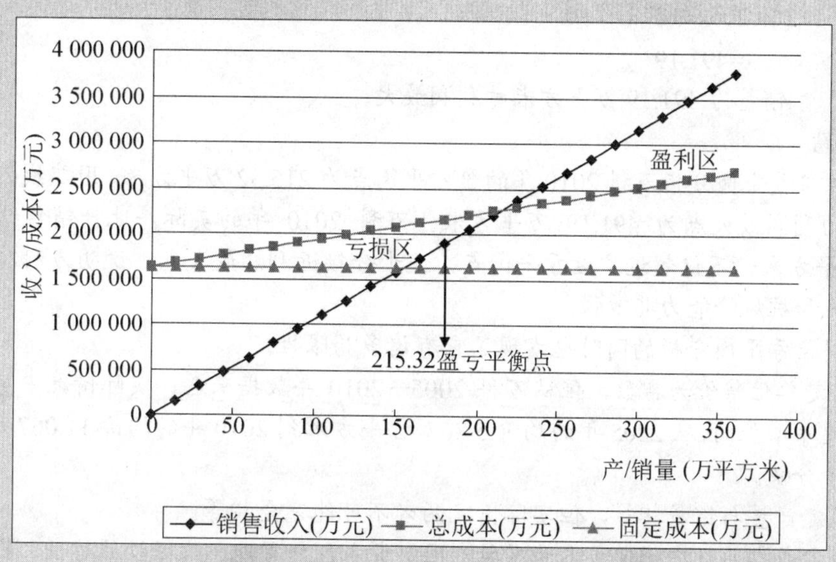

图 8-6 万科线性盈亏平衡图

2. 非线性盈亏平衡点(见图 8-7)

利用 2005—2010 年结算面积、税后收入和营业成本数据在 Excel 内作散点图，并利用非线性规划推出多项式，求出销售收入和营业成本的非线性函数：

销售收入　$F(x) = -15.172x^2 + 21\,427x - 3\,000\,000$

营业成本　$C(x) = -2.1617x^2 + 8\,645.9x - 925\,768$

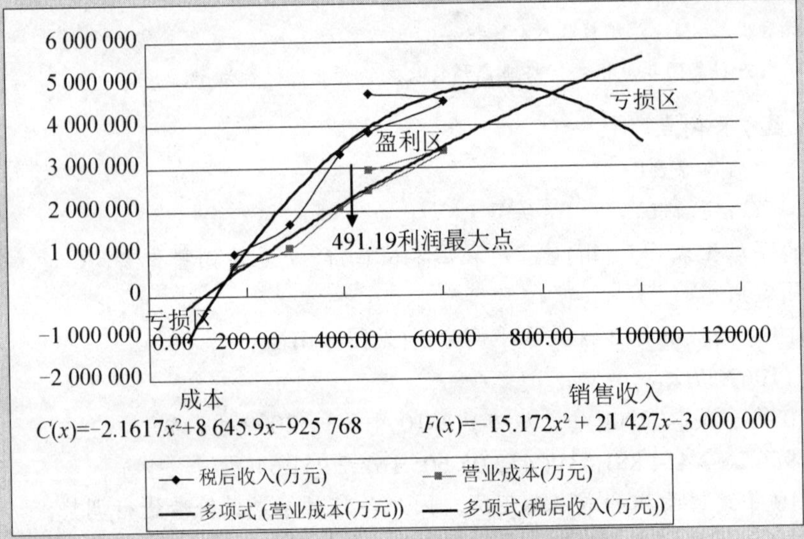

图 8-7　万科非线性平衡分析图

$E(x)=F(x)-C(x)=-13.0103x^2+12\,781.1x-2\,074\,232$

令 $\dfrac{\mathrm{d}[E(x)]}{\mathrm{d}x}=\dfrac{\mathrm{d}[F(x)]}{\mathrm{d}x}=\dfrac{\mathrm{d}[C(x)]}{\mathrm{d}x}=0$

$$-26.0206x+12781.1=0$$

$$x=491.19$$

求得产量/销量为 491.19 万平方米时利润最大。

3. 总结

用线性盈亏平衡分析万科 2010 年的盈亏平衡点为 215.32 万平方米，用非线性盈亏平衡分析万科的利润最大点为 491.19 万平方米。万科 2010 年的实际房地产销售结算面积为 452.05 万平方米，不仅超过了盈亏平衡点，还十分接近利润最大点，说明万科对市场变化的适应能力和抗风险能力非常强。

但运用盈亏平衡分析的同时也发现了它有诸多局限性。

(1) 假定单位售价为常数，但从万科 2005—2010 年数据来看，实际情况中房地产的单位售价是逐年增长的，从 2005 年的均价 5 867 元/平方米到 2010 年的均价 11 067 元/平方米，增长速度十分快。

(2) 假定产量与销量相等，但实际情况两者不可能完全相等。

(3) 假定成本函数中固定成本为常数，固定成本包括置地、基础设施建设、勘察设计和借贷利息等费用，但实际情况中每年的置地成本和建设费用都在变动，基本上是呈上升趋势。

(4) 假定变动成本是建筑面积的线性函数，单位变动成本不变，变动成本包括单价、管理费、人工费、营销费外、有关税费等，这些费用在实际情况中也发生着变化。

这是因为盈亏平衡分析是一种静态分析，没有考虑资金的时间价值和项目整个寿命期的现金流量的变化，因此，其计算结果和分析结论是粗略的，还需要配合其他动态分析来进行进一步的推论。

(资料来源：新浪财经，万科 2005—2010 年年报)

思考题

1. 房地产投资项目不确定性及其原因是什么？
2. 房地产投资项目中的不确定因素主要有哪些？
3. 房地产投资不确定性分析的方法和意义是什么？
4. 什么是盈亏平衡分析？它有哪些类型？盈亏平衡分析一般假设是什么？
5. 盈亏平衡分析的优势和局限性表现在哪些方面？

第9章

房地产投资风险分析

9.1 房地产投资风险概述

9.1.1 风险的概念

1. 风险定义

风险是指在一定条件下和一定时期内可能发生的各种结果的变动程度。投资风险是指投资的实际收益与期望的或要求的收益的偏差。

风险大致有两种定义：一种定义强调了风险表现为不确定性；另一种定义则强调风险表现为损失的不确定性。若风险表现为不确定性，说明风险产生的结果可能带来损失、获利或是无损失也无获利，属于广义风险。而风险表现为损失的不确定性，说明风险只能表现出损失，没有从风险中获利的可能性，属于狭义风险。风险和收益成正比，所以一般积极进取的投资者偏向于高风险是为了获得更高的利润，而稳健型的投资者则着重于安全性的考虑。

投资回报是指因承担某种风险进行投资而获得的收益。承担风险可以获得回报，但风险与回报之间并不存在某种必然的、固定的关系，而是受很多不确定因素的制约，具有很大的随机性。

2. 风险特征

风险具有以下几个特征。

(1) 风险具有客观性。风险是不以企业意志为转移，独立于企业意志之外的客观存在。企业只能采取风险管理办法降低风险发生的频率和损失幅度，而不能彻底消除风险。

(2) 风险具有普遍性。在现代社会，个体或企业面临着各式各样的风险。随着科学技术的发展和生产力的提高，还会不断产生新的风险，且风险事故造成的损失也越来越大。例如，核能技术的运用产生了核子辐射、核子污染的风险；航空技术的运用产生了意外发生时的巨大损失的风险。

(3) 风险具有损失性。只要风险存在，就一定有发生损失的可能，这种损失有时可以用货币计量，有时却无法用货币计量。如果风险发生之后不会有损失，那么就没有必要研究风险了。风险的存在，不仅会造成人员伤亡，而且会造成生产力的破坏、社会财富的损失和经济价值的减少，因此个体或企业才会寻求应对风险的方法。

(4) 风险具有不确定性。风险是不确定的，否则就不能称之为风险。风险的不确定性主要表现在空间上的不确定性、时间上的不确定性和损失程度的不确定性。

(5) 风险具有可变性。风险的可变性是指在一定条件下风险具有可转化的特性。世界上任何事物都是互相联系、互相依存、互相制约的，而任何事物都处于变动和变化之中，这些变化必然会引起风险的变化。例如科学发明和文明进步，都可能使风险因素发生变动。

3. 投资主体的风险类型

投资回报是指因承担某种风险进行投资而获得的收益。承担风险可以获得回报，但风险与回报之间并不存在某种必然的、固定的关系，而是受很多不确定因素的制约，具有很大的随机性。根据对风险所采取的态度不同，将投资主体分为三种类型：即避险型、冒险型和普通型。

避险型投资者无论在何种情况下是趋向于躲避风险，只有在能获得较大预期收益的前提下，才愿意进行很小的投资风险。如图 9-1 所示，避险型投资的回报-风险曲线向上弯曲，特别陡，只有当回报足够多时，这类投资者才会进行少量资金的投资。而冒险型投资者无论在何种情况下都会偏爱风险。当风险增大，冒险型投资者的回报-收益曲线并未上升过多，即随着风险的增加，投资者对收益增长的要求并不多，这类投资者勇于接受风险的挑战，即使是仅有很小的预期回报，甚至出现减少回报，也愿意进行投资。冒险型则较为平缓。而普通投资者，其回报-风险曲线介于两者之间。关于普通型投资者风险特征下面展开分析。

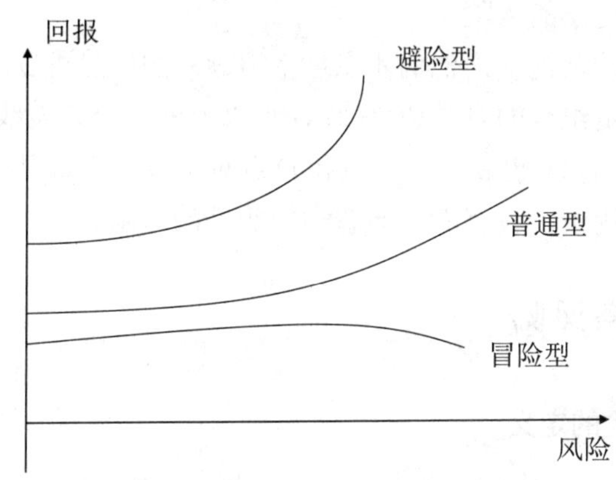

图 9-1　不同类型的投资者：风险与回报的关系

4．普通型投资者风险特征

大多数的投资者，即普通型投资者，还是愿意进行较为理性的投资，其特点如下。

(1) 在确定的预期风险下，投资者希望得到更高的回报。

(2) 而在确定的预期收益下，他们宁愿要更小的风险。

(3) 在预期收益增长的前提下，他们才愿意承担额外的风险。

关于普通投资者的这三个特点可以用图 9-2 最小方差线来加以说明。

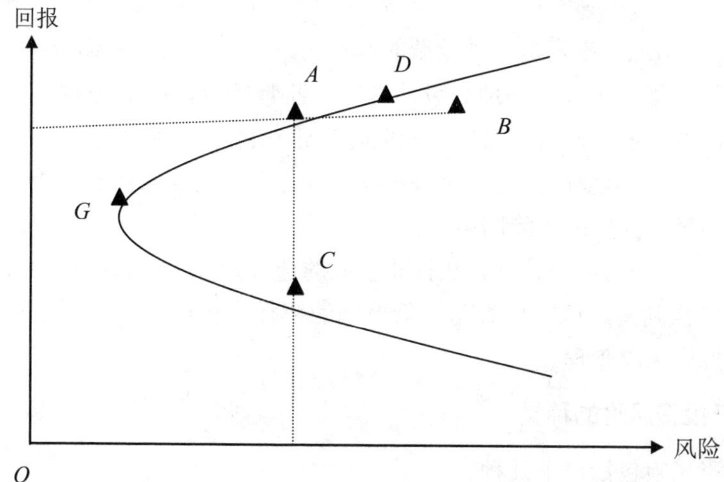

图 9-2　普通投资者风险与回报关系

在投资组合理论中通常会采用投资组合的方差来代表风险，最小方差线是投资者在所有的投资组合中取得一定收益所需的最小方差组成的曲线。

在确定的预期风险下，投资者希望得到更高的回报的特征可以根据图 9-2 得到说明，在预期风险相同的两个投资组合的 *A* 点和 *C* 点，*A* 点的回报要远高于 *C* 点的回报，而人们通常更愿意选择 *A* 点，即在确定的预期风险下，投资者希望得到更高的回报。

而在确定的预期收益下，他们宁愿要更小的风险可以表示在预期收益相同的 *A* 点和 *B* 点，*B* 点的风险会明显大于 *A* 点，这时投资者会更倾向于 *A* 点而非 *B* 点，即在确定的预期收益下，投资者宁愿要更小的风险。

而在预期收益增长的前提下，他们才愿意承担额外的风险可以用上图中 *D* 点的风险大于 *A* 点，但仍然位于投资组合的有效边界(指 *G* 点以上的最小方差线，表示投资在相对应方差的最优的投资组合的回报)，也就表示 *A* 点和 *D* 点对于投资来说都是可以选择的投资组合，即在预期收益增长的前提下，投资者才愿意承担额外的风险。

9.1.2 房地产投资风险

1. 房地产投资风险的定义

房地产投资风险是指在客观情况下，在特定的期间内，某房地产项目投资的预期结果与未来实际结果间的变动程度，变动程度越大，风险越大；变动程度越小，风险越小。即房地产投资风险是指房地产投资过程中，某种低于预期利润，特别是导致投资损失的可能性。

2. 房地产投资风险的特征

房地产投资风险具有以下特征。

(1) 多样性。房地产投资涉及面广，与政策法规、金融动向、宏观经济形势、区域供求现状、产业技术变革、消费倾向息息相关，容易受各种因素波动的影响。不同因素导致的风险也多种多样。

(2) 综合性。房地产投资是一项复杂的系统工程，需要内外协调统一。在开发方内部，市场分析、项目决策，选址、购地、设计施工、监督验收、财务控制、宣传销售、物业管理各成体系又需协调统一，对外需要与相关各界建立良好的共融关系。

(3) 补偿性。由于房地产投资的风险较高，投资者一般要求在收益中对所承担的风险进行补偿，也称为风险溢价或风险回报。

(4) 激励性。利润与风险共存，从行业壁垒的选择效应上看，高风险行业总是能给理智的投资者带来超额利润。风险损失与风险报酬的抉择使房地产企业处于背水一战的境地，必须努力完善投资风险管理。

3. 房地产投资风险的种类

房地产投资风险包括以下几种。

(1) 市场竞争风险。是指由于房地产市场上同类楼盘供给过多，市场营销竞争激烈，最终给房地产投资者带来的推广成本的提高或楼盘滞销的风险。市场风险的出现主要是由于开发者对市场调查分析不足所引起的，是对市场把握能力的不足。销售风险是市场竞争能力的主要风险。

(2) 购买力风险。现金可能因为通货膨胀、货币贬值的影响而导致购买力下降，从而使实际收益下降，给投资者带来实际收益水平下降的风险。购买力风险又称通货膨胀风险。在该风险下，人们会降低对房地产商品的消费需求，这样导致房地产投资者的出售或出租收入减少，从而使其遭受一定的损失。

(3) 流动性和变现性风险。首先，由于房地产是固定在土地上的，其交易的完成只能是所有权或是使用权的转移，而其实体是不能移动的。其次，由于房地产价值量大、占用资金多，决定了房地产交易的完成需要一个相当长的过程。这些都影响了房地产的流动性和变现性，即房地产投资者在急需现金时却无法将手中的房地产尽快脱手，即使脱手也难达到合理的价格，从而大大影响其投资收益，所以给房地产投资者带来了变现收益上的风险。

(4) 利率风险。是指利率的变化给房地产投资者带来损失的可能性。利率的变化对房地产投资者主要有两个方面的影响：一是对房地产实际价值的影响，如果采用高利率折现会影响房地产的净现值收益。二是对房地产债务资金成本的影响，如果贷款利率上升，会直接增加投资者的开发成本，加重其债务负担。

(5) 经营性风险。是指由于经营上的不善或失误所造成的实际经营结果与期望值背离的可能性。产生经营性风险主要有三种情况：一是由于投资者得不到准确充分的市场信息而可能导致经营决策的失误；二是由于投资者对房地产的交易所涉及的法律条文、城市规划条例及税负规定等不甚了解造成的投资或交易失败；三是因企业管理水平低、效益差而引起的未能在最有利的市场时机将手中的物业脱手，致使其空置率过高，经营费用增加，利润低于期望值等。

(6) 财务风险。是指由于房地产投资主体财务状况恶化而使房地产投资者面临着不能按期或无法收回其投资报酬的可能性。产生财务风险的主要原因有：一是购房者由于种种原因未能在约定的期限内支付购房款；二是投资者运用财务杠杆，大量使用贷款，实施负债经营，这种方式虽然拓展了融资渠道，但是增大了投资的不确定性，加大了收不抵支、抵债的可能性。

(7) 社会风险。是指由于国家的政治、经济因素的变动，引起的房地产需求及价格的涨跌而造成的风险。当国家政治形势稳定经济发展处于高潮时期时，房地产价格上涨；当各种政治风波出现和经济处于衰退期时，房地产需求下降和房地产价格下跌。

(8) 自然风险。是指由于人们对自然力失去控制或自然本身发生异常变化，如地震、火灾、滑坡等，给投资者带来损失的可能性。这些灾害因素往往又被称为不可抗拒的因素，其一旦发生，就必然会对房地产业造成巨大破坏，从而对投资者带来很大的损失。

(9) 周期风险。是指随着经济运行的周期性变化，房地产企业的盈利水平也呈周期性变化，甚至影响到整个行业的盈利水平。

9.2 风 险 识 别

9.2.1 风险识别的含义与方法

1. 风险识别的含义

由于每一个投资项目本身就是一个复杂的系统，因而影响它的风险因素很多，影响关系错综复杂，有直接的、有间接的、有明显的、有隐含的或是难以预料的，而且各风险因素所引起的后果的严重程度也不相同。当进行项目决策时，完全不考虑这些风险因素或是忽略了其中的主要因素，都将会导致决策的失误。但如果对每个风险因素都加以考虑的话，则又会使问题变得极其复杂，这也是不恰当的。

风险识别就是从系统的观点出发，横观房地产项目所涉及的关键环节，纵观项目建设的发展过程，将引起风险的极其复杂的事物分解成比较简单的、容易被认识的基本单元，从错综复杂的关系中找出因素间的本质联系，在众多的影响中抓住主要因素，而且具体分析它们引起结果的严重程度。

2. 风险识别的主要方法

风险识别的主要方法有头脑风暴法、德尔菲法、幕景分析法和故障树分析法等。

9.2.2 头脑风暴法

1. 头脑风暴法的含义

头脑风暴法于 20 世纪 40 年代由被誉为创造工程之父的奥斯本在其《Your Creative Power》中作为一种开发创造力的技法正式提出。原指精神病患者头脑中短时间出现的思维紊乱现象，病人会产生大量的胡思乱想。奥斯本借用这个概念来比喻思维高度活跃，打破常规的思维方式而产生大量创造性设想的状况。

后来头脑风暴法被广泛地运用于商业和教育领域。在商业上，头脑风暴法在随后的几十年商业活动中得到了运用与发展，并且在许多需要创造性的领域中得到了拓展。而在教育领域，“英国英特尔未来教育学家”试图通过聚集成员自发提出的观点，以产生一个新观点，使成员之间能够互相帮助，进行合作式学习，并且在学习的过程中，取长补短，集思广益，共同进步，进而产生了一种新的教学法——头脑风暴教学法。其本质是让与会者思维高度活跃，打破常规，产生大量创造性设想，使各种设想在教学活动中相互碰撞激起脑海的创造性“风暴”。

头脑风暴法的组织形式是小组会议，这种方法的实质是通过相互讨论，产生思维共振，在相互智慧的补充和修正中，不断激发与会成员的灵感和思想，激发大家的创见性，以获得有价值的具有新意的观点、思想和创意。

2．头脑风暴法的实施步骤

头脑风暴法的实施步骤如下。

(1) 准备阶段：产生问题，组建头脑风暴小组，培训支持人和组员及通知会议内容、时间和地点等。

(2) 热身活动：为了使头脑风暴会议能形成热烈和轻松的气氛，使与会者的思维活跃起来，可以做一些智力游戏，如猜谜、讲幽默故事等。

(3) 明确问题：由主持人向大家介绍所要解决的问题，问题需要简单、明了、具体，对一般性的问题要分成几个具体的问题解决。

(4) 自由畅谈，由与会者自由提出设想，主持人要坚持原则，尤其要坚持严禁批评的原则，对违反原则的与会者要及时制止，如坚持不改可及时劝退，会议秘书要对与会者提出的每个设想予以记录或做现场录音。

(5) 收集设想。在会议的第二天再向组员收集设想，这时得到的设想往往更有创见。

(6) 如问题未能解决，可以重复上述过程。但再用原班人马时，要从另一个侧面或用最广义的表述来讨论课题，这样才能变已知任务为未知任务，使与会者的思路轨迹改变。

(7) 评判组会议。对头脑风暴会议所产生的设想进行评价与优选应谨慎行事，即使是不严肃的、不现实的或者荒诞无稽的设想也应该认真对待。

3．实施头脑风暴法的注意事项

实施头脑风暴法的注意事项如下。

(1) 与会成员的选择与待分析决策问题的性质要一致，同时又要注意选择不同特点的专家参加。如与会成员中，既要有方法论学者，又要有擅长理论分析的专家，还要包括有丰富实践经验的专家等。

(2) 参加小组讨论的专家最好是互不相识，会上不公布专家所在的单位、年龄、职称和职务，让每一位与会成员感觉到大家都是平等的。便于大家在讨论时不会因某些已知的信息(如对方的职务、职称等)而影响到自己对观点思想的表达和陈述。

(3) 要创造自由的、无拘无束的会议环境。会议主持人应说明会议的召开方式及特点，使与会成员没有任何顾虑，做到畅所欲言，最大限度地激发思维，使与会成员真正产生思维共振、交融与相互启迪。

(4) 鼓励与会成员对已经提出的想法进行修正和完善，并为其提供优先发言的机会。

(5) 主持人还应在适当的时候做诱导性发言，尽量启发专家的思维、引导与会成员开展讨论和提出质疑。

4．头脑风暴法的适用范围

头脑风暴法是用来产生各种各样的主意和设想的，产生的主意和设想可以是问题(目标)、方法、解答与标准等，但并不只限于寻求解答。头脑风暴法的最主要的作用是引发许多与风险或者风险中某些问题的有关设想。因此，头脑风暴法的问题必须是开放性的。

9.2.3 德尔菲法

1. 德尔菲法的含义

德尔菲法是采用背对背的通信方式征询专家小组成员的预测意见，经过几轮征询，使专家小组的预测意见趋于集中，最后做出符合市场未来发展趋势的预测结论。德尔菲法又名专家意见法或专家函询调查法，是依据系统的程序，采用匿名发表意见的方式，即团队成员之间不得互相讨论，不发生横向联系，只能与调查人员发生关系，以反复的填写问卷，以得出问卷填写人的共识及搜集各方意见，可用来构造团队沟通流程，应对复杂任务难题的管理技术。

2. 德尔菲法实施步骤

德尔菲法的实施步骤如下。

(1) 确定调查题目，拟定调查提纲，准备向专家提供的资料(包括预测目的、期限、调查表以及填写方法等)。

(2) 组成专家小组。按照课题所需要的知识范围，确定专家。专家人数的多少，可根据预测课题的大小和涉及面的宽窄而定，一般不超过20人。

(3) 向所有专家提出所要预测的问题及有关要求，并附上有关这个问题的所有背景材料，同时请专家提出还需要什么材料。然后，由专家做书面答复。

(4) 各个专家根据他们所收到的材料，提出自己的预测意见，并说明自己是怎样利用这些材料并提出预测值的。

(5) 将各位专家第一次判断意见汇总，列成图表，进行对比，再分发给各位专家，让专家比较自己同他人的不同意见，修改自己的意见和判断。也可以把各位专家的意见加以整理，或请身份更高的其他专家加以评论，然后把这些意见再分送给各位专家，以便他们参考后修改自己的意见。

(6) 将所有专家的修改意见收集起来，汇总，再次分发给各位专家，以便做第二次修改。逐轮收集意见并为专家反馈信息是德尔菲法的主要环节。收集意见和信息反馈一般要经过三四轮。在向专家进行反馈的时候，只给出各种意见，但并不说明发表各种意见的专家的具体姓名。这一过程重复进行，直到每一个专家不再改变自己的意见为止。

(7) 对专家的意见进行综合处理。

3. 德菲尔法的优缺点

主要优点：①能充分发挥各位专家的作用，集思广益，准确性高。②能把各位专家意见的分歧点表达出来，取各家之长，避各家之短。

同时，德尔菲法又能避免专家会议法的缺点：①权威人士的意见影响他人的意见；②有些专家碍于情面，不愿意发表与其他人不同的意见；③出于自尊心而不愿意修改自己原来不全面的意见。

主要缺点：过程比较复杂，花费时间较长。

4. 实施德尔菲法的注意事项

实施德尔菲法的注意事项如下。

(1) 由于专家组成成员之间存在身份和地位上的差别以及其他社会原因，有可能使其中一些人因不愿批评或否定其他人的观点而放弃自己的合理主张。要防止这类问题的出现，必须避免专家们面对面的集体讨论，而是由专家单独提出意见。

(2) 对专家的挑选应基于其对企业内外部情况的了解程度。专家可以是第一线的管理人员，也可以是企业高层管理人员和外请专家。例如，在估计未来企业对劳动力需求时，企业可以挑选人事、计划、市场、生产及销售部门的经理作为专家。

(3) 为专家提供充分的信息，使其有足够的根据做出判断。例如，为专家提供所收集的有关企业人员安排及经营趋势的历史资料和统计分析结果等。

(4) 所提问的问题应是专家能够回答的问题。

(5) 允许专家粗略地估计数字，不要求精确。但可以要求专家说明预计数字的准确程度。

(6) 尽可能将过程简化，不问与预测无关的问题。

(7) 保证所有专家能够从同一角度去理解员工分类和其他有关定义。

(8) 向专家讲明预测对企业和下属单位的意义，以争取他们对德尔菲法的支持。

5. 德尔菲法的适用范围

德尔菲法的适用范围如下。

(1) 缺乏足够的资料。

(2) 做长远规划或大趋势预测。

(3) 影响预测事件的因素太多。

(4) 主观因素对预测事件的影响较大。

9.2.4 幕景分析法

1. 幕景分析法的含义

幕景分析法是一种能识别关键因素及其影响的方法。一个幕景就是一项事业或组织未来某种状态的描述，可以在计算机上计算和显示，也可用图表曲线等简述。幕景分析的结果大致分两类：一类是对未来某种状态的描述；另一类是描述目标问题的一个发展过程及未来若干年目标问题的一系列变化。它可以向决策者提供未来某种机会带来最好的、最可能发生的和最坏的前景，还可以详细给出三种不同情况下可能发生的事件和风险。

2. 实施幕景分析法的注意事项

在应用幕景分析法时，要注意避免“隧道眼光”(Tunnel Vision)现象。因为所有幕景分析都是围绕分析目前的状况和信息水平进行考虑，可能与实际进程存在一定的偏差，就像从隧道中看洞外的世界一样有局限性。所以，为避免此现象带来弊端，幕景分析法最好能与其他分析方法一同使用。

3. 幕景分析法的适用范围

幕景分析特别适用于以下几种情况。

(1) 提醒决策者注意措施或政策可能引起的风险及后果。

(2) 建议需要监视的风险范围。

(3) 研究某些关键性因素对未来过程的影响。

(4) 当存在各种相互矛盾的结果时，应用幕景分析可以在几个幕景中进行选择。

9.2.5 故障树分析法

1. 故障树分析法的含义

故障树分析法(Fault Tree Analysis，FTA)是美国贝尔电报公司的电话实验室于1962年开发的，它采用逻辑的方法，形象地进行危险的分析工作，特点是直观、明了，思路清晰，逻辑性强，可以做定性分析，也可以做定量分析。该方法体现了以系统工程方法研究安全问题的系统性、准确性和预测性，它是安全系统工程的主要分析方法之一。一般来讲，安全系统工程的发展也是以故障树分析为主要标志的。

1974年美国原子能委员会发表了关于核电站危险性评价报告，即“拉姆森报告”，大量、有效地应用了FTA，从而迅速推动了它的发展。

故障树分析法是在一定条件下用演绎推理的方法，即通过对可能造成系统故障的各种因素(硬件、软件、环境、人为因素)进行分析，由总体至局部,按树形结构，自上而下逐层细化、画出逻辑框图(即为故障树)，从而确定系统故障原因的各种组合方式和发生概率，并采取相应的改进措施，提高系统可靠性的分析方法。它是可靠性工程的重要分支，是目前国内外公认的对复杂系统安全性、可靠性分析的一种实用方法。

故障树分析把系统不希望发生的事件(系统故障状态)作为故障树的顶事件(Top Event)，用规定的逻辑图形符号(事件符号和门类标示：与门、或门等)来表示，找出导致这一不希望发生事件所有可能发生的直接因素和原因，它们是处于过渡状态的中间事件，并由此逐步深入分析，直到找出事件的基本原因即故障树的底事件为止。

故障树分析法的基本原理是把所研究系统的最不希望发生的故障状态作为故障分析的目标，然后找出直接导致这一故障发生的全部原因，再找出造成下一级事件发生的全部直接因素，直到找出那些故障机理已知的基本因素为止。

2. 故障树分析法的实施步骤

故障树分析法的基本实施步骤包括如下九个。

(1) 熟悉系统。要详细了解系统状态及各种参数，绘出业务流程图或布置图。

(2) 调查事故。收集事故案例，进行事故统计，设想给定系统可能发生的事故。

(3) 确定顶上事件。要分析的对象即为顶上事件。对所调查的事故进行全面分析，从中找出后果严重且较易发生的事故作为顶上事件。

(4) 确定目标值。根据经验教训和事故案例，经统计分析后，求解事故发生的概率(频率)，以此作为要控制的事故目标值。

(5) 调查原因事件。调查与事故有关的所有原因事件和各种因素。

(6) 画出故障树。从顶上事件起，逐级找出直接原因的事件，直至所要分析的深度，按其逻辑关系，画出故障树。

(7) 分析。按故障树结构进行简化，确定各基本事件的结构重要度。

(8) 事故发生概率。确定所有事故发生概率，标在故障树上，并进而求出顶上事件(事故)的发生概率。

(9) 比较。比较分可维修系统和不可维修系统进行讨论，前者要进行对比，后者求出顶上事件的发生概率即可。

3. 实施故障树分析法的注意事项

在实施故障树分析法时，应注意以下事项。

(1) 故障树分析法是针对一个特定事故作分析，而不是针对一个过程或设备系统做分析。

(2) 对于复杂系统，编制事故树的步骤较多，编制的事故树也较为庞大，计算也较为复杂，给进行定性、定量分析带来困难。

(3) 在对系统进行定性分析前，必须确定所有各基本事件发生的概率，否则无法进行定量分析。

4. 故障树分析法的优缺点

故障树分析法的优点如下。

(1) 事故树的因果关系清晰、形象。对导致事故的各种原因及逻辑关系能做出全面、简洁、形象地描述，从而使有关人员了解和掌握安全控制的要点和措施。

(2) 根据各基本事件发生故障的频率数据，确定各基本事件对导致事故发生的影响程度——结构重要度。

(3) 既可进行定性分析，又可进行定量分析和系统评价。通过定性分析，确定各基本事件对事故影响的大小，从而可确定对各基本事件进行安全控制所应采取措施的优先顺序，为制定科学、合理的安全控制措施提供基本的依据。通过定量分析，依据各基本事件发生的概率，计算出顶上事件(事故)发生的概率，为实现系统的最佳安全控制目标提供一个具体量的概念，有助于其他各项指标的量化处理。

故障树分析法的缺点如下。

(1) 应用 FTA 分析事故原因是强项，但应用于原因导致事故发生的可能性推测是弱项。

(2) 应用 FTA 分析是针对一个特定事故做分析，而不是针对一个过程或设备系统做分析，因此具有局部性。

(3) 要求分析人员必须非常熟悉所分析的对象系统，能准确和熟练地应用分析方法。往往会出现不同分析人员编制的事故树和分析结果不同的现象。

(4) 对于复杂系统，编制事故树的步骤较多，编制的事故树也较为庞大，计算也较为复杂，给进行定性、定量分析带来困难。

(5) 要对系统进行定量分析，必须事先确定所有各基本事件发生的概率，否则无法进行定量分析。

5. 故障树分析法的适用范围

(1) 在事故树分析中顶上事件可以是已经发生的事故，也可以是预想的事故。通过分析找出事故原因，采取相应的对策加以控制，从而可以起到事故预防的作用。

(2) 查明系统内固有的或潜在的各种危险因素，为安全设计、制定安全技术措施和安全管理提供科学、合理的依据。

9.3 风险估计与评价

9.3.1 风险估计与评价概述

1. 风险估计的含义

风险估计是指在对不利事件所导致损失的历史资料分析的基础上，运用概率统计等方法对特定不利事件发生的概率以及风险事件发生所造成的损失做出定量估计的过程。

2. 风险评价的含义

风险评价是在风险识别和风险估计的基础上，对风险发生的概率、损失程度以及其他因素进行全面考虑，评估发生风险的可能性及危害程度，与公认的安全指标相比较以衡量风险的程度，并决定是否需要采取相应的措施的过程。

3. 风险评价决策的含义

风险评价决策是在风险识别、风险估计的基础上，判断风险对房地产开发方案的影响，并将风险的影响同开发方案的其他目标构成一个多目标问题进行决策。

4. 风险估计的主要方法

风险估计的主要方法有蒙特卡洛模拟法和层次分析法。

9.3.2 蒙特卡洛模拟法

1. 蒙特卡洛模拟法概述

蒙特卡洛(Monte Carlo)模拟是一种通过设定随机过程，反复生成时间序列，计算参数估计量和统计量，进而研究其分布特征的方法。具体来说，当系统中各个单元的可靠性特征量已知，但系统的可靠性过于复杂，难以建立可靠性预计的精确数学模型或模型太复杂而不便应用时，可用随机模拟法近似计算出系统可靠性的预计值；随着模拟次数的增多，其预计精度也逐渐增高。由于涉及时间序列的反复生成，蒙特卡洛模拟法是以应用高容量和高速度的计算机为前提条件的，因此只是在近些年才得到广泛推广。这个术语是“二战”时期美国物理学家 Metropolis 执行曼哈顿计划的过程中提出来的。蒙特卡洛模拟方法的原理是当问题或对象本身具有概率特征时，可以用计算机模拟的方法产生抽样结果，根据抽样计算统计量或者参数的值；随着模拟次数的增多，可以通过对各次统计量或参数的估计值求平均的方法得到稳定结论。

2. 蒙特卡洛模拟法的基本原理

蒙特卡洛模拟法的基本原理是用随机抽样的方法抽取一组输入变量的数值，并根据这组输入变量的数值计算项目评价指标，抽样计算足够多的次数可获得评价指标的概率分布，并计算出累计概率分布、期望值、方差、标准差，再通过求平均的方法计算项目由可行转变为不可行的概率，从而估计项目投资所承担的风险。

该原理用数学函数表示则为：假定函数 $Y=f(x_1,x_2,\cdots,x_n)$,其中变量 $x_1,x_2,\cdots,x_n$ 的概率分布已知。但在实际问题中，$f(x_1,x_2,\cdots,x_n)$往往是未知的。蒙特卡洛法利用一个随机数发生器通过直接或间接抽样取出每一组随机变量$(x_1,x_2,\cdots,x_n)$的$(x_{1i},x_{2i},\cdots,x_{ni})$，然后按 Y 对于$(x_1,x_2,\cdots,x_n)$的关系式确定函数 y_i 的值。

$$y_i=(x_{1i},x_{2i},\cdots,x_{ni})$$

反复独立抽样(模拟)多次(i=1，…)，便可得到函数 Y 的一批抽样数据 $y_1,y_2,\cdots,y_n$，当模拟次数足够多时，便可给出与实际情况相近的函数 Y 的概率分布与数字特征。

3．蒙特卡洛模拟法的实施步骤

(1) 根据提出的问题构造一个简单、适用的概率模型或随机模型，使问题的解对应于该模型中随机变量的某些特征(如概率、均值和方差等)，所构造的模型在主要特征参量方面要与实际问题或系统相一致。

(2) 根据模型中各个随机变量的分布，在计算机上产生随机数，实现一次模拟过程所需的足够数量的随机数。通常先产生均匀分布的随机数，然后生成服从某一分布的随机数，方可进行随机模拟试验。

(3) 根据概率模型的特点和随机变量的分布特性，设计和选取合适的抽样方法，并对每个随机变量进行抽样(包括直接抽样、分层抽样、相关抽样、重要抽样等)。

(4) 按照所建立的模型进行仿真试验、计算，求出问题的随机解。

(5) 统计分析模拟试验结果，给出问题的概率解以及解的精度估计。

4．实施蒙特卡洛模拟法的注意事项

实施蒙特卡洛模拟法的注意事项如下。

(1) 在运用蒙特卡洛模拟法时，假设输入变量之间是相互独立的，在风险分析中会遇到输入变量的分解程度问题。输入变量分解得越细，输入变量个数也就越多，模拟结果的可靠性也就越高。变量分解过细往往造成变量之间有相关性，就可能导致错误的结论。为避免此问题，可采用以下办法进行处理。

① 限制输入变量的分解程度。

② 限制不确定变量个数。模拟中只选取对评价指标有重大影响的关键变量，其他变量保持在期望值上。

③ 进一步搜集有关信息，确定变量之间的相关性，建立函数关系。

(2) 蒙特卡洛法的模拟次数。

从理论上讲，模拟次数越多越正确，但实际上一般应在200～500次为宜。

9.3.3 层次分析法

1．层次分析法概述

层次分析法(Analytical Hierarchy Process，AHP 法)是美国匹兹堡大学萨蒂(Saaty T.L.)教授于 20 世纪 70 年代初提出的，旨在为不确定情况下处理复杂的决策问题，用来评估各相关因素间重要性程度的一种层次权重决策分析方法。

层次分析法将定量分析和定性分析相结合，采用专家打分法对影响房地产行业发展的相关因素进行比较，通过计算各影响因素的权重系数寻求影响行业发展的主要关键因素。

2．层次分析法的基本原理

把问题层次化，根据问题的性质和需要达到的总目标，将问题分解为不同的组成因素。并按照因素间的相互关联影响以及隶属关系，将因素按不同层次聚集组合，形成一个多层次的分析结构模型。由高层次到低层次分别包括：目标层、准则层、指标层、方案层、措施层等。并最终把系统分析归结为最低层(供决策的方案、措施等)，相对于最高层(总目标)的相对重要性权值的确定或相对优劣次序的排列问题。

3．层次分析法的实施步骤

(1) 风险要素权重系数的确定。

权重系数是用来描述风险要素在项目风险评价中相对重要程度的指标，其大小不仅取决于该要素自身在项目诸要素中的地位，而且取决于投资者的投资动机和投资取向，甚至是性格差异所引起的对投资风险的期望和要求的不同。权重系数一般采用层次分析法进行综合确定，其基本分析步骤如下。

① 建立层次结构模型。按项目投资风险要素的内容及其相互关系，将各要素划分为层次结构形式。

② 确定同层间单权重系数。同层间要素的单权重系数是用以描述位于同一层的各要素相对于上一层要素重要程度的系数，它是由求解该层的判断矩阵求得的。判断矩阵则是由同一层间各要素之重要程度两两比较而构建的。为了便于清晰地界定各要素的重要程度，将评价尺度划分为9∶1至1∶1共9个级别。其中，9∶1表示绝强的相对重要程度，1∶1表示等强的相对重要程度，其间由极强至强，由强至稍强、等强，逐渐变化。由此，一个由 n 个要素构成的同一层次结构，经要素间相对重要性判断之后，便可构造一个 $n \times n$ 阶的矩阵，这就是判断矩阵。在构造好判断矩阵后，运用线性代数的方法，计算判断矩阵的特征向量，求得同层间的单权重系数。

③ 一致性检验。判断矩阵是由分析者在对各因素的相对重要程度进行两两比较后，凭估计而建立起来的。既然是估计，就难免存在误差，过大的误差会影响单权重系数的可信度。因此，需要一种检验及度量这种判断误差大小的方法，这便是所谓一致性检验。其计算方法为：

$$\text{C.I} = \frac{\lambda_{\max} - n}{n - 1}$$

式中：C.I——一致性检验指标；

$\lambda_{\max}$——判断矩阵最大特征根；

n——判断矩阵的阶。

故C.I一般均大于或等于零。当C.I太大时，就认为该判断矩阵的一致性太差，所求得的单权重系数不可信，需重新进行相对重要性的判定；C.I越小，说明一致性越好。考虑到一致性偏离可能是由于随机原因造成的，因此在检验判断矩阵是否具有满意的一致性时，还将C.I与平均一致性指标R.I进行比较，得检验系数C.R(C.R =C.I/R.I)。一般来讲，只要C.R值小于0.1便认为这个判断令人满意。

④ 组合权重系数的确定。在上述各层的单权重系数确定之后，便可由递推运算判定各

层间因素的组合权重系数了。组合权重系数描述的是综合考虑了上下两层各因素的权重系数后，得出的相对于更上一层相应因素的权重系数(或称优先函数)。

设某项目环境层次模型有 A、B、C 三层，由判断矩阵已求得 B 层各因素的单权重系数为 b，C 层各因素的单权重系数为 c，则 C 层各因素的组合权重系数为 BC，按下式计算：

$$\mathrm{BC}_j=\sum_{i=t}^{n} b_i c_{ij}\ (j=1,2\cdots,\ n)$$

组合权重系数 BC 描述了 C 层各因素相对于 A 层的优先顺序。若 C 层下还有另一层要素 D，其单权重系数为 d，则该层相对于 A 层的组合权重(优先顺序)BCD，按一下式递推运算求得：

$$\mathrm{BCD}_j=\sum_{j=1}^{n}(\mathrm{BC})_i d_{ij}\ (j=1,2,\ \cdots,\ n)$$

这样由上而下依次递推，便可求得层次结构模型的最下层因素在项目风险度量中的组合权重系数。

(2) 各风险要素的评分。

组合权重系数仅仅描述了各风险要素在项目风险度量中的地位(重要程度)。而对某一要素风险的单项评价，还需要通过计分的方法来实现。通常的做法是不论其为定性因素还是定量因素，均按风险大、中、一般、小四级进行评价。由于评价者个人因素的差异(如经历、观念、经验等)，不同的评价者对同一条件往往会做出不同的评价。因此，为了使评价结果更符合实际，应综合考虑全部评价者对 j 指标的评价，按下式统计评分：

$$V_j=4r_{j1}+3r_{j2}+2r_{j3}+r_{j4}$$

式中：V_j——风险要素 j 的评分值；

r_{j1}——认为 j 要素风险为大的评价者占全部评价者的百分比；

r_{j2}——认为 j 要素风险为中的评价者占全部评价者的百分比；

r_{j3}——认为 j 要素风险为一般的评价者占全部评价者的白分比；

r_{j4}——认为 j 要素风险为小的评价者占全部评价者的百分比。

显然，得分越高，说明该要素在项目的风险程度评价中权重越大。

(3) 项目投资的综合评分。

分别求得各风险要素的组合权重系数 BCD 和评价分值 V 后，便可代入下式求项目投资风险的综合评价分：

$$G=\sum_{j=1}^{m}\mathrm{BCD}_j V_j$$

式中：G——项目投资风险的综合评分；

BCD_j——第 j 个因素的权重系数；

V_j——第 j 个风险因素的风险程度评价分；

m——风险因素个数。

显然，得分越高，说明项目投资风险越大。

4．实施层次分析法的注意事项

如果所选的要素不合理，其含义混淆不清，或要素间的关系不正确，都会降低 AHP 法的结果质量，甚至导致 AHP 法决策失败。

为保证递阶层次结构的合理性，需把握以下原则。

(1) 分解简化问题时把握主要因素，不漏不多；

(2) 注意相比较元素之间的强度关系，相差太悬殊的要素不能在同一层次比较。

9.4 房地产投资组合风险

9.4.1 房地产投资组合的定义

1. 投资组合的概念

对于相同的宏观经济环境变化，不同投资项目的收益会有不同的反应。举例来说，在高通胀的时候投资项目甲的收益增长可能会超过通胀的增长幅度，而投资项目乙的收益可能会有负增长。在这种情况下，把适当的投资项目组合起来，便可以达到一个最终和最理想的长远投资策略。换句话说，目标是寻找在一个固定的预期收益率下使风险最低，或是在一个预设可接受的风险水平下，使收益最大化的投资组合。

2. 房地产投资组合的概念

从狭义上，房地产投资组合就是由不同类型和不同地区的房地产投资所构成的投资组合。不同类型的房地产，可以是住宅、写字楼、工业厂房、商业用房等。不同地区的房地产投资所构成的投资组合指同时在不同的城市或地区进行开发或者置业投资。

广义上，房地产投资组合泛指房地产与股票，证券等其他金融资产的投资组合。大型机构投资者进行房地产投资时，非常注重研究其地区分布、时间分布以及项目类型分布的合理性，以期既不冒太大的风险，又不失去获取较高收益的机会。

9.4.2 房地产投资组合的选择模型

投资组合已广泛应用于证券投资领域，并已形成诸多成熟完善的模型。而房地产投资组合模型则由于房地产特殊的性质，还在不断地进行探索。下面介绍的房地产投资组合选择模型的基本思想是，房地产投资者在进行投资决策时，从若干个投资项目中选择出若干个适当的项目进行投资组合，使得该组合风险与回报达到期望目标。

假定 x_j=1(0)为一个决定变量，来确定是接受还是拒绝 n 个项目中的第 j 个项目下面给出了一个合适的均方差模型：

$$Z(\gamma)=\min\sum_{i=1}^{n}\sum_{j=1}^{n}x_i c_i \sigma_i \rho_{ij} \sigma_j c_j /(\sum_{j=1}^{n}c_j x_j)^2 \tag{9-1}$$

限制条件：

$$U'(x)=\sum_{j=1}^{n}u_j' x_j / \sum_{j=1}^{n}c_j x_j \geqslant \gamma \tag{9-2}$$

$$\sum_{j=1}^{n}c_j x_j \leqslant b \tag{9-3}$$

式中：x_j=0，1；j=1，2，…，n；所有的 γ 均大于零。

每个项目的成本为 c_j，在该成本下相应回报率为 r_j，期望回报率的标准离差为 P_j，项目期望的回报总额为 $u_j=c_j$，组合投资的回报总额为 $\sum^{n} u_j' x_j$，用它除以组合投资总成本 $\sum^{n}_{i=1} c_j x_j$，即得到组合投资的纯回报率。p_{ij} 为项目 i 和项目 j 之间的标准相关系数，且为非负。这里 p_{ij} 非负的经济意义是指：不同类型或地区的房地产投资的相关性是正向变动或同向变动的。如果是广义的房地产投资组合，即当房地产投资和股票、债券等金融资产组合在一起时，其相关系数 p 可以为负数。因此，投资者寻找的组合投资的回报率方差为最小，而回报至少要大于参数 γ 。式(9-3)代表了整个组合投资的开支预算极限。

在经典的连续变化的资产模型中，产生一个相关系数矩阵是一个很重要且十分复杂的问题，必须各自做出估计并采用一个共同指数，一个较大的困难是这些值在内部必须是相互一致的。

上述模型中给定的值 γ 和 b，以目前的技术有效地确定还有些困难，并且组合投资的现金流量 $\sum^{n} c_j x_j$ 同样出现在式(9-1)、式(9-2)式的分母中。由于它事先无法确定值的大小，这就大大地增加了计算的难度。然而，这个问题可假设投资者总可以将未经分配的资金以已知利息 r_0(安全利率，其方差为 0，即为无风险利率)进行投资，经修正后的模型如下：

$$Z(\gamma) = \min \frac{1}{b^2} \sum_{j=1}^{n} \sum_{i=1}^{n} x_i c_i \sigma_i \rho_{ij} \sigma_j c_j x_j$$

限制条件：

$$U(x) = r_0 + \frac{1}{b} \sum_{j=1}^{n} u_j x_j \geqslant \lambda$$

$$\sum_{j=1}^{n} c_j x_j \leqslant b$$

式中：$x_j=0,1$；$j=1,2$，…，n。

这里的 $u_j=(r_j-r_0)\times c_j$ 表示超过安全利率的那部分超额回报。这个选择模型是进行投资组合资产选择和决策的基础。

9.4.3　房地产投资组合的风险分析

投资组合只能够分散风险，而不能彻底消除风险。投资组合中各项单独投资都具有一定的风险，一般可用方差来表示，但要全面认识投资组合风险，仅考虑单项投资的风险是不够的，还必须分析它与其他投资之间的相互作用。投资组合风险是指作为一个整体的投资获得预期收益所要承担的风险。假设投资组合有 n 项单项投资，则组合风险的数学表达式如下：

$$\sigma = \sqrt{\sum_{i=1}^{n} x_i^2 \sigma_i^2 + \sum_{i=1}^{n} \sum_{j=1}^{n} x_i x_j \sigma_i \sigma_j \rho_{ij}}$$

式中：σ ——投资组合风险；

x_i——投资组合中投资 i 的百分比或权重；

σ_i ——投资组合中投资 i 的预期收益的标准差；

ρ_{ij}——投资 i 与投资 j 之间的相关系数。

从上式中可看出，投资组合的风险可以分为两个部分，即单项投资风险和各投资资产间的相关性影响。

例 9-1：假设投资者有一笔 1 000 万元的资金，其投资方案有 A、B、C 三种。A 方案是资金全部投入商场，B 方案是资金全部投入办公楼方面，C 方案是一种组合投资，用一半的资金投入商场方面，另一半的资金投入办公楼方面。由于不同的投资方案所面临的不确定性条件不同，从而可能造成不确定结果的差异。因此，三种方案的收益情况可以用图 9-3 表示，A 的方差为 0.16，B 的方差为 0.25。A 和 B 的相关系数为 0.5，分析这三个方案。

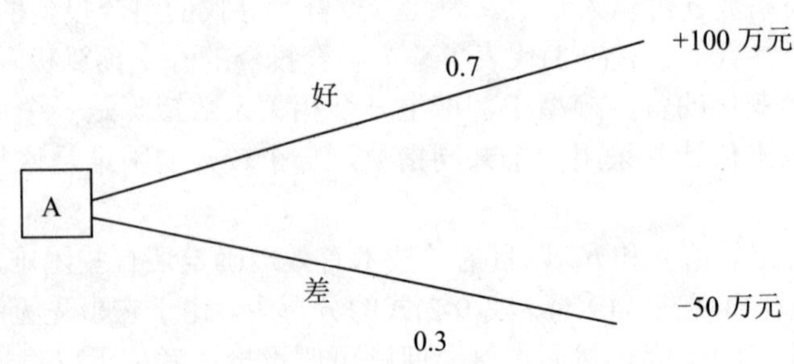

1．1 000 万元投入商场

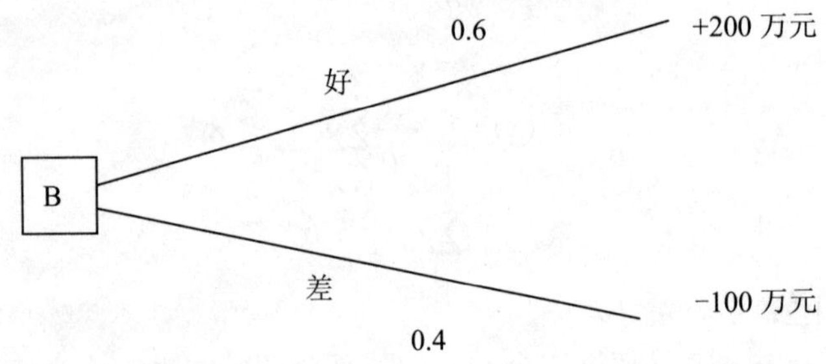

2．1 000 万元投入办公楼

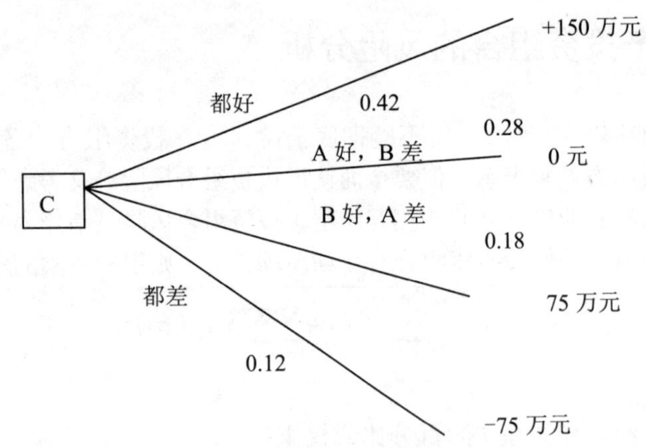

3．500 万元投入商场，500 万元投入办公楼

图 9-3　三个不同投资方案的收益示意图

解：

(1) 对于 A 方案而言：

回报 R=0.7×100−0.3×50=55

风险度量值= $\sigma = \sqrt{0.16} = 0.4$

(2) 对于 B 方案而言：

回报 R=0.6×200−0.4×100=80

风险度量值=0.5

(3) 对于 C 方案而言：

回报 R=150×0.42+0.28×0+0.18×75-75×0.12=67.5

风险度量值 $\sigma = \sqrt{0.5^2 \times 0.4^2 + 0.5^2 \times 0.5^2 + 0.5 \times 0.5 \times 0.4 \times 0.5 \times 0.5} = 0.357$

从上述分析可以看出，组合投资 C 方案的风险度量值比 A、B 两个方案的风险值均有所降低。房地产投资组合的期望收益总是介于独立投资收益的最大值与最小值之间，但会分散投资的风险，达到降低风险的目的。

9.4.4　房地产投资组合的风险与回报

通过比较投资回报是评价投资方案优劣的重要起点，但仅仅以此来分析投资风险与回报并不全面。从前文的论述中可知，一般来说，高回报的投资比低回报的投资更具风险。由于我国房地产市场正处于起步阶段，且尚未发育健全，因而有关房地产投资风险与回报的数据也未成体系。下面利用美国的有关房地产投资回报及风险值的数据来研究风险与回报的关系。风险与回报的关系可以通过风险溢价来研究，按照风险溢价是否与承担的风险相当来进行客观评价。因此，投资者可以通过比较不同投资组合所能获得的风险溢价来决定选择何种投资组合。

为了说明投资组合中的单项投资的相互作用是如何发生的，新增加的投资是如何影响投资组合平均回报及其风险的，必须先来计算投资组合的回报、投资组合的整体风险和考虑如何测定不同投资回报之间的相关程度。

投资组合的回报可这样计算，先求得各单项投资的平均回报率，然后对其进行加权平均权重为各单项投资价值占总投资组合价值的百分比。设相应权重为 x_i，则投资组合回报率 r 可表示为

$$r = \sum_{i=1}^{n} x_i \overline{r} \left(其中\sum_{i=1}^{n} x_i = 1，且 0 \leqslant x_i \leqslant 1 \right)_i$$

显然，r 要比 $\overline{r}$ 中最大者小，比 $\overline{r}$ 中最小者大。但是，投资组合的回报需要与投资组合的风险联系在一起考虑。

如前所述，投资组合风险可分成为两个部分，第一部分是单项投资的风险；第二部分是不同投资间的相关性影响。组合风险的计算公式为：

$$\sigma = \sqrt{\sum_{i=1}^{n} x_i^2 \sigma_i^2 + \sum_{i=1}^{n} \sum_{j=1}^{n} x_i x_j \sigma_{ij}}$$

这里，σ_{ij} 为投资间协方差，其计算步骤如下。

第一步，求出全期各单项投资的平均回报率 $\overline{r}_i$ 和投资组合的回报率 r。

第二步，求出 $\sum_{i,j=1}^{n}(r_i-\overline{r}_i)(r_j-\overline{r}_j)/n$，既可以得出投资 i 和投资 j 之间的协方差 cov_{ij}。

求出了协方差之后，可以判定两种投资回报变动是正向相关的(协方差为正)还是负向相关的(协方差为负数)，抑或是不变(协方差为 0)。但用它来解释两种投资回报的相关性还不够完美，于是进一步求出两种投资回报的相关系数 P_{ij}。

$$P_{ij}=\mathrm{cov}_{ij}/\sigma_i\sigma_j$$

因为相关系数 P_{ij} 在[-1，+1]内变动，这样就比较容易解释回报的相关程度。

(1) 如两项目相关系数为-1，即完全负相关，则投资组合有可能完全分散风险。

(2) 如相关系数介于 1 和-1 之间，包括完全不相关(ρ=0)，投资组合都能使风险减少，且随着相关系数的减小，风险减少的程度越来越大。

(3) 若相关系数为 1，即完全正相关，则依靠投资组合完全不能减少风险。

通常我们可以得到以下三个重要结论。

(1) 在投资组合中投资类型已经确定的前提下，风险与回报呈正向运动关系，风险越大，期望回报越高；风险越小，期望回报越低。

(2) 如果在一个已有的投资组合基础之上，引入新的投资，则可以在保持风险不变的前提下，增加投资回报。

(3) 由于房地产具有保值增值功能，并且具有抵御通货膨胀风险的功能；因此，将房地产引入投资组合中，有可能降低风险，并且提高投资回报。

9.5 房地产投资风险管理

9.5.1 风险管理概述

1．风险管理起源

风险管理作为企业的一种管理活动，从 20 世纪 30 年代开始萌芽，最早起源于美国。最早的风险管理依赖于保险手段。此后经过美国、英国、法国、德国、日本等国家推动，风险管理的发展进入了新的发展阶段。中国对于风险管理的研究始于 20 世纪 80 年代，但目前仍处于起步阶段。加强风险管理对现代化企业来说意义重大。

2．风险管理的类型

广义的风险管理包括风险识别、风险估计与评价、风险防范和风险控制。

狭义的风险管理包括风险防范和风险控制。风险的防范是一种事前措施，指在损失发生前，采取各种预防控制手段，免除风险或将风险减少到最小。常见的投资风险防范策略与方法主要有风险预控、风险回避、风险转移、风险组合、风险自留等。风险控制是一种事中措施，指风险管理者采取各种措施和方法，消灭风险或减少风险发生的可能性，或者将风险发生时造成的损失降到最低。

房地产投资风险控制的主要手段有计划控制、审计控制、投资组合控制。

9.5.2　风险预控

1．风险预控的含义

风险预控是指在风险或损失发生前，采取一系列措施来免除或减少引起风险或损失的因素。市场状况是房地产投资中最难把握和预测的部分。市场风险也是房地产投资最直接的风险。

风险控制是指控制风险事件发生的动因、环境、条件等，来达到减轻风险事件发生时的损失或降低风险事件发生的概率的目的。

通常影响某一风险的因素有很多。风险控制可以通过控制这些因素中的一个或多个来达到目的，但主要的是风险事件发生的概率和发生后的损失。风险控制的对象一般是可控风险，包括多数运营风险，如质量、安全和环境风险，以及法律风险中的合规性风险。风险预控与风险控制强调采取措施的时点不同，前者强调在风险发生前，后者强调在风险发生后。

2．风险预控的方法

在房地产投资前期准备工作中能否准确收集市场资料并进行正确分析，是控制日后市场风险高低的关键。在正确的市场研究结论的前提下，房地产投资才能收到预期的效果。错误的市场研究结论必然导致房地产投资的风险增加。因此，房地产投资风险预控最有效的方法是做好房地产市场调查研究。

房地产市场调查研究是各种供求、收益和支出、资金成本等重要数据的直接或间接来源，为房地产开发决策提供了重要依据。所以，必须将房地产市场调研视为房地产投资中必不可少的重要环节，提高房地产市场调查研究人员的综合素质，切实减少房地产投资开发的风险。

9.5.3　风险回避

1．风险回避的含义

风险回避是指房地产投资者通过对房地产投资风险的识别和分析，在预测到某项房地产投资活动将带来风险损失时，事先就避开风险源地或改变行为方式，主动放弃或拒绝实施这些可能导致风险损失的投资活动，以消除风险隐患。

采取风险回避情形主要有：退出某一类型房地产市场以避免激烈的竞争，拒绝与信用不好的交易对手进行交易，外包某项对工人健康安全风险较高的工作，停止生产可能有潜在客户安全隐患的产品，回避政治动荡的地区。

2．风险回避的局限性

风险回避可以帮助房地产投资者在风险事件发生之前完全消除风险及可能带来的损失，但其应用也存在着很大的局限性。

首先，风险回避只有在投资者准确识别出风险事件，并对损失的严重性完全确定时才有意义。然而投资者不可能对房地产投资中所有的风险都能进行准确的识别和衡量。过高的风险估计可能会降低投资回报率；过低的风险估计则可能会造成严重的后果。

其次，采用风险回避能使公司免受风险带来的损失，但同时也使公司失去获利的可能性。不难看出，这是一种消极的方法，一般被保守型投资者所采用。

最后，并不是所有的风险都能够通过回避来进行处理的。例如，房地产开发过程中潜在的各种经济风险、市场风险和自然风险是难以预料、无法回避的。因此，一般来说，只有在某些迫不得已的情况下，才采用风险回避。

9.5.4 风险转移

1．风险转移的含义

风险转移是指将风险及其可能造成的损失全部或部分转移给他人。通过转移风险而得到保障。风险转移是指企业通过合同将风险转移到第三方，企业对转移后的风险不再拥有所有权。

2．风险转移的类型

房地产风险的转移有多种类型，主要包括契约性转移、购买房地产保险和房地产资产证券化等。

(1) 契约性转移。

契约性转移是房地产投资风险转移中常见的方法，主要包括预售、预租和一定年限物业使用权的出售。投资者在开发房地产的过程中，通过预售、预租这两种销售方式，不仅可以把价格下降、租金下降带来的风险转移给客户、承租人，同时也可以把物业空置带来的风险转移给客户、承租人。一定年限物业使用权的出售是房地产投资者出售一定年限的物业使用权，到期后投资者收回物业使用权的行为。这种做法一般多见于商业物业，且出售的年限较长。出售物业使用权可以为投资者筹集大量资金，而且也能为投资者转移不少风险。

(2) 购买房地产保险。

对房地产投资者来说，购买保险是十分必要的，它是转移或减少房地产投资风险的主要途径之一。房地产保险是指以房屋及其有关利益或责任为保险标的的保险。投资者通过预测项目开发经营过程中可能存在的风险，向保险公司投保，通过订立保险合同，将一些自然灾害、意外事故等所引起的风险转移给保险公司。它是一种及时、有效、合理的分摊经济损失和获得经济补偿的方式。需要特别指出的是，并不是所有的风险都能通过购买保险来转移，可保风险必须符合一定的条件。

(3) 房地产资产证券化。

所谓房地产证券化，是指将房地产投资直接转变成有价证券形式。房地产证券化把投资者对房地产的直接物权转变为持有证券性质的权益凭证，即将直接房地产投资转化为证券投资。从理论上讲，房地产证券化是对传统房地产投资的变革。它的实现与发展，是因为房地产和有价证券可以有机结合。房地产证券化实质上是不同投资者获得房地产投资收益的一种权利分配，是以房地产这种有形资产做担保，将房地产股本投资权益予以证券化。其品种可以是股票、可转换债券、单位信托、受益凭证等。

9.5.5　风险组合

1. 风险组合的含义

风险组合是指通过多项目或多类型的投资来分散投资风险的一种风险管理方法，它沿袭于“不要把所有的鸡蛋都放在一个篮子里”的思想。对投资者来说，需要在风险和收益之间寻求一种最佳的均衡投资组合，也就是要懂得分散投资以达到分散风险、降低风险的目的。均衡的投资组合有不同项目类型的组合、不同房地产投资方式的组合、不同地区的项目组合和不同时间的项目组合等。

2. 风险组合的基本原则

构思投资组合就是在根据投资政策和一定的分析方法确定如何将资金进行分配以使房地产投资组合具有理想的风险和收益特征。不同类型的房地产组合的风险和收益的特征是不同的。但是，下述基本原则是构思任何类型的投资组合都应该考虑的。

(1) 本金的安全性原则。

投资组合管理首先要考虑的是本金的安全无损，这是未来获得基本收入和资本增值的基础。本金的安全不仅指保持本金原值，而且包括保持本金的购买力。由于通货膨胀的存在，购买力风险是一种非常现实的风险。

(2) 基本收益的稳定性原则。

在构思投资组合时，组合管理者都把获得稳定的基本收益当作一种基本的考虑。以租金形式获得的当前收益，使他可以很现实地享受组合的成果，这可能要比收入的期望值对他更有意义。因为，稳定的收入可以使他更准确、更合理地做投资计划，确定是再投资，还是消费。

(3) 资本增长原则。

一般而言，资本的增长是组合管理的一个理想目标。然而这并不意味着一定要投资于有风险的房地产。

(4) 良好市场性原则。

良好市场性原则是指房地产投资组合中的任何一套地产应该便于买卖，而这通常取决于具体的市场价格和市场规模。

(5) 流动性原则。

资产的流动性强有利于组合管理者及时抓住有利的投资机会。谨慎的组合管理者往往会专门保留一部分现金资产。

(6) 多元化原则。

实行多项目或多类型投资组合，可以获得比投资单一项目或单一方式投资更稳定的收益。当然，在进行投资组合时，还应注意各房地产投资项目的相关性不能太强，否则就起不到降低风险的作用。

(7) 有利的税收地位原则。

很多投资决策都要受所得税的影响，承担高税赋就难以实现理想的收益目标。

9.5.6 风险自留

1. 风险自留的含义

风险自留也称作风险承担，是指房地产投资者自己理性或非理性地主动承担风险，即以其自身的内部资源来负担未来可能的风险损失。目前，风险自留在发达国家的大型企业中较为盛行，主要包括自我承担风险和自我保险风险。

2. 风险自留的类型

目前比较流行的风险自留主要包括自我承担风险和自我保险风险两个类型。

(1) 自我承担风险。

自我承担风险是指当某些风险不可避免或冒此风险可能获得较大的利润时，企业选择将这种风险保留下来，以自身内部资源来承担风险可能引致的损失。自我承担风险有主动自留和被动自留之分。主动自留是指投资者通过风险分析，在预知风险性质及可能造成的损失的情况下，主动选择风险自留措施，并准备好内部资源以便造成损失时予以应对。对重大风险，即影响到目标实现的风险，一般不应采用风险承担。

被动自留是在风险变动带来损失之后，投资者被迫自身承担风险损失，这往往会给投资者带来严重的财务后果。对未能辨识出的风险，只能采用风险承担。对辨识出的风险企业也可能缺乏能力进行主动管理，对这部分风险只能采用风险承担。

(2) 自我保险风险。

自我保险风险是企业采取定期摊付和长期积累的方式在企业内部建立起风险损失基金，对其风险损失发生的概率与程度进行预测，并根据企业自身的内部资源能力预先提取基金，以弥补风险所致损失。自我保险风险是一种积极的自我承担措施，它是主动自留的一种特例，一般用来处理那些损失较大的房地产风险，通常是根据对未来风险损失的测算，来补偿这些风险所造成的损失。

专栏 9：绿城集团的 2012 年的破产风险

2012 年在节节进逼、放松无望的房地产调控政策面前，负债率高达 163.2%的绿城先后经历了“信托门”、“退市门”、“海航收购门”等风波，一直被认为可能成为第一家在调控中倒下的大型房企。一贯桀骜的宋卫平亦被迫表态，“做不下去就三条路：降价促进销售、把手上的项目腾挪出去或者干脆全面降价，然后就退出房地产不做了”。

以豪宅开发为主的绿城，在项目中沉淀了大量资金。据住在杭州网统计，绿城沉淀在项目中的资金约 149 亿元。

“本轮调控不会像 2008 年一样，而是长期的。限购短期不会退出，我们预计甚至可能会持续两年左右。直到保障房在住房市场中所占比例大幅增加，投资性泡沫被挤出后才可能退出。”住房和城乡建设部政策研究中心副主任秦虹日前在上海 SAIF 地产金融论坛上指出，这次调控对开发商来说的确是很严峻的考验。

“如果限购不放开，高档房长期难以获得销售业绩，无疑会对绿城这样的豪宅开发商产生巨大的压力。”同策房产研展部经理夏宇表示。

绿城的资金链紧张、面临偿债风险，与其激进的财务策略有关。绿城董事长宋卫平坚持“高进高出、快进快出”的发展路径，一向以高杠杆、高负债的财务扩张手法闻名业内。绿城借助资金高杠杆率，手握重金、高价购地，大规模、高成本融资与项目回收期偏长相互影响，使其负债率不断攀升。2008 年在房地产调控下，资金链脆弱不堪的绿城，因一笔到期美元高息债而面临破产危险。目前信托占绿城所有资金来源的约 20%，发行频率和规模远超同类房地产企业。旗下房地产信托遭遇调查一事，更可谓中国房地产市场的“雷曼事件”。保持合理的财务结构和控制财务风险，是绿城亟须解决的问题。

风险事件出现后，企业需要积极采取相应措施处置。绿城集团主要采取以下措施。

(1) 风险转移。获得具有升值潜力的土地开发权利是大多数房地产企业投资获利的起点，房地产企业均十分热衷于购买土地开发权，但持有土地开发权需要占用大量资金并支付资金成本。在宏观调控条件下，房地产企业资金链条紧绷，主要原因是土地占款导致支付压力骤升。在历次宏观调控中，都有房地产企业通过土地开发权出售而减轻资金压力，降低企业财务风险。

绿城一度激进扩张大量购进土地，导致资金周转困难，可以缓解危机的最直接方法就是出售项目。2011 年 12 月，绿城以 10.4 亿元向 SOHO 中国出售旗下所拥有上海外滩 8-1 地块的全部股权。2012 年 1 月，绿城将无锡香樟园项目、杭州新华造纸厂项目、杭州兰园项目和上海东海广场项目的全部和股权出让。通过项目出售，绿城回笼大量的现金，企业财务风险由此得到部分缓解。

(2) 风险转换。风险转换是指企业通过战略调整等手段将企业面临的风险转换成另一种风险。风险转换不会直接降低企业的总风险，而是在减少某一风险的同时，增加另一风险。风险转换的策略对企业所面临的战略风险与市场风险均有一定的制约作用。

绿城集团正在考虑多角化经营，以分散其投资风险。过去绿城集团的经营领域也不仅限于房地产，还涉猎足球、教育、养老等产业。系列门事件之后，绿城的多角化经营战略又有了新内容。一方面，绿城开始通过电商模式涉足建材销售，实施前向一体化战略。绿城电商面对双方：一方是上游的各类建材供应商，另一方是下游有建材采购需求的客户，绿城电商所做的是尽可能整合各方面资源，并为他们提供最为专业的服务平台。绿城通过打通原材料采购环节，可大幅节省绿城建材采购成本。另一方面，为了追求高利润，绿城开始进军现代化农业。2012 年 11 月 14 日，绿城现代农业开发有限公司在绍兴嵊州正式揭幕成立。绿城集团的多角化经营规避了房地产行业景气周期对企业经营业绩的影响，但也增加了管理的难度，需要承担电商、现代农业等领域需要承担的风险。

(3) 风险控制。风险控制是控制风险事件发生的动因、环境、条件等，以达到减轻风险事件发生时的损失程度或降低风险事件发生的概率的目的。风险控制的对象一般是可控风险，包括多数运营风险。绿城集团应用风险控制策略解决企业面临的市场风险和经营风险。

提高资金周转率就是提高资金的使用效率，从而降低资金使用成本。绿城选择的做法有以下几种：一是缩短开发周期。二是提高销售速度，快速回笼资金。绿城对新旧楼盘采用了不同的价格调整策略。对于旧楼盘，在原有价格的基础上，提高其附加值，以防止楼盘降价后，出现“房闹；新楼盘则随行就市，与竞争对手一样，调低了产品价格，尽快回笼资金。三是启动经纪人销售制度。扩大绿城销售队伍，2012 年，绿城用 10 个月的时间提前完成了全年 400 亿的销售目标。

(资料来源：新浪财经，绿城中国各年年报)

思　考　题

1. 风险与不确定性的关系是什么？
2. 房地产投资风险的表现形式有哪些？
3. 政策风险对房地产投资项目有怎样的影响？
4. 投资者可以控制的风险主要是哪些风险？
5. 房地产投资风险的度量方法有哪些？

第 10 章

房地产投资决策分析

10.1 房地产投资决策概述

10.1.1 房地产投资决策的含义

1. 房地产投资决策的概念

房地产投资决策就是围绕事先确定的经营目标，在占有大量信息的基础上，借助于现代化的分析手段和方法，通过定性的推理判断和定量的分析计算，对各种房地产投资方案进行选择的过程。房地产投资决策系统一般由四个基本要素组成：①决策者。即投资的主体，是具有资金和投资决策权的法人。②决策目标。房地产投资决策的目标就是要求房地产开发经营过程中，在风险尽可能小的条件下，以最少的投入得到最大的产出。③决策对象。决策对象也是房地产投资决策系统的决策变量，是指决策者可能采取的各种行动方案，各种方案由决策者自己决定。④决策环境，决策环境也是房地产投资决策系统的状态变量。是指决策者所面临的各种自然状态，许多状态包括各种不确定性因素。投资者必须对房地产开发经营过程中可能出现的不确定性因素加深认识，并用科学的分析方法，分析不确定因素变化对房地产投资可能带来的风险，这样才能确保房地产投资的顺利进行。

2. 房地产投资决策问题的构成条件

构成房地产投资决策问题，必须具备以下几个条件。

(1) 有明确的决策目标，即要求解决什么问题。确定目标是决策的基础。决策目标应明确具体，且是可以定量描述的。

(2) 有至少两个可供选择和比较的决策方案。一个决策问题往往存在多种实施方案，方案数量越多、质量越好，选择的余地就越大。

(3) 有评价方案优劣的标准。决策方案的优劣必须有客观的评价标准，并且这些标准应当尽可能地采用量化标准。决策不能总是依靠经验、直觉和主观判断，还必须融合量化标准，这样才可以大大提高决策的准确度。

(4) 有真实反映客观实际的数据资料。客观准确的原始数据资料与科学正确的决策方法构成了科学决策的两个方面，二者缺一不可。

3. 房地产投资决策的内容

房地产投资决策的一般内容有：①确定投资目标；②拟定投资方案；③测量风险；④制定决策方案；⑤分析与评价；⑥选择方案。

10.1.2 房产投资决策的类型

1. 按照决策时搜集的资料的性质划分

按照决策时搜集的资料的性质划分，可将房地产投资决策分为确定型决策、不确定型决策和风险型决策。

(1) 确定型决策。确定型决策是指主观要求、客观条件、预期损益等都相对确定情况下的决策。它是指影响决策的因素是明确肯定的，是可以做定量描述的，且每一种方案只有一种确定可以预期达到的结果。这类决策一般采用收益费用分析法，即定收益价值与消耗费用比值条件下，选择预期收益值最大的方案或选择预期消耗值最小的方案。

(2) 不确定型决策。一个风险事件在某一系统中发生的概率理论上来说是可以主观估计出来的，但在实际中，却往往很难估计出事件发生的概率，即对事件在系统中所发生的概率不能做出主观可能的估计，而只能对风险后果有所估计，这种决策成为不确定型决策。它只能依靠主观判断，其决策的准确度完全取决于决策者的经验和判断能力。

(3) 风险型决策。风险型决策是指自然状态发生概率明确情况下进行的决策，即每一种方案的运行都会出现若干种不同的结果，并且每种结果的出现都有一定的概率，即每种选择都存在风险。风险型决策方法有两种：一是根据预测的概率，将其转化为确定型决策；二是用概率中的离散随机变量数学期望，选择效益期望值最大或损失期望值最小的方案。

风险型决策和不确定型决策的主要区别就是，投资决策方案未来的各种自然状态是否是概率事件，以及投资决策是否主要依赖投资者的决策偏好。

2．按照决策问题的性质划分

按照决策问题的性质划分，可以分为战略型决策和战术型决策两类。

(1) 战略型决策。

战略型决策是根据企业内部条件和外部环境的具体情况，确定有关企业发展方向、远景规划等重大问题的决策。这种决策旨在全面提高企业的素质和经营效能，使其经营活动与外部环境变化能够经常保持动态的协调。房地产投资方向、投资目标决策属于这类决策。

(2) 战术型决策。

战术型决策是为实现企业战略决策而合理地选择和使用人、财、物的决策，包括管理和业务两个方面的决策。其重点是如何有效地组织和利用企业内部的各种资源。房地产投资成本决策属于这类决策。

3．按照决策目标多少划分

按照决策目标多少划分，可以分为多目标决策和单目标决策。

(1) 多目标决策称为多目标最优化指的是系统方案的选择取决于多个目标的满足程度。

(2) 单目标决策，或称单目标最优化指系统方案的选择若仅取决于单个目标。

4．按照决策问题出现的状态划分

按照决策问题出现的状态划分，可以分为程序化决策和非程序化决策。

(1) 程序化决策指根据既定的信息建立数学模型，把决策目标和约束条件统一起来，进行优化的一种决策。比如房产选址、采购运输等决策。

(2) 非程序化决策是指针对那些不常发生的或例外的非结构化问题而进行的决策。这种决策是无法通过建立数学模型来为决策人制定决策提供优化方案的，在这种决策中，变量更多的是人的意志因素。

5．按照决策所采用的分析方法划分

按照决策所采用的分析方法划分，可以分为定量分析决策和定性分析决策。

(1) 定量分析决策指采用数量指标和数学模型进行房地产投资决策的方法对决策进行分析，主要是对决策问题进行定量分析、计算，求得决策问题的最优解，从而做出科学的决策。

(2) 定性分析决策法是一种采取一些有效的组织形式，充分发挥领导者、专家及有关人员的经验、智慧、胆略和直观判断能力做出决策的方法。

10.1.3 房地产投资决策的基本要求

房地产投资有一定的自身规律，要保证一个房地产投资的决策能够达到所预期的收益，就一定得遵循符合这种规律的决策原则。

1. 客观规律要遵循

决策者遵循客观规律是需以科学的资料为依据，从而减少因主观因素带来的决策风险。

2. 科学程序作保证

房地产投资要依据科学的程序，决策者按合理的科学的程序进行投资，使得决策者在定量和定性方面的分析尽可能精确。依据程序，反复检验，发现问题，再进行决策方法改进和论证，是贯穿决策过程始终的做法。

3. 投资目标要明确

获得利润、不断发展，是每个房地产开发企业必须面对的市场经济要求。房地产投资项目建设实施的目的在于创造收益。提高经济效益是房地产投资决策的基本出发点。

4. 各方意见要听取

房地产投资决策的制定应充分发挥多方面的积极性，深入调查和收集各方面的信息。广泛听取各方面学者、专家的意见，对不同的意见要认真研究，积极采纳合理化建议，规避决策风险。

5. 决策责任需落实

所谓决策责任制，是指要求决策者对其决策行为所带来的投资风险负有不可推卸的责任。必须建立权、责、利相结合的房地产投资决策责任制。这是保证房地产项目决策的科学性，避免和减少投资决策失误的重大措施。

10.1.4 房地产投资决策的程序

目前研究认为，房地产投资决策程序一般包括确定房地产投资决策目标、拟定房地产投资决策方案、决策方案的评估及方案选择和执行决策方案几个基本步骤。

1. 确定房地产投资决策目标

合理的目标是合理决策的前提。决策目标的形成、目标的大小、层次及决策者对目标的认识都会影响决策的顺利进行。达到投资所预定的目标是房地产投资决策的目的，因而确定投资决策的目标是投资决策的前提和依据。投资决策目标要避免抽象或含糊不清，投资决策目标确定的关键在于，进行全面的市场调研和预测，通过周密的分析研究，发现问题并认清问题的性质，从而确定解决问题后所期望达到的结果，使投资目标具体明确。

2．拟定房地产投资决策方案

在进行房地产投资决策过程中根据已确定的目标，拟定多个可行的备选方案。所谓可行性方案，是指具备实施条件、能实现决策目标的各种途径和方式。判断某一方案的可行性，需考虑该项目在技术上是否先进，经济上是否合算，生产上是否可行，财务上是否盈利。拟定可行方案要敢于突破传统的思维模式，勇于创新，方案制订者需要尽可能多地收集相关资料并进行严格论证、反复计算和细致的推敲，使各可行方案具体化。

3．决策方案的评估及方案选择

方案评估就是根据确立的决策目标所提出的各种可行方案以及衡量效应的标准、预期的结果等，分别对各方案进行衡量。方案的选择就是对每一方案的结果进行比较，选出最可能实现决策预期目标或期望收益最大的方案，作为初步最优方案。

选择方案的方法通常有经验判断法、数学分析法和试验法三类。经验判断法是依据决策者的经验进行判断，常用的有淘汰法、排队法、归类法等。数学分析法是应用决策论的定量化方法进行方案选择，常用的有概率法、效用法、期望法、决策法等。试验法则是在管理决策中，特别是新方法的采用、新工艺的试验中所采用的一种选择方法，可视为正式决策前的试验。

4．执行决策方案

决策最终的目的在于付诸实施，优选方案是否合理也只有通过实践来得以最终检验。在执行决策过程中，执行者的因素十分重要，他对决策方案的理解程度和遇到风险的应变能力是决策执行的决定性因素。此外完善的检查制度和程序、信息的反馈也是执行过程中的重要环节，一旦发现原先的决策方案存在不足，应及时对其做出必要的纠正和修订，以确保决策方案的顺利实施。

10.1.5　房地产投资决策的主要方法

在房地产投资决策过程中，方法种类繁多，概括起来可分为定性分析方法和定量分析方法两大类。

1．定性分析方法

定性分析方法在房地产投资决策中运用十分广泛。房地产投资决策中，有些因素由于难以定量描述，而且影响因素比较复杂，所以才有定性分析更为适用。定性分析通常有以下两类。

(1) 经验判断法。

即依据有关领域的决策经验进行判断，此方法目前被普遍运用于一般决策中，但缺乏严谨的投资分析。例如，“出租办公楼赚头好”，“公寓式商住楼投资增值快”，“店面投资盈利高”，等等，这些都是利用房地产投资的经验累积进行的判断。这种方法的优点是直观易用，但分析不够深入。

(2) 创造工程法。

这种方法是运用人们的创造性思维进行投资决策的方法。它的关键在于运用人们创造性的思维能力和技术方法去认识、分析和解决问题。其主要技术方法包括畅谈会法、综摄法、主观概率法和形态方案法等。

2．定量分析方法

定量分析方法是指采用数量指标和数学模型进行房地产投资决策的方法，主要是对决策问题进行定量分析、计算，求得决策问题的最优解，从而做出科学的决策。

10.2 房地产投资方案的比选

10.2.1 房地产投资方案比选的含义

投资方案的比选，即投资方案的比较与选择，是对房地产投资项目面临的各种可供选择的开发经营方案进行计算和分析，从中筛选出满足最低收益率要求的可供比较方案，并对这些方案进行最后选择的过程。它是寻求房地产开发的合理的经济和技术决策的必要手段，也是房地产投资分析工作的重要组成部分。

10.2.2 房地产投资方案的类型

房地产投资方案按照其相互之间的经济关系，主要分为以下三类。

1．互斥方案

互斥方案是指在若干方案中，采纳方案组中的某一方案，就会自动排斥这组方案中的其他方案。资源的有限性是这类方案的共同特点。例如，在某一确定地点有建娱乐场、商业楼、住宅等方案，此时投资者选择任何一个方案其他方案就无法实施，方案之间具有排他性。互斥方案的主要前提条件如下。

(1) 投资资金总量有限制；

(2) 投资资金有优先使用的排列；

(3) 各投资方案所需的人力、物力不能同时得到满足；

(4) 需要考虑地区行业之间的相关性及影响。

2．独立方案

独立方案是指一组方案中，各方案相互独立、互不排斥。各个方案之间没有排他性，选择某一方案并不排斥选择另一方案。只要资金等条件允许，几个方案可以共存。

就一组完全独立的方案而言，其存在的前提条件如下。

(1) 投资资金来源无限制；
(2) 投资资金无优先使用的排列；
(3) 各投资方案所需的人力、物力均能得到满足；
(4) 不考虑地区、行业之间的相互关系及其影响；
(5) 每一投资方案是否可行，仅取决于本方案的经济效益。

3. 混合方案

混合方案是互斥方案和独立方案的两种关系的混合结构，具体地讲，就是在一定条件(人、财、物等)的制约下，有若干个相互独立的方案，在这些方案中又分别包含有几个互斥的方案。

如图 10-1 所示，某房地产开发商想投资开发几个独立的房地产项目，而每个项目又分别有几个互斥的开发方案。比如 A 地块有开发酒店、住宅两个互斥方案，B 地块有开发商场、写字楼两个互斥方案。由于资金有限，因此需要充分利用已有资源来获得最大的投资效益，这时就面临这混合方案的问题。

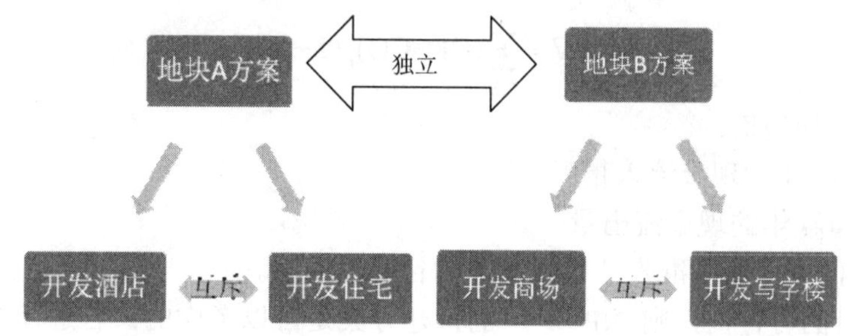

图 10-1　混合方案示意图

10.2.3　房地产投资方案比选的指标

在房地产投资方案比选中常用的分析指标很多，按照不同的标准可以划分成不同的类型。

1. 按照是否考虑时间价值划分

按照是否考虑时间价值分为静态指标和动态指标两大类。

(1) 静态指标。

所谓静态指标，是指没有考虑时间价值因素的指标。与投资方案比选密切相关的静态指标主要有以下两种。

① 差额投资收益率。

差额投资收益率有时也称为追加投资收益率，是单位追加投资所带来的成本节约额。表达公式为：

$$\Delta R = \frac{C_1 - C_2}{I_1 - I_2}$$

式中：ΔR ——差额投资收益率；

C_1、C_2——两个比较方案的年成本；

I_1、I_2——两个比较方案的总投资。

② 差额投资回收期。

差额投资回收期是指用年成本的节约额，逐年回收因投资增加所需要的年限。其表达式为：

$$\Delta P = \frac{I_1 - I_2}{C_1 - C_2}$$

式中：ΔP——差额投资回收期；

C_1、C_2——两个比较方案的年成本；

I_1、I_2——两个比较方案的总投资。

(2) 动态指标。

动态指标是考虑了时间价值因素的指标，主要有以下几种。

① 净现值。

净现值是投资项目净现金流量的现值累计之和。其表达公式为：

$$\mathrm{NPV} = \sum_{t=0}^{n} (\mathrm{CI} - \mathrm{CO})_t (1 + i_{\mathrm{c}})^{-t}$$

式中：NPV——净现值；

CI_t——第 t 年的现金流入量；

CO_t——第 t 年的现金流出量；

i_{c}——部门或行业基准收益率或设定的目标收益率。

若判断项目的可行性，则 NPV≥0 的拟建方案是可以考虑的；若进行方案比选，则以净现值大的方案为优选方案

② 净现值率。

净现值率又称净现值比、净现值指数，是投资方案的净现值与原始投资现值的比率。净现值率是一种动态投资收益指标，用于衡量不同投资方案的获利能力大小，净现值率的经济含义是单位投资现值所能带来的净现值，是一个考察项目单位投资盈利能力的指标，常作为净现值的辅助评价指标，其公式为：

$$\mathrm{NPVR} = \frac{\mathrm{NPV}}{I_{\mathrm{p}}}$$

其中，NPVR 为净现值率；NPV 为净现值；I_{p} 为投资现值。在进行房地产投资方案比选时，净现值率大的方案为优选方案。

③ 差额投资内部收益率。

差额投资内部收益率法是通过两个投资额不相等的差额投资部分的内部收益率(ΔFIRR)来对两个方案进行比较。差额投资内部收益率是两个方案各期净现金流量差额的现值之和等于零时的折扣率。表达式为：

$$\sum_{t=0}^{n} [(\mathrm{CI} - \mathrm{CO})'_t - (\mathrm{CI} - \mathrm{CO})''_t](1 + \Delta\mathrm{IRR})^{-t} = 0$$

式中：ΔIRR——差额投资内部收益率；

$(\mathrm{CI} - \mathrm{CO})'_t$——投资大的方案第 t 期净现金流量；

$(CI-CO)_t''$——投资小的方案第 t 期净现金流量；

n——开发经营期。

用此方法比选的实质是，将投资大的方案与投资小的方案相比，其增加的投资能否被其增量的收益所抵偿，即分析判断增量的现金流量的经济合理性。

其计算步骤是：若多个方案比选，首先按投资由小到大排序，再依次就相邻方案两两比选；在进行方案比选时，可将上述所求得的差额投资内部收益率与投资者最低可接受的收益率(ΔMARR，有时把 i_c 作为投资者最低可接受的收益率)进行比较，当ΔIRR≥MARR(或 i_c)时，以投资大的方案为优选方案；反之，当ΔIRR<MARR(或 i_c)时，以投资小的方案为优选方案。运用差额投资内部收益率法时，有一个问题必须注意，即只有较低投资额的方案被证明是合理的，较高投资方案力才能与之比较。

④ 费用现值(PC)。

费用现值是指用净现值指标评价投资方案的经济效果，要求用货币单位计算项目的收益，如销售收入额、成本节约额等。费用现值的特点是不考虑投资方案的收益；仅考虑投资、经营成本或残值的现值；在方案寿命期相同时，运用费用现值法进行两方案的经济比较，非常方便，但在方案寿命期不同时则很麻烦；运用费用现值法有一定的局限性。

其表达式为：

$$\text{PC}=\sum_{t=0}^{n}(C-B)_t(1+i_c)^{-t}$$

式中：C——第 t 期投入总额；

B——期末余值回收；

n——项目的开发经营期。

在进行方案比选时，以费用现值小的方案为优选方案。

⑤ 等额年费用(AC)。

将方案费用现值通过资金回收系数等值换算，分摊到计算期内各年年末的一系列相等的费用，叫作等额年费用。依次方案比选的方法，称为等额年费用比较法。其表达式为：

$$\text{AC}=\text{PC}\frac{i_c(1+i_c)^n}{(1+i_c)^n-1}$$

在进行方案比选时，以等额年费用小的方案为优选方案。

⑥ 等额年值(AW)。

将项目的净现值换算为项目计算期内各年的等额年金，叫作等额年值。用等额年值来进行多方案比选的方法叫作等额年值法。等额年值是考察项目投资盈利能力的指标，其表达式为：

$$\text{AW}=\text{NPV}\frac{i_c(1+i_c)^n}{(1+i_c)^n-1}$$

AW 为等额年值，可以看出，AW 实际上就是 NPV 的等价指标。也可以说，在进行方案比选时，等额年值大的方案为优选方案。

2．按照成本效益范畴不同划分

按照成本效益范畴不同，分为效益类指标和费用类指标两大类。

(1) 效益类指标。

效益比较法包括净现值、净年值、差额净现值、差额投资内部收益率。

(2) 费用类指标。

费用类指标主要包括费用现值和费用年值两种。

10.2.4 房地产投资方案比选指标的比较和运用

1. 比选指标单独运用

根据房地产投资方案目标的差异去选择不同的比选指标，如房地产投资目的是效益最大化还是成本最小化。如果是效益最大化就选择效益指标；如果是成本最小化就选取费用指标。

(1) 效益指标的比较。

效益指标主要包括净现值、净年值、差额净现值和差额投资内部收益率四类指标。

① 净现值与净现值率比较。

净现值与净现值率这两个指标在方案比较和项目排队时，有时也会得出相反的结论。因此，在进行多方案比选时，避免这种情况出现的办法如下。

第一，若无资金限制条件，在进行多方案比选时采用净现值作为比选指标；

第二，当事先明确了资金限制范围时，应进一步用净现值率来衡量，这就使用了净现值率排序法。该方法在对多个方案进行排队时，往往是在资金限定范围内，采用了净现值率指标确定各方案的优先次序并分配资金，直至资金限额分配完为止。

净现值率的优缺点如下。

净现值率排序法优点是：使得各方案即符合资金限定条件，又能使净现值最大的方案入选，以实现有限资金的充分利用。而净现值率排序法的缺点是：由于投资方案的不可分性，经常会出现资金没有被充分利用的情况，因而不一定能保证获得最佳组合方案。

② 净现值与内部收益率的比较。

净现值法和内部收益率法都是对投资方案未来现金流量计算现值的方法。

首先来看净现值。

第一，净现值决策的准则。运用净现值法进行投资决策时，其决策准则是 NPV 为正数，(投资的实际报酬率高于资本成本或最低的投资报酬率)方案可行；NPV 为负数，(投资的实际报酬率低于资本成本或最低的投资报酬率)方案不可行；如果是相同投资的多方案比较，则 NPV 越大，投资效益越好。

第二，净现值的优缺点。净现值法的优点是考虑了投资方案的最低报酬水平和资金时间价值的分析；包括了项目的全部现金流量，其他资本预算方法往往会忽略某特定时期之后的现金流量，如回收期法。此外，净现值对现金流量进行了合理折现，有些方法在处理现金流量时往往忽略货币的时间价值，如回收期法、会计收益率法。缺点是 NPV 为绝对数，不能考虑投资获利的能力。所以，净现值法不能用于投资总额不同的方案的比较。另外，资金成本率的确定较为困难，特别是在经济不稳定情况下，资本市场的利率经常变化更加重了确定的难度。再者，净现值法说明投资项目的盈亏总额，但没能说明单位投资的效益情况，即投资项目本身的实际投资报酬率。这样会造成在投资规划中看重选择投资大和收益大的项目而忽视投资小，收益小，而投资报酬率高的更佳投资方案。

其次来看内部报酬率。

第一，内部报酬率决策准则。运用内部报酬率法进行投资决策时，其决策准则是当IRR(内部报酬率)大于公司所要求的最低投资报酬率或资本成本时，方案可行；当IRR(内部报酬率)小于公司所要求的最低投资报酬率时，方案不可行；如果是多个互斥方案的比较选择，内部报酬率越高，投资效益越好。

第二，内部报酬率的优缺点。内部报酬率法的优点是考虑了投资方案的真实报酬率水平和资金时间价值；能够把项目寿命期内的收益与其投资总额联系起来，指出这个项目的收益率，便于将它同行业基准投资收益率对比，确定这个项目是否值得建设。使用借款进行建设，在借款条件(主要是利率)还不很明确时，内部收益率法可以避开借款条件，先求得内部收益率，作为可以接受借款利率的高限。缺点是计算过程比较复杂、烦琐，而且内部收益率表现的是比率，不是绝对值，一个内部收益率较低的方案，可能由于其规模较大而有较大的净现值，因而更值得建设。所以在各个方案选比时，必须将内部收益率与净现值结合起来考虑。

最后，将净现值与内部报酬率进行比较。

一般情况下，对同一个投资方案或彼此独立的投资方案而言，使用净现值法和内部报酬率法两种方法得出的结论是相同的。但在不同而且互斥的投资方案时，使用这两种方法可能会得出相互矛盾的结论。造成这样不一致的最基本的原因是对投资方案每年的现金流入量再投资的报酬率的假设不同。净现值法是假设每年的现金流入以资本成本为标准再投资；内部报酬率法是假设现金流入以其计算所得的内部报酬率为标准再投资。再者，资本成本是更现实的再投资率，因此，在无资本限量的情况下，净现值法优于内部报酬率法。

(2) 费用指标的比较。

费用指标的比较主要可以分为以下两种。

① 费用现值比较法。也称为现值比较法，是指用净现值指标评价投资方案的经济效果，要求用货币单位计算项目的收益，如销售收入额、成本节约额等。它是以社会折现率、基准收益率分别计算各方案的费用现值(PC)，并进行比较，以费用现值较低的方案为优。该方法一般应用于计算期相同项目之间的比较。

对于费用现值比较法而言，它的优点是不考虑投资方案的收益，仅考虑投资、经营成本或残值的现值，在方案寿命期相同时，运用费用现值法进行两方案的经济比较非常方便。缺点是在方案寿命期不同时则很麻烦，而且运用费用现值法有一定的局限性。

② 费用年值比较法。对于费用年值比较法，使用原则是计算备选方案的费用年值并进行对比，以费用年值较低的方案为优。

2. 比选指标综合运用

房地产开发项目涉及内容众多，任何个别指标都难以作为唯一的评判方案优劣的标准。一个方案往往要考虑到经济、社会、技术、环境等诸多因素，对于投资方案的比选要采用综合评价法。综合评价法的步骤如下。

(1) 选择方案的多个评价指标，包括经济、社会、技术、环境指标；

(2) 对方案的各项指标规定一个满意程度；

(3) 根据指标的重要性赋予各个指标适当的权重；

(4) 编制综合评价指标计算表(见表 10-1)；

(5) 计算各个方案的单个指标值；

(6) 计算各个方案的综合指标评分值；

(7) 比较各个方案的综合指标评分值，高分的(如收益指标)或低分的(如风险指标)方案是优选方案。

表 10-1 综合评价指标计算示意图

指标项目		权 重	方案 1	…	方案 n
经济指标	指标 1				
	…				
	指标 n				
社会指标	指标 1				
	…				
	指标 n				
技术指标	指标 1				
	…				
	指标 n				
环境指标	指标 1				
	…				
	指标 n				
其他指标	指标 1				
	…				
	指标 n				
合计	_个	100%			
综合评分					

3. 用 Excel 表格计算 NPV 指标方法

投资决策时，可以通过 Excel 软件计算 NPV(净现值)投资指标，操作步骤如下。

第一步：启动 Excel 电子表格，在菜单栏“插入”里点击启动“函数”。

第二步：在粘贴函数对话框里“函数分类”选择“财务”，“函数名”选择“NPV”。

第三步：输入相关参数，求出“NPV”。

下面举个简单的例子。

例 10-1：假设某项目有 A、B、C 三个方案，有关数据见表 10-2，贴现率为 10%，计算该项目的 NPV。

表 10-2　方案数据资料

单位：万元

期　间	A 方案净现金流量	B 方案净现金流量	C 方案净现金流量
0	−20 000	−9 000	−12 000
1	11 800	1 200	4 600
2	13 240	6 000	4 600
3	0	6 000	4 600

计算过程如下。

(1) 启动 Excel，建立 Excel 工作簿，该工作簿包含 3 张工资表：Sheet1、Sheet2、Sheet3。

(2) 在选定的工资表中输入各期现金净流量和贴现率的数据，如图 10-2 所示。

	A	B	C	D
1	期间	A方案净现金流量	B方案净现金流量	C方案净现金流量
2	0	-20000	-9000	-12000
3	1	11800	1200	4600
4	2	13240	6000	4600
5	3	—	6000	4600
6	贴现率	10%	10%	10%
7	NPV()			
8	净现值			

图 10-2　数据界面示意

(3) 选取 B7 单元格，单击插入函数，在插入函数对话框中选择类别下拉菜单中选择财务，然后在选择函数中选择 NPV，输入相关数据，如图 10-3 所示。

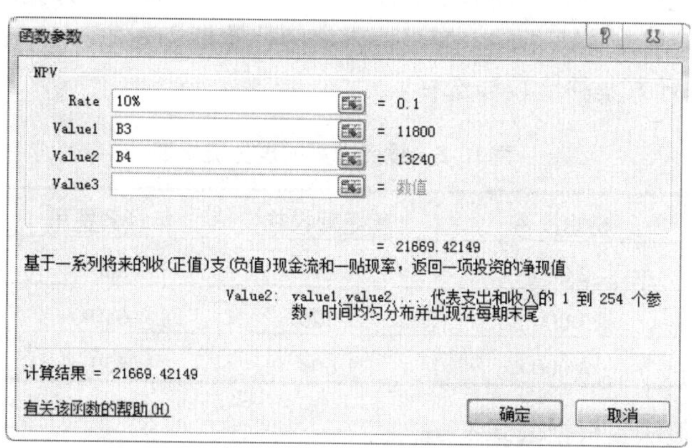

图 10-3　NPV 计算

(4) 图 10-3 为 A 方案净现值。但由于第 0 期的现金流(第一期初的现金流)即为现值，不用贴现，所以在 NPV 函数中并没有包括这一现金流，所以在净现值的计算中还必须加在 NPV 函数后。单击 B8 单元格，输入“=B7+B2”最后得到，净现值(A)=1 169。以同样的方法可得：净现值(B)=NPV(C6，C3，C4，C5)+C2=1 157；净现值(C)=NPV(D6，D3，D4，D5)=−560。

计算结果表明：A、B 方案的净现值为正数，而 C 方案的净现值为负数，说明 A、B 方案的报酬率高于 10%，而 C 方案的报酬率低于 10%，在资本成本率或要求投资报酬率是 10%的情况下，A、B 两方案是可行的，C 方案应予以放弃。A 与 B 相比，A 方案更优，如图 10-4 所示。

	A	B	C	D
1	期间	A方案净现金流量	B方案净现金流量	C方案净现金流量
2	0	-20000	-9000	-12000
3	1	11800	1200	4600
4	2	13240	6000	4600
5	3	—	6000	4600
6	贴现率	10%	10%	10%
7	NPV()	¥21,669.42	¥10,557.48	¥11,439.52
8	净现值	1669	1557	-560

图 10-4　方案比较界面示意

10.3　不同类型方案的比选

10.3.1　互斥型方案的比选

(1) 开发经营期(计算期)相同的互斥方案的比选。

对于项目计算期相同的互斥方案，可直接用净现值、等额年值指标进行比选或差额投资内部收益率。

例 10-2：某房地产开发企业现有 A、B、C 三个互斥方案。各方案的初始投资、每年年末的经营收益及经营费用见表 10-3。各投资方案的计算期为 6 年，6 年后残值为零，基准收益率 i_c=10%，请进行方案的比较与选择。

表 10-3　投资方案的现金流量表　　单位：万元

投资方案	初始投资	年经营收益	年经营费用	年净经营收益
A	2 000	1 200	500	700
B	3 000	1 600	650	950
C	4 000	1 600	450	1 150

解：①用净现值法。根据公式：

$$\text{NPV}=\sum_{t=0}^{n}(\text{CI}-\text{CO})_t(1+i_c)^{-t}$$

因为各方案的年净经营收益是一个等额、系列的收益，所以也可以利用年金现值公式来计算。

$$NPV(A) = -2\,000 + \frac{(1+10\%)^6 - 1}{10\%(1+10\%)^6}700 = 1\,049(万元)$$

$$NPV(B) = -3\,000 + 950\frac{(1+10\%)^6 - 1}{10\%(1+10\%)^6} = 1137(万元)$$

$$NPV(C) = -4\,000 + 1150\frac{(1+10\%)^6 - 1}{10\%(1+10\%)^6} = 1\,008(万元)$$

由于 B 方案的净现值最大，所以 B 方案是最优方案。

② 用等额年值法。根据公式：

$$AW = NPV\frac{i_c(1+i_c)^n}{(1+i_c)^n - 1}$$

各方案的等额年值计算如下：

AW(A)=241(万元)　AW(B)=261(万元)　AW(C)=231(万元)

根据等额年值选择标准，仍以 B 方案为最优，所以应选择 B 方案。

③ 用差额投资内部收益率法。

第一步：将投资方案按照投资规模的大小顺序排列，即：C，B，A。

第二步：计算投资规模最小 A 方案的内部收益率。如果所求的内部收益率小于基准收益率或折现率(或 MARR)所预定的投资收益水平，则淘汰此方案。如果所求的内部收益率大于或者等于基准收益率或折现率(或 MARR)所预定的投资收益水平，则转入下一步。

在本例中，先求 A 的净现值：−2000+700(P/A，10%，6)=1 049(万元)。再求 A 的内部收益率。因为净现值为正，所以提高折现率为 27%，则此时 A 方案净现值为 20 元。再提高折现率为 28%，此时 A 方案的净现值为：−68 元。用线性插入法求得：FIRR=27.23%。因为所求得的内部收益率 27.23%大于基准收益率 10%，所以转入下一步。

第三步：计算 B−A 的现金流量差额，并求出投资增量的内部收益率ΔIRR(B−A)。即：

−1 000+250[(P/A，ΔIRR(B−A)，6)]=0，用线性插入法求得ΔIRR(B−A)=13%。

因为 13%比基准收益率 i_c=10%大，所以追加投资 1000 万元是合适的，即可认为 B 方案较 A 方案好，据此淘汰规模小的 A 方案，选择 B 方案。

第四步：计算 C−B 的现金流量差额并求出投资增量的内部收益率ΔIRR(C−B)。即：

−1 000+200[(P/A，ΔIRR(C−B)，6)]=0，用线性插入法求得ΔIRR(C−B)=5.5%。

因为追加的 1 000 万元的收益率仅有 5.5%<i_c=10%，没有必要追加，淘汰 C 方案，选择 B 方案。此时只剩下 B 方案，故 B 方案为最优。

由以上结果可以看出，对于项目开发经营期(计算期、寿命期)相同的互斥投资方案，用以上三种方法来比选的结果是一致的。

(2) 开发经营期(计算期)不同的互斥方案的比选。

① 用净现值指标或差额投资内部收益率进行方案比选。

方法一：最小公倍数法。最小公倍数法又称方案重复法，是以不同方案的最小公倍数作为研究周期，在此期间各方案分别考虑以同样规模重复投资多次，据此算出各方案的净现值，然后进行比选。

方法二：较短计算期法(研究期法)。其做法是，直接选取一个适当的分析期作为各个方案共同的开发经营期，通过比较各个方案在该计算期内的净现值来对方案进行比选。这里分析期的选取没有统一的规定，但一般以方案中计算期最短者为分析期，以使计算简便，同时也可以避免过多的重复型假设。这种方法适用于最小公倍数较大情况下的方案比选。

例 10-3：有 A、B 两个方案的净现金流量表见表 10-4，若已知 i_c=10%，使用较短计算期法对方案进行比选。

表 10-4　A、B 两个方案的净现金流量

方　案	1 年	2 年	3～7 年	8 年	9 年	10 年
A	-550	-350	380	430		
B	-1200	-850	750	750	750	900

解：取 A、B 方案中较短计算期为共同的计算期，也即 n=8(年)，分别计算当计算期为 8 年时 A、B 方案的净现值。

NPV_A=−550×(P/F,10%,1)−350×(P,F,10%,2)+380×(P/A,10%,5)×(P/F,10%,2)+430×(P/F,10%,8)=601.89(万元)

NPV_B=[−1200×(P,F,10%,1)−850×(P/F,10%,2)+750×(P/A,10%,7)×(P/F,10%,2)+900×(P,F,10%,10)](A/P,10%,10)(A/P,10%,8)=1364.79(万元)

由于 $NPV_B>NPV_A>0$，所以方案 B 为最佳方案。

注意：计算 NPV_B 时，先计算方案 B 在其寿命期内的净现值，然后再计算在其共同的计算期内的净现值。

② 采用等额年值指标进行互斥方案比选。

等额年值具有等额不变的特性。一个方案无论重复多少次，其等额年值都是不变的。因此，采用等额年值不需重复就是开发经营期不等的方案具有可比性。这样，通过直接计算比较开发经营期不等方案的净现值，就可以得到与方案的多次重复相一致的结论。

例 10-4：某建设项目有 A、B 两个方案，其净现金流量情况见表 10-5，若 i_c=12%，试用年值法对方案进行比选。

表 10-5　A、B 两个方案的净现金流量

方　案	初期投资	年净收益	计算期/年
A	2 000	900	3
B	2 500	1 100	4

解：先求出 A、B 两个方案的净现值。

根据公式

$$NPV=\sum_{t=0}^{n}(CI-CO)_t(1+i_c)^{-t}$$

NPV_A=161.65(万元)　NPV_B=841.01(万元)

利用等额年值公式，可分别求得 A、B 两个方案的等额年值：

AW_A=67.30(万元)　AW_B=276.89(万元)

由于　$AW_B > AW_A$，且 AW_A、AW_B 均大于零，故方案 B 为最佳方案。

③ 对于计算期较短的出售型房地产项目，可直接用利润总额、投资利润率等静态指标进行比选。

④ 对于效益相同或基本相同的互斥房地产项目，为简化计算，可采用费用现值指标和等额年值指标和等额年费用指标直接进行项目方案费用部分的比选。

10.3.2　独立型方案的比选

1．无资金限制的情况

若资金对所有项目不构成约束，只要分别计算各项目的 NPV 或 IRR，投资方案的选择可以按照单个方面的经济评价方法来进行，即：

NPV≥0 或 IRR≥i_c时，投资方案可行；

NPV＜0 或 IRR＜i_c时，投资方案不可行。

2．有资金限制的情况

当各方案相互独立时，最常见的情况是投资资金有限制，资金不足以分配到全部经济合理的方案，这时就出现了资金的最优分配问题，或者说资金约束条件下的优化组合问题。即以资金为约束条件，来选择最佳的方案组合，使有限的资金得到充分运用，并能获得最大的总体经济效益，即$\sum NPV(i_c)$最大。

有资金限制的独立方案中，最好的比选方法是互斥组合法，即把所有方案的组合都罗列出来，每个组合都代表一个满足约束条件(如资金及内部收益率约束)的项目总体中相互排斥的一个方案，这样就可以利用互斥方案的经济评价方法，来选出最优的组合方案。

本质上，房地产投资方案的组合是一次方案再造，组合后的方案从内容到形式到预期的投资结果都截然不同于原有的任何一个方案。组合的投资方案既降低了投资风险、又满足了各种类型的物业彼此的互补性需要，同时还能最大限度地利用开发商的资金等资源，满足对投资的现金流安排。

互斥组合法在方案中应用的一般步骤如下。

(1) 在存在资金约束的条件下，首先要评价单个项目的绝对经济指标淘汰那些不可行的项目；

(2) 通过项目排队，对独立项目按优劣排序，进行最优组合，来实现项目优选，直到资金用完为止；

(3) 在标准收益率一定的情况下，项目选择的目标是使有限的资金产生的净现值最大；

(4) 在存在资金约束时，应采用净现值对项目进行排序，因为净现值率最大能保证在一定的资金限额下净现值最大。

例 10-5：有 A、B、C 三个独立的方案，其净现金流量情况见表 10-6。

表 10-6　A、B、C 三方案的净现金流量

项目 \ 年序	1	2～10	11
A	−350	62	80
B	−200	39	51
C	−420	76	97

已知总投资限额为 800 万元，i_c=10%，试做出最佳的投资决策。

解：首先计算三个方案的净现值

根据公式可得：

NPV_A=34.46(万元)；NPV_B=40.42(万元)；NPV_C=50.08(万元)。

由于 A、B、C 三个方案的净现值均大于零，因此从单方案检验的角度来看 A、B、C 三个方案均可行。

但是现在由于总投资额要限制在 800 万元以内，而 A、B、C 三个方案加在一起的总投资额 970 万元，超过了投资限额，因而不能同时实施。

这里我们采用独立方案互斥法来进行投资决策，其步骤如下。

首先，列出不超过总投资限额的所有组合投资方案，则这些组合方案之间具有互斥的关系。

其次，将各组合方案按投资额大小顺序排列。分别计算各组合方案的净现值，以净现值最大的组合方案为最佳方案。详细计算过程见表 10-7。

表 10-7　用净现值法比较最佳组合方案　　单位：万元

序　号	组合方案	总投资额	净现值	结　论
1	B	200	40.24	
2	A	350	34.46	
3	C	420	50.08	
4	A+B	550	74.7	
5	B+C	620	90.32	最佳
6	A+C	770	84.54	

由该表计算可知：方案 B 与方案 C 的组合为最佳投资组合方案，也就是投资决策为投资方案 B 与 C。

例 10-6：根据上例的材料，试用净现值率排序法做出最佳投资决策。

解：首先计算 A、B、C 三个方案的净现值率根据公式：

$$\text{NPVR} = \frac{\text{NPV}}{I_p}$$

可得：$NPVR_A$=10.83%；$NPVR_B$=22.13%；$NPVR_C$=13.12%。将各方案按净现值率从大到小排序，结果见表 10-8。

表 10-8 A、B、C 三个方案的净现值率排序 单位：万元

方 案	净现值率(%)	投 资 额	累计投资额
B	22.13	200	200
C	13.12	420	620
A	10.83	350	970

根据上表可知，方案的选择顺序是 B—C—A。由于资金限额为 800 万元，故最佳投资决策为方案 B、C 的组合。

10.3.3 混合型方案的比选

混合型方案的比选与独立型方案的比选一样，也可分为无资金约束和有资金约束两种。如果资金无约束，只要从各独立项目中选择互斥型方案中净现值(或净年值)最大的方案加以组合即可。有资金约束的混合型方案比选，比选的标准是净现值差额内部收益率指标(而不再是内部收益率)。

例 10-7：某房地产开发公司现打算投资三个独立的项目 A、B、C，各项目分别有几个互斥方案，见表 10-9。为使计算简单，假设各方案的寿命期为无限，基准收益率为 10%。

表 10-9 某公司的混合方案 单位：万元

A 项 目			B 项 目			C 项 目		
方 案	投资额	年净收益	方 案	投资额	年净收荞	方 案	投资额	年净收益
A1	1 000	300	B1	1 000	50	C1	1 000	450
A2	2 000	470	B2	2 000	400	C2	2 000	600
A3	3 000	550	B3	3 000	470			

如果该房地产公司的资金充足，那么每个项目都可从若干方案中选择一个最优方案，只要这个方案是可行的。此时可以采用下述两种方法的任何一种选择方案。

(1) 计算 i_c=10%时的净现值，然后采用 NPV 值最大的方案。

(2) 将各投资方案按投资额由大到小排列，然后计算各相邻两方案的差额内部收益率，根据差额内部收益率优选方案的准则选择最优方案。

为了讨论方便，我们采用第二种方法，当寿命期为无限时，各方案的年值与现值之间有如下的关系。

$$P = \frac{A}{i}$$

于是可求得三个项目各方案的内部收益率为

A 项目：

$$-1\,000+\frac{300}{IRR_{A1}}=0 \qquad IRR_{A1}=30\%$$

$$-2\,000+\frac{470}{IRR_{A2}}=0 \qquad IRR_{A2}=23.5\%$$

$$-3\,000+\frac{550}{IRR_{A3}}=0 \qquad IRR_{A3}=18.33\%$$

B 项目：

$$-1\,000+\frac{50}{IRR_{B1}}=0 \qquad IRR_{B1}=5\%$$

$$-2\,000+\frac{400}{IRR_{B2}}=0 \qquad IRR_{B2}=20\%$$

$$-3\,000+\frac{470}{IRR_{B3}}=0 \qquad IRR_{B3}=15.67\%$$

C 项目：

$$-1\,000+\frac{450}{IRR_{C1}}=0 \qquad IRR_{C1}=45\%$$

$$-2\,000+\frac{600}{IRR_{C2}}=0 \qquad IRR_{C2}=30\%$$

由于 B1 方案的内部收益率小于基准收益率，因此 B1 方案为无资格方案，从备选方案中剔除掉(见表 10-10)。

表 10-10　与内部收益率比较的优选结果

方　案	内部收益率	结　论
A1	30%＞10%	保留
A2	23.5%＞10%	保留
A3	18.33%＞10%	保留
B1	5%<10%	剔除
B2	20%＞10%	保留
B3	15.67%＞10%	保留
C1	45%＞10%	保留
C2	30%＞10%	保留

如果资金没有限制时，A、B、C 三个项目之间是相互独立的，因此把每个项目的几个备选方案按投资额大小由大到小排列，然后根据差额内部收益率的计算公式计算其相邻两方案的差额内部收益率，最后根据差额内部收益率的判别准则选择三个项目的最优方案。

$$\Delta IRR_{A1-A0}=\frac{300-0}{1\,000-0}=30\%$$

$$\Delta IRR_{A2-A1}=\frac{470-300}{2\,000-1\,000}=17\%$$

$$\Delta IRR_{A3-A2}=\frac{550-470}{3\,000-2\,000}=8\%$$

根据表 10-11 显示的结果，A 项目应选择 A2 方案。

表 10-11　A 方案差额内部收益率与基准收益率的结果

差额内部收益率	数　值	与基准收益率 ic=10%的比较	结　论
ΔIRR_{A1-A0}	30%	>10%	A1 比 A0 好
ΔIRR_{A2-A1}	17%	>10%	A2 比 A1 好
ΔIRR_{A3-A2}	8%	<10%	A2 比 A3 好

$$\Delta IRR_{B2-B0}=\frac{400-0}{2\,000-0}=20\%$$

$$\Delta IRR_{B3-B2}=\frac{470-400}{3\,000-2\,000}=7\%$$

根据表 10-12 显示的结果，B 项目应选择 B2 方案。

表 10-12　B 方案差额内部收益率与基准收益率的结果

差额内部收益率	数　值	与基准收益率 i_c=10%的比较	结　论
ΔIRR_{B2-B0}	20%	>10%	B2 比 B0 好
ΔIRR_{B3-B2}	7%	<10%	B2 比 B3 好

$$\Delta IRR_{C1-C0}=\frac{450-0}{1\,000-0}=45\%$$

$$\Delta IRR_{C2-C1}=\frac{600-450}{2\,000-1\,000}=15\%$$

根据表 10-13 显示的结果，C 项目应选择 C2 方案。

表 10-13　C 方案差额内部收益率与基准收益率的结果

差额内部收益率	数　值	与基准收益率 i_c=10%的比较	结　论
ΔIRR_{C1-C0}	45%	>10%	C1 比 C0 好
ΔIRR_{C2-C1}	15%	>10%	C2 比 C1 好

上述 A0、B0、C0 为不投资方案。

由上面计算可知：如果资金没有限制时，三个项目的最优方案分别为 A2、B2、C2。

但是实际上开发企业的资金并不是无限的，因此就需要考虑在资金有限的条件下分配资金以使资金发挥最有效的作用，例如该企业可供利用的资金只有 4 000 万元，那么资金应如何合理地分配才能使企业投资的净收益最大呢？

此时应按混合方案选择的方法进行，即将每个追加投资方案看作是独立方案，按追加投资的差额内部收益率的大小为序予以排列，然后根据资金的限额条件进行方案选择。

当资金的限额为 4 000 万元时，选择(C1−C0)+(A1−A0)+(B2−B0)=C1+A1+B2，即 A1、B2、C1 方案最有利。

此时所选方案的净现值为

$$NPV_{A1、B2、C1}=\left(\frac{300}{10\%}-1\,000\right)+\left(\frac{400}{10\%}-2\,000\right)+\left(\frac{450}{10\%}-1\,000\right)$$
$$=750(万元)$$

事实上，当资金的限额或利率发生各种变化是都可以按混合方案选择出最有利的方案。

专栏 10：阳光新业地产股份有限公司住宅项目与商业项目的比较

阳光新业地产股份有限公司是在深交所上市的房地产公司，从 1998 年介入地产一直到 2006 年以前，基本上以住宅的开发为主，从 2006 年开始，阳光新业地产股份有限公司逐渐向商业地产转型。下面通过对阳光新业地产股份有限公司 2008 年、2009 年和 2010 年的年报数据的整合计算，对其主要的住宅项目和商业项目进行了比较。

公司 2008 年实现营业收入 151 396.2 万元，其中，住宅项目的销售结算收 135 863 万元，住宅项目的销售收入主要来自北京阳光上东项目，收入为 134 823.1 万元，营业利润率为 44.74%；商业物业租赁收入总计 11 054.1 万元，商业物业租赁收入主要来自北京阳光大厦项目和通州商业项目。北京阳光大厦项目 2008 年出租率为 100%，实现租赁收入 4 995.8 万元，营业利润率为 73.92%。北京通州商业项目 2008 年出租率为 96%，实现租赁收入 3 465.7 万元，营业利润率为 75.55%，如表 10-14 所示。

表 10-14　2008 年主营业务分产品情况　　单位：万元

项　目	营业收入	营业成本	营业利润率(%)
阳光上东(销售收入)	134 923.1	74 560.3	44.74
阳光大厦(租赁收入)	4 995.8	1 302.7	73.92
北京通州商业项目(租赁收入)	3 465.7	847.2	75.55

2009 年，公司实现营业收入 98 812.1 万元，与去年同期相比，公司营业收入减 34.7%，主要原因为房地产项目结算面积减少；住宅项目的销售结算收入 82 817.5 万元，占公司 2009 年度营业收入 83.8%，主要来源于北京阳光上东项目，收入为 53 364.2 万元，营业利润率为 55.26%；商业物业租赁收入 11 091.2 万元，占公司 2009 年度营业收入 11.2%，主要来源于北京阳光大厦项目和通州商业项目，其中北京阳光大厦项目 2009 年出租率为 100%，实现租赁收入 4 995.9 千元，营业利润率为 71.54%。北京通州商业项目 2009 年出租率为 100%，实现租赁收入 3 771.1 千元，营业利润率为 76.41%，如表 10-15 所示。

表 10-15　2009 年主营业务分产品情况　　单位：亏元

项　目	营业收入	营业成本	营业利润率(%)
阳光上东(销售收入)	53 364.2	23 874.3	55.26
阳光大厦(租赁收入)	4 995.9	1 421.9	71.54
北京通州商业项目(租赁收入)	3 771.1	889.7	76.41

2010 年，公司实现营业收入 304 234.7 万元，与去年同期相比，公司营业收入增 207.89%，主要原因为房地产项目结算面积增长。住宅项目的销售结算收入 276 570.4 万元，占公司年度营业收入 90.9%，主要来源于北京阳光上东项目、天津万东花园项目。其中，北京阳光上东项目收入 200 340.8 万元，营业利润率为 57.75%；商业物业租赁收入 22 676.6 万元，占公司年度营业收入 7.45%，主要来源于北京阳光大厦项目、北京 A-Z Town 项目、北京通州商业项目、成都 A-Z Town 项目及北京北苑科创项目。其中，北京阳光大厦项目 2010 年出租率为 100%，实现租赁收入 4 713.1 万元，营业利润率为 72.03%。北京通州商业项目 2010 年出租率为 100%，实现租赁收入 4 046.3 万元，营业利润率为 78%，如表 10-16 所示。

表 10-16 2010 年主营业务分产品情况

单位：万元

项 目	营业收入	营业成本	营业利润率(%)
阳光上东(销售收入)	203 340.8	85 905.3	57.75
阳光大厦(租赁收入)	4 717.3	1 317.9	72.03
北京通州商业项目(租赁收入)	4 046.3	889.7	78

从上面的数据我们可以看出从 2008 年到 2010 年，阳光新业地产有限公司的住宅地产收入主要来自于北京阳光上东项目；商业地产收入主要来自于北京阳光大厦项目和通州商业项目。通过三年的对比，我们发现，对于住宅项目来说，北京阳光上东项目营业收入相当不稳定，2008 年为 134 823.1 千元，2009 年为 53 364.2 万元，2010 年为 200 340.8 万元，出现这样的现象很大程度上是因为房地产项目结算面积。可以看到 2009 年的收入减少是因为房地产项目结算面积的减少，2010 年的收入大幅增加是因为房地产项目结算面积的增加。而对于商业地产项目，我们可以看到，2008 年北京阳光大厦项目租赁收入 4 995.8 万元。北京通州商业项租赁收入 3 465.7 万元。2009 年北京阳光大厦项目租赁收入 4 995.9 万元。北京通州商业项租赁收入 3 771.1 万元。2010 年北京阳光大厦项目租赁收入 4 713.1 万元。北京通州商业项租赁收入 4 046.3 万元。三年中，商业项目一直保持稳定持续的营业收入，其营业成本也变动不大。

总地来说，从数据看来，住宅地产产生的营业收入更多，但这些属于一次性，不会产生二次现金流，而商业地产则不同，其现金流是长期且稳定的，只要这个物业存在，每年都会有现金回报，三年中，商业项目一直保持稳定持续的营业收入也验证了这样的说法。

住宅产业受经济的影响很大，当整个经济低潮时，销售面积就会下降，住宅产业会受到很大影响，但商业地产不同，无论什么时候，人不能不吃饭，不卖生活用品，所以以商业地产为载体的餐饮、服务及零售业受到冲击会比较小。这也证实了三年中，住宅项目的营业收入波动很大，商业项目波动很小的特点。

除了长期稳定、逐年增长的现金流回报外，商业地产还能享受资产持续升值。比如一个住宅项目，两年前是 4 000 元/平方米，两年后涨到 6 000 元/平方米，但住宅的增值不属于开发商，而是业主。然而商业地产截然不同。由于商业经营良好，在企业获得稳定的现金流之外，还会因消费拉动做热这个区域板块，使区域的土地价值升值，进而拉动整个区域价值的飙升，资产升值也很迅速。

(资料来源：阳光新业地产股份有限公司 2008 年度报告、2009 年度报告、2010 年度报告)

思 考 题

1. 房地产投资决策问题构成条件包括哪些？
2. 房地产投资决策的内容包括哪些？
3. 房地产投资决策的要求有哪些？
4. 房地产投资决策的程序是什么？
5. 房地产投资方案比选指标包括哪些？
6. 房地产投资项目比选一般有哪些方法？

第 11 章

房地产置业投资分析

11.1　房地产置业投资分析原理

11.1.1　房地产置业投资及其目的

置业，即购置物业，而房地产置业投资是购置物业已满足自身生活居住或生产经营需要，并在不愿意持有该物业时可以获取转售收益的一种投资活动，在较长时期内持续的获取稳定收益，并且获得房地产保值、增值效益。置业投资的对象可以是开发后新建成的物业，也可以是房地产市场上的二手房。这类投资的目的可以总结为以下几个方面。

一是满足自身生活居住或生产经营的需要。利用房地产进行经营，从而获得一定的自营收入，在投资者经营适当的情况下，自营收入也是一项稳定的现金收入。

二是作为投资将购入的物业出租或出售给最终的使用者，获取较为稳定的经常性收入和收益。置业投资者在恰当的时机，当市场供求有利于出售时，以高于原购买价格一定数量(即保证不会亏本)的价格出售自己所购入的房地产，可以获得出售收益。此外，置业投资者出租自己从开发商或其他房地产所有者手中购置的物业，通过把物业出租给最终使用者，以获取较为稳定的经常性净收入。

三是用于对抗通货膨胀和取得物业资产的保值增值收益。房地产置业投资是对抗通货膨胀的最佳投资品。一般来讲，因土地供给有限，决定了房地产价格会上涨且具有高报酬率。就建设于土地之上的房屋来说，其供给速度常常低于需求的增长速度，因而房价升值是一个可以看到的现实。事实上，从长期来讲，几乎所有的房地产置业投资者都可能实现长期房产增值，而房产增值要比租金收入或税收优惠都大得多，这一点可以从我国历年房价不断上升的趋势中显现出来。

11.1.2　房地产置业投资的主要方向

房地产置业投资的方向几乎包括所有类型的物业，如居住物业(像普通住宅、经济适用住房、公寓、别墅等)、商业物业(如俱乐部、会议中心、康乐场所、商铺、购物中心等)、办公物业(像写字楼、综合楼)、酒店物业(宾馆、酒店等)工业物业(如工业厂房、仓库等)以及其他物业。

11.1.3　房地产置业投资财务指标

房地产置业投资分析指标主要有以下几个。

1. 投资成本

房地产买卖投资成本：购置价款、利息费用、维护费用(改造费用)、经营费用、税费。

房地产租赁经营投资费用：押金利息、改造费用、经营管理费用、设施运行维护费、维修费用、空置费用、税费。

2. 投资利润率

投资利润率又称投资报酬率，计算公式为：

投资利润率=年平均利润总额/总投资×100%

3. 资本金利润率

计算公式为：

资本金利润率=年平均利润总额/资本金总额×100%

该指标用来衡量资本金的获利能力。

4. 资本金净利润率

资本金净利润率=年平均所得税利润总额/资本金×100%

5. 财务净现值

财务净现值(FNPV)是指项目按行业的基准收益率或设定的目标收益率，将项目计算期内各年的净现金流量折算到开发活动起始点的现值之和，它是房地产开发项目财务评价中的一个重要经济指标。主要反映技术方案在计算期内盈利能力的动态评价指标。

(1) 项目内部收益率。

项目内部收益率是指项目在整个计算期内资金流入现值总额与资金流出现值总额相等的折现率，也就是使项目的财务净现值等于零时的折现率。

(2) 投资回收期。

投资回收期是指通过从项目的投建之日起，用项目所得的净收益偿还原始投资所需要的年限。其单位通常用年表示。投资回收期可分为静态回收期和动态回收期。

投资利润率、资本金利润率以及资本金净利润率越大，表明投资获利水平越高。净现值、内部收益率越大，说明项目风险越小，获利能力越强。

11.2　不同类型房地产置业投资财务分析

11.2.1　房地产置业投资的不同类型

置业投资主要有买卖投资、租赁投资、自营投资以及混合投资四种类型。

1. 以营利为目的的房地产买卖投资

房地产买卖投资是指投资者购买到某类投资型物业后，在几乎同一时间内低买高卖来赚取差价获取投资收益；或者是购入物业后，等待一定时间，在价格上涨后再出售该物业获利，同时在未售出期间，还可以把购入的物业用于自己居住、自用或对外出租盈利。

2. 用于出租经营的置业投资

该类投资又称房地产租赁投资。租赁是指置业投资者在购买到物业后，首先对该物业进行适当整饰与装修，之后以出租人的身份，以口头协议或签订合同的形式，将房屋交付承租人占有、使用与收益，由承租人向出租人交付租金的行为。通过租赁收取租金，置业投资者获取长期租赁收入。

租赁投资还有一种特殊情况，就是包租，其含义是获得物业使用权的投资者，将物业以每年或每月固定租金的形式包租下来，然后投入一定资金，根据实际需要，对物业进行适当的装修改造后对外转租，获取转租收益。

3. 用于自营的房地产自营投资

房地产自营投资，也就是房地产置业投资者在购入新增或存量房地产后，不是用于出售或出租，而是用于经营，如开设商店、经营各种中介服务或娱乐服务等，通过获取所经营的商品价格差，以及提供劳务服务收取服务费用的方式，回收投资并取得经营收入。对于社区商铺，这种自营性置业投资通常比较普遍。

4. 房地产混合投资

混合投资，就是置业投资者购入物业后，对物业进行出售与租赁的混合经营，即先通过出租或自营获取租赁或自营收益，当房地产价格上涨到一定水平时再把物业出售出去，获取出售收益。混合型投资形式灵活，兼有长期性投资和投机性投资的优点，越来越受到广大投资者的青睐。

11.2.2 房地产置业买卖投资财务分析

1. 房地产买卖投资的成本费用分析

房地产买卖投资的成本费用主要包括以下几个方面。

(1) 购置价款。购置价款通常就是购买价，它等于房屋的实际销售成交价格。

(2) 贷款保险费。当置业投资者没有足够的自有资金，而要采用抵押贷款方式购买时，还需要交纳贷款保险费。

(3) 贷款利息。置业投资者采用抵押贷款方式购买物业时，需要支付贷款利息。具体的利息需要根据贷款的类型、金额、还款方式以及其他具体约定而定。

(4) 交易税费。根据国家的税法规定，作为购买者，个人购买新房或二手房时应缴纳的主要税费有契税和印花税。当置业投资者出售房屋时，作为卖方应当交纳的税费有：印花税、营业税及附加、个人所得税、土地增值税等。

实际上，房地产买卖具体税种和征收办法各地不尽相同，而且受政策影响，处于变化之中，但一旦发生买卖交易，这些税费将是明确而具体的。

(5) 公共维修基金。购房者需要按照国家规定以房屋售价的一定比例交纳公共维修基金，以北京为例，北京商品房公共维修基金是：多层住宅每平方米 100 元，高层建筑每平方米 200 元。

(6) 维护改造与装修费用。该项费用是置业投资者在购入物业后，为了某种需要，而对物业进行维护改造与整饰装修的费用。

(7) 物业服务费等费用。即房屋需要交纳的物业服务费、供暖费等费用。物业管理收费各地区都有不同的政府指导价，不同地区收费标准不同。同一地区一般按不同等级来划分收费标准。

以广州市为例，表 11-1 列出了广州市物业管理费收费标准。

表 11-1 广州市物业管理费收费标准(2012 年)

类 型	等 级	收费标准
办公楼(写字楼)	一级	按优质优价的原则确定
	二级	每平方米 15 元
	三级	每平方米 10 元
	四级	每平方米 6 元
	五级	每平方米 4 元
商场(商铺)	一级	按优质优价的原则确定
	二级	每平方米 18 元
	三级	每平方米 11 元
	四级	每平方米 5 元
	五级	每平方米 2.50 元

上述收费标准为综合服务收费的最高标准，物业管理公司须按广东省物价局规定提供相应的服务，凡服务内容或服务质量达不到规定要求的，应相对降低收费标准。

获得省以上城市物业管理优秀称号的物业可按省规定上浮幅度上浮。获市城市物业管理优秀称号的物业，可上浮不超过 10%。

工业区(厂房)，各类按优质优价原则确定收费标准的，其成本利润率按不超 10%核定，商场比写字楼收费标准提高幅度不宜超过 50%。

住宅小区(楼宇)内符合规划要求的办公、商业用房的收费标准可高于同类住宅，其中多层建筑办公用房不宜超过 100%；商业用房不宜超过 200%；高层建筑办公、商业用房不宜超过 50%。

已成立业主委员会的物业，其物业管理服务收费可由业主委员会与物业管理公司双方协商确定后，报分管物价部门备案，并需领取《广东省经营服务性收费许可证》和按规定进行收费年审。

上述收费标准已包括代收水电费、上门收垃圾、防盗门维护等专项服务。

(8) 中介或经纪费。置业投资者在出售自己的房屋时，通常需要借助中介或经纪单位的力量，因而需要交纳一定数量的中介或经纪费。房地产中介服务费用要由房地产中介服务机构按收费标准统一收取，并开具发票，依法纳税。以北京为例，住宅买卖经纪服务收费标准如表 11-2 所示。

表 11-2 北京住宅买卖经纪服务收费标准(2011 年)

档 次	住宅成交价总额(万元)	收费标准(%)
1	500 及以下	2
2	500 以上-2000 及以下	1.5
3	2000 以上-5000 及以下	1
4	5000 以上	0.5

2．房地产买卖投资的收入分析

房地产买卖投资的毛收入就是销售价格，这个价格通常既不是置业投资出售者的要价，也不是购买者的出价，而是根据市场情况由双方最后商定的价格。这个价格与房地产估价得出的价格也有一定的差异。

房地产买卖投资的收入或销售价格，与买卖双方的交易条件有关。具体来说，主要就是买卖双方对交易税费的最终负担者的约定，当约定卖家的税费由买家承担时，房地产销售价格就会相对较低，计算置业投资出售者的销售收入时，需要考虑到这个问题。

3．房地产买卖投资的财务分析

下面以一个具体的例子来说明房地产买卖投资的财务分析。

例 11-1： 某投资者投资了 30 万元购买一套 120m^2 住宅，一次性付款，预计 3 年(假定空置，暂不考虑租金收益及物业管理费等支出，但在实际分析中应当考虑)后可以卖到 40 万元。 其他条件如下：售房时的交易手续费为售价的 1.5%。营业税、城市建设维护税、印花税、契税分别为售价的 5%、1%、0.5%和 1.5%。城市土地使用税每年每平方米 0.5 元。评估、交易、登记等费用约 2 000 元；所得税税率为 20%。如何分析这项投资？

解： 简要投资回报分析如下。

1) 计算相应指标

(1) 投资成本(购买价)：300 000(元)。

(2) 销售手续费：400 000×1.5%=6 000(元)。

(3) 有关税费。

① 营业税：400 000×5%=20 000(元)

② 城市建设维护税：20 000×1%=200(元)

③ 印花税：400 000×0.5%=200(元)

④ 契税：400 000×1.5%=6 000(元)

⑤ 城市土地使用税：0.5×120×3=1 800(元)

⑥ 评估、交易、登记等费用：约 2 000(元)

⑦ 所得税：(销售价-购买价-利息-经营费用-直接税费)×20%=12 760(元)

(4) 投资净收益。

① 税后利润：51 040 元。

② 投资利润率：63 800÷300 000×100%=21.27%。

③ 资本金净利润率(年投资收益率)：51 040÷3÷300 000×100%=5.67%

2) 简要分析

如果该投资者将其投资资金存入银行，年利率为 3.5%，三年利息为 31 500 元，扣除 20%的利息税 6 300 元，净收益为 25 200 元，总投资利润率为 8.4%，年收益率(资本金净利润率)为 2.8%。

两者相比，储蓄投资比购房投资的投资收益率低 2.87%，但储蓄投资相对稳定，除通货膨胀外，基本上无风险，而购房投资的结果却有较大的变数，如 3 年内用于出租经营，则可有租金收益，仅租金收益一项就已经相当于银行利息收益，如果税费减免或售价增加，

其收益更高，但如果售价没升幅，3 年后仍无法售出，则只好转为长线投资，靠收租金逐步回收投资资金，等待出售时机。投资者在进行房地产买卖投资回报分析时，其收益率的底线通常是与银行利息作对比。相比之下，购房投资收益大于银行储蓄投资，但风险同时存在。

11.2.3　房地产置业租赁投资财务分析

1．房地产置业租赁投资成本费用分析

根据前面的介绍，房地产置业租赁投资包括投资者直接出租和承租者转租(包租)两种形式。不同的出租形式，其成本费用也有某些不同。

对于投资者直接出租的情况，其投资就是购买房地产时的资金投入，其成本费用包括购买成本和出租成本；对于包租或转租而言，其投资则是包租房地产时的资金投入，其成本费用包括包租成本和经营成本。

具体来说，直接出租的投资成本费用包括如下几个方面。

(1) 购置价款。同房地产买卖投资的购买价。

(2) 贷款保险费。同房地产买卖投资的贷款保险费。

(3) 贷款利息。同房地产买卖投资的利息。

(4) 出租税费。对于出租而言，不同地区具体的税费有所不同，但总体上包括印花税、房产税、营业税及附加、个人所得税等。

(5) 公共维修基金。同房地产买卖投资的公共维修基金。

(6) 维护改造与装修费用。同房地产买卖投资的相关费用。

(7) 物业服务费等费用。类似于房地产买卖投资的物业服务费等费用。

(8) 中介或经纪费以及广告费。即出租过程中需要交纳给中介的代理费用以及为扩大影响而支付的广告宣传费用。

(9) 租赁经营管理费用。为出租需要交纳的管理费用。

此外，根据租约的约定，房屋出租者可能还需要为自己的物业交纳各种保险费等费用。

对包租经营者来说，其成本与直接出租基本相同。主要的不同是包租经营者不需购买物业，不需支付与购买有关的购置款、贷款保险费、贷款利息以及维修基金等费用，而只需向物业所有者支付固定的包租租金，按月支付或按年支付。

2．房地产置业租赁投资收入分析

房地产置业租赁投资收入就是实际的租金收入。不管直接出租还是包租经营房产，若租赁方一次性付款，则当期收入就是所得价款；若租赁方分期付款，则可将各期收入汇总到现金流量表里，计算各期净现金流。

物业租金是依照物业用途、建筑物类型、地段、面积、朝向、层次、装修标准、附属设施条件以及市场供求关系等多种因素决定。一般来说，商业用房租金水平高于办公楼，而办公楼又高于住宅。

实际中，置业投资者获得的租金收入应该是实际收到的租金。实际租金是对基础租金

进行减免和折让调整后的租金额。这里的基础租金，是合同所列出的金额，既可以是租金额度也可以是单位面积的租金。

对置业投资者来说，出租投资型物业的回报包括两大块：一是物业租赁的净租金收益；二是物业持有期间的增值收益。前者的计算公式是：

租赁净收益=租金-综合税费-出租期间的年折旧费(房价的 1.5%～2%)-公共维修基金-中介公司的代理费-保险费-机会成本

3. 房地产置业租赁投资财务分析

下面以两个例题分别介绍直接出租置业投资和包租置业投资两种情况的财务分析。

例 11-2: 某公司以 10 000 元/平方米的价格购买了一栋建筑面积为 27 000 平方米的写字楼用于出租经营，该公司在购买写字楼的过程中，支付了相当于购买价格 5.3%的各种税费(如契税、手续费、律师费用、其他费用)。其中，相当于楼价 30%的购买投资和各种税费均由该公司的自有资金(股本金)支付，相当于楼价 70%的购买投资来自期限为 15 年、固定利率为 7.5%、按年等额还款的商业抵押贷款。

假设在该写字楼的出租经营期内，其月租金水平始终保持在 160 元/m^2，前 3 年的出租率分别为 65%、75%、85%，从第 4 年开始出租率达到 95%，且在此后的出租经营期内始终保持该出租率。出租经营期间的经营成本为毛租金收入的 28%。如果购买投资发生在第 1 年的年初，每年的净经营收入和抵押贷款还本付息支出均发生在年末，整个出租经营期为 48 年，投资者的目标收益率为 14%。

试从投资者的角度，计算该项目自有资金的财务净现值和财务内部收益率，并判断该项目的可行性。

解： 简要分析如下。

1) 相应指标计算

(1) 写字楼投资的基本情况。

① 写字楼购买总价：

27 000×10 000=27 000(万元)

② 购买写字楼的税费：

27 000×5.3%=1 431(万元)

③ 股本投资：

27 000×30%+1 431=9 531(万元)

④ 抵押贷款额：

27 000×70%=18 900(万元)

(2) 抵押贷款年还本付息额=2141.13(万元)。

(3) 写字楼各年净经营收入情况。

第 1 年净经营收入：

27 000×160×12×65%×(1-28%)=2 426.11(万元)

第 2 年净经营收入：

27 000×160×12×75%×(1-28%)=2 799.36(万元)

第 3 年净经营收入：

$$27\ 000 \times 160 \times 12 \times 85\% \times (1-28\%) = 3\ 172.61(\text{万元})$$

第 4 年及以后各年净经营收入：

$$27\ 000 \times 160 \times 12 \times 95\% \times (1-28\%) = 3\ 545.86(\text{万元})$$

本项目投资自有资金的现金流量表如表 11-3 所示。

(4) 该投资项目的财务净现值。

因为 i=14%，故 NPV=789.81(万元)。

2) 结论

因为 NPV=789.81 万元>0，故该项目可行。

表 11-3　现金流量表(自有资金、税前)　　单位：万元

年末	0	1	2	3	4～15	16～18
股本金投入	9 531.00					
净经营收入		2 426.11	2 799.36	3 172.61	3 545.86	3 545.86
抵押贷款还本付息		2 141.13	2 141.13	2 141.13	2 141.13	0.00
自有资金净现金流量	−9 531.00	2 84.98	658.23	1 031.48	1 404.73	3 545.86

例 11-3：某投资者将某物业整体包租下来，用于转租经营。该物业面积为 2 万 m^2，包租价格为整体 200 万元/年，按年支付，租期 10 年，押金 10 万元，整修、整改和物业服务费全由包租者支付，其中，整改装修费用共计需要 100 万元，每年物业服务费为 10 万元，每年其他租赁经营成本为 20 万元，综合税率为 6%。预计在转租经营的 10 年间，平均租金为 15 元/(m^2·月)，包含管理和自用房在内的空置率为 15%。假设年收入与支出均无增长变化，基准收益率为 15%。试从净现值和内部收益率两方面分析该包租投资是否可行？

解：本题的分析可根据 Excel 现金流量简表来进行(见表 11-4)。

表 11-4　现金流量简表

项　目	合　计	每期一年	每期一年	每期一年	每期一年
		0	1	2～9	10
现金流入					
毛租金收入			306.00	306.00	306.00
押金回收					10.00
小计	3 070.00		306.00	306.00	316.00
现金流出					
包租押金		(10.00)	—	—	—
包租价格	(2 200.00)	—	(220.00)	(220.00)	(220.00)
整改装修费	(100.00)	(100.00)			
物业服务费	(100.00)		(10.00)	(10.00)	(10.00)
租赁经营成本	(200.00)		(20.00)	(20.00)	(20.00)
税费	(183.60)		(18.36)	(18.36)	(18.36)
小计	(2 783.60)	(110.00)	(268.36)	(268.36)	(268.36)
净现金流量	286.40	(110.00)	37.64	37.64	47.64
财务净现值	81.38	(110.00)	32.73	28.46	11.78
财务内部收益率	32.32%				

根据表 11-4 所示现金流量简表，可以得到该投资的所得税前财务净现值为 80.38>0，内部收益率为 32.32%>15%，故该项目可行。

11.2.4 房地产置业消费投资财务分析

例 11-4：某先生一家四口，包括一个老人，家有存款 12 万元，家庭月收入 6 000 元，日常开销约为 3 000 元。在购房时，有以下几种户型、面积、价格及付款方式可供选择，见表 11-5。

表 11-5 置业投资选择

户型	二房二厅	三房三厅	三房三厅	四房二厅
面积(平方米)	80	100	120	140
价格(元/平方米)	3 500	3 500	3 000	3 000
标准	成品房	成品房	毛坯房	毛坯房

其他条件如下。

(1) 抵押贷款付款方式：首期付三成，贷款 7 成 15 年，每月 1 万元还款额为 83.09 元；首期付 2 成，贷款 8 成 20 年，每月 1 万元还款额为 66.22 元；

(2) 预计办理购房各类手续费和税费共计约 1 万元；

(3) 室内装修每平方米约 500 元，家居装饰每平方米约 200 元。

根据上述条件，请给这位先生提供一个合理的置业建议。

解：简要分析如下。

(1) 有老人的 4 口之家，至少要有三房二厅才能满足基本的居住要求。

(2) 根据该先生的家庭经济状况与可供选择的条件，选择 100 平方米的户型、三房二厅、首付 2 成贷款 8 成。

购房后各种款项如下。

① 总价：3500×100=350 000 (元)

② 首期支付：350 000×20%=70 000 (元)(月还贷尾数可计入首期付款)

③ 抵押贷款总额：350 000−70 000=280 000(元)

④ 每月还本付息额：28×66.22=1 854.16(元)

⑤ 本息总额：1 854.16×20×12=444 998(元)

⑥ 家居装饰：200×100=20 000(元)

⑦ 各种手续费、税费：10 000 元

其中费用合计：10 万元。

(3) 分析与结论。

该先生付首期款、有关手续费、税费、家居装饰费用等，需支付款项共约 10 万元，付清后还剩 2 万元家庭备用金。

每月还款 1 854 元，再扣除 3 000 元的日常开销，每月还余约 1 000 元的家庭备用金，基本上还能维持。

所以，我们可以建议该先生购置 100 平方米，三房二厅的成品房，抵押贷款为 8 成 20 年。如果选择其他户型，显然不适合该先生。

该先生在 20 年里共支付款项约为 55 万，如果其住宅平均每月租金为 1 800 元，55 万元约可支付 25 年的租金，其住宅使用期为 70 年，剩余的 45 年使用期是其所获的消费投资利益。消费与投资同行，已是当今众多家庭选择的一种理想投资方式。

11.2.5　房地产置业投资时机选择分析

在进行房地产置业投资时，时机的选择是至关重要的。很多人都会认为投资是要“买涨不买跌”，但实际上，当房价上涨的时候，投资者一拥而上，未必能买到比较理想的物业，反而会由于时机选择的错误而被套牢。所以投资时机的正确选择是投资获利的前提和基础。

(1) 经济周期的循环对投资时机的影响。房地产价值的变动处于一个循环往复的周期之中，掌握这个循环有利于把握房地产贷款利息的调整情况和房地产价格变化的特点，从而更好地把握投资时机。

对房地产投资来说，通常采取“低吸高抛”的策略，即在经济处于低点、市场低迷时选择持有一些潜力较大的物业，而在经济达到高点、旺季来临时，就要选择出售物业。由于人们对于房屋的需求弹性较小，所以与一般的商业活动不同，在低潮时期进入房地产市场可能会给投资者带来一定的好处。首先，在经济不景气的时候，银行的贷款利率相应较低，投资者可以享受到此项优惠而减少向银行偿还的资金；其次，当房地产的价值下滑以后，在进入新一轮增长周期时，它的价值很可能达到一个更高的位置，给投资者带来更加丰厚的投资收益；最后，在萧条时期进行房地产投资可以获得充足的选择余地，从而避免争夺物业的现象出现。相反，在市场旺盛时期，房价上涨的空间已经比较小了，继续持有物业的风险相应较大，最好的处理办法就是将其变现。

(2) 政策变化对投资时机的影响。就房地产业来说，政府制定的各种政策以及城市规划等都会对其当前的状况及今后的走势有所影响。当国家在一段时间内连续出台一些政策来对房地产市场进行调控时，就表明此时的房地产市场很可能已经处于过热的时期，同时也告诉投资者房价已经到了循环周期的高峰阶段，此时就应该适当的出售手中的物业，而不应该再大量持有了。而一旦国家实行扩张的货币政策，下调利率，鼓励投资时，就意味着当前的市场处于整个经济循环的萧条阶段。在这个阶段，投资的成本较低，竞争者较少，回报率较大，与高峰期相比，投资的风险也要小得多，而成功率却要高很多。所以，此时投资者就要为新一轮的投资做好准备，适时地介入市场。

(3) 城市的发展状况与发展潜力对投资时机的影响。城市规模的不断扩大、城市建设质量的提高以及城市经济发展阶段的提升都会引发城市功能区的调整。城乡经济的统筹发展和工业布局协调以及郊区化的发展和小城镇的有序建设等也都为房地产运行提供了更为广阔的空间。城市的发展会给房地产业带来更强的生命力，选择一些发展中的城市比选择完全发展成熟的城市进行房地产置业投资，获得的机会和收益会更多。发展中的城市政府重视对外开放政策的实施，重视招商引资。大量的外来资金会刺激本地的房地产消费市场，进而拉动整个房地产市场的发展。如果投资者能够看准一个城市的发展状况、并对其未来的发展潜力也有足够的信心，那么抓住这样的时机，就有可能为自己的投资活动加上分量很重的一块砝码。

(4) 投资对象的具体情况。除了新开盘是比较好的投资机会，投资尾盘也不失为一种好的选择。有些投资者会认为尾盘期的房屋都是被别人挑剩下的，对其质量存在着很大的疑虑。其实不然，对于尾盘期的房屋我们要进行具体的分析，并不都是不好的房屋。

有些开发商前期将部分房屋留作日后出租房用，但后期由于种种原因决定再售，从而形成了尾房；有些采取“低开高走”策略的开发商，在销售初期只拿出小部分房子低价销售，而后由于提高了房屋的价格，使得销售进程受阻，积压了一部分房户，从而形成了尾房。以上这两种原因形成的尾房其质量都是没有问题的。但投资者一定要仔细、客观地判断开发商的实力、项目的价值、未来居住环境等，避免投资“烂尾房”。

(5) 其他投资及资金市场对投资时机的影响。当金融、证券市场处于旺盛时期，由于财富总量的大部分已经被投入金融、证券等市场上，所以相应的投入房地产市场上的资金就比较少，房地产市场就会表现出供大于求的局面。这个时候，房地产市场很可能就处于循环周期的低谷阶段，是一个比较理想的投资时机。

专栏 11：SOHO 从卖写字楼到买写字楼投资策略改变

SOHO 中国 2012 年 8 月 16 日下午宣布，在未来的三年，公司将逐步告别一直以来散售的商业模式，改为持有出租物业。

在过去几年时间，北京和上海城市迅速发展的过程中，给 SOHO 中国创造了一个千载难逢的、非常难得的机会。在散售的过程中，SOHO 中国在短短的几年时间，规模和实力得到了迅速地成长，使 SOHO 中国成为一家健康发展有实力的现代企业。

最近几年，北京和上海这两座城市，随着世博会和奥运会的促进，城市的基本轮廓已经形成，地铁网络已经勾画出了北京和上海两座城市基本的布局。在 2012 年过去的三年时间，特别是 2012 年，办公楼、商业地产的租金上涨幅度非常大，创了历史的新高。办公楼和商业地产的空置率创下了历史的新低。SOHO 中国到底是持有还是散售？

SOHO 中国分析了旗下新近竣工的 4 个写字楼，发现租金持续上涨，在过去 6 个月上涨率已经超过了 70%；即便这样，到处还都是满租的写字楼。如果这些写字楼当初不出售，现在已经可以为企业带回 14%的租金回报率，远远高于现在的 6%。如果从现在开始彻底转型，抛弃散售模式，那么，以年租金 40 亿元来算，150 万平方米的租金回报率至少在 10%以上。除了确切分享到租金上扬带来的好处，SOHO 中国转型还可能带来另外两个好处：税收负担的减轻，以及收窄 NAV(资产净值)折让。

从长远的角度来看，从公司长远的价值来看，SOHO 中国认为当然应该是持有。就像香港有香港置地持有香港中环最优质的物业。

SOHO 中国董事长潘石屹承认，今次 SOHO 中国转型，包括了多项因素。其中，写字楼和商业物业租金的快速上涨是重要原因之一。目前，SOHO 中国拥有的商业物业和写字楼面积超过 150 万平方米。此外，他也表示，在董事会上已做综合考虑，转型也包括政府政策、优质地皮减少，以及政府征收重税等因素。不过他强调，公司对宏观调控未感受到压力，又否认转型和楼市进入下跌周期有关。面对转型后租金收入将占到全公司收入的比率，潘石屹不肯做出预计。他表示，三年后，公司的盈利将主要来源于租金收入，5 年后，租金年收入将超过 40 亿元。之后，销售收入则逐渐成为辅助收入。目前公布的半年报显示，公司现金充足，拥有现金 92 亿元人民币，未提取贷款余额 60 亿元人民币，净负债率为 20%。潘石屹认为，现有资金和销售收入能支撑公司的转型。但他也承认，负债比率有上升空间，但会控制在 40%以内。至于采取哪种融资方法，他透露，董事会讨论过是否要引入基金或者自己成立基金来管理自持物业。潘石屹又称，公司内部架构会有重大变化，销售团队将会压缩，而目前公司的销售团队，便会以培训方式转型商业管理部门，但他没有透露有没有裁员计划。

按照 SOHO 中国的设想，转型之后，它将在三年内完全持有 150 万平方米的商业地产基目，其中 30%是零售商业面积，其余的全部是写字楼面积。在这些项目中，有 112 万平方米在上海，另外 38 万平方米在北京。5 年后，这些面积每年可为其带来 40 亿的租金。

听起来，就像算术题“1+1”那么简单，美好的未来一定会如期而至。并且，SOHO 中国方面还提供了一组现金流和负债方面的数据，来证明自己有足够的资金实力来进行转型。

但外界并没有那么乐观。在宣布转型的当天，一些分析师就将 SOHO 中国 2013 年净利润的预期下调了 61%。他们称，战略转型将有助于确保 SOHO 中国长期收益的稳定性，但他们同时对该公司如何能在接下来的几年维持盈利势头心存担忧。

在接受《华尔街日报》采访的时候，里昂证券表示，受战略调整影响，预计 SOHO 中国可出售的资产将减少 70%，而仅占该公司开发利润 10%的租金收益不太可能足以弥补损失的销售收益。

花旗银行则认为 SOHO 中国需要拿出更具体的租金收入增长方案，同时平衡好“销售”和“自持”物业的比例，以确保在租金收入全面增长前的利润可见度。在 8 月 17 日公布的一份报告中，花旗银行表达了这一看法。

相比于这些外资机构，中国投资者更加担心 SOHO 中国的经营能力。因为在其至今为止拥有的唯一一个项目——前门项目上，并没有显示出他们良好的经营水平。事实正好相反，情况还有点糟糕。

也正因如此，8 月 17 日，在 SOHO 中国宣布转型的第二天，其股价下降了 8.6%。这意味着，SOHO 中国在转型之后还有很长一段路要走。

(资料来源：http://finance.qq.com/zt2012/psytzx/index.htm)

思　考　题

1. 什么是房地产置业投资？其目的主要有哪些？
2. 房地产置业投资分析财务指标主要有哪些？
3. 具体分析房地产置业投资的几种策略？

第 12 章

房地产投资产品定位策划

12.1 房地产投资分析策划

1. 房地产投资分析策划的概念

房地产投资分析策划是指从事房地产投资经济评价的工作人员，根据房地产开发项目的具体目标，依据房地产项目投资开发商的要求，以客观的市场调查为基础，综合运用各种策划手段，通过对房地产投资项目的系统性的分析，从而对房地产投资的关键点做出的预先考虑与设想的过程。

2. 房地产投资分析策划的主要类型

根据房地产投资分析策划的主要内容不同可以归纳为以下几个类型。

(1) 产品定位策划。

这里的产品是指房地产开发的最终表现形式——房屋建筑产品。房地产项目产品定位策划，主要是对项目开发的内容或类型，即何种房屋的分析与选择。

(2) 开发时机策划。

开发时机策划即对房地产项目开发时机的分析与选择。开发时机的分析与选择，应在考虑开发完成后的市场前景的前提下，倒推出应获取开发场地和开发建设的时机并充分估计办理前期手续和征地拆迁的难度等因素对开发进度的影响。大型开发项目可考虑分批开发(滚动开发)。

(3) 开发合作方式策划。

开发合作方式策划即对房地产项目开发合作方式的分析与选择。开发合作方式策划主要应考虑开发商自身在土地、资金、开发经营专长、经验和社会关系等方面的实力或优势程度，并从分散风险的角度出发，对独资、合资、合作 (合建)、委托开发等开发合作方式进行选择。

(4) 融资方式与资金结构策划。

融资方式与资金结构策划即对房地产项目融资方式与资金结构的分析与选择。融资策划主要是结合项目开发合作方式设计资金结构，确定合作各方在项目资本金中所占的份额，并通过分析可能的资金来源和经营方式，对项目所需的短期和长期资金的筹措做出合理的安排。

(5) 价格策划。

价格是房地产项目经济评价中的一个非常重要的要素，它包括待开发完成或已开发完成房屋的销售价格和出租价格，也可以包括开发投资房屋价格和置业投资房屋价格两种类型。价格策划就是为了实现一定的营销目标而协调处理各种房地产产品价格关系的活动。

(6) 经营策划。

经营策划即对房地产产品经营方式和规模的分析与选择。经营策划主要是在考虑项目投资近期利益和长远利益的兼顾、资金压力、自身的经营能力以及市场的接受程度等，对出售(预售)、出租(预租、短租或长租)、自营等经营方式进行选择，另外还包括对房地产产品租售计划的分析、选择与制订等。

3．房地产投资分析策划的任务

房地产投资分析策划要完成的基本任务包括以下几个方面。

(1) 为投资者提供投资方向。

投资者在准备投资前，往往面临投资方向问题，诸如地域、地址选择，物业种类选择，规模、期限选择，合作伙伴选择等。因此，要求一个良好的分析报告，对投资方向诸问题做出全面、可信的论证。

(2) 为投资者提供运作方式。

一项投资活动的运作包括许多方面，如投资者欲选择地块兴建商业设施出租经营。他将面临如何取得土地使用权、如何取得建筑开工许可证、如何筹集资金、如何保证开发建设工期、如何选择合作伙伴等问题。

(3) 为投资者预测投资效益。

投资收益是投资者关心的根本问题，是投资者的投资目的所在。也有一些投资者更关心投资的社会效益问题。

(4) 为投资者描述风险及提供避险方法。

分析人员仅仅为投资者预测投资收益是不够的，还要告诉投资者投资风险；仅仅告之有风险还是不够的，还要告之如何躲避风险。

除上述任务外，分析人员还须就投资项目可能引发的社会问题、环境问题加以阐述。房地产投资的主要目标是获取高额利润，但并不意味着不考虑投资的社会效益和环境效益。因为一项社会效益和环境效益不好的房地产投资项目，不可能获得政府的批准。

房地产投资分析策划的实质是为投资者出谋划策。一份好的分析报告可为投资者节省资金和谋取利益。而一份不好的分析报告可能导致投资者误入歧途。

房地产投资分析策划的最终目的，是使房地产投资项目在既定的目标和既定的资源条件下，选择最佳方案以获取最好的经济效益。

4．房地产投资分析策划的基本过程

房地产投资分析策划的基本过程包括以下几个步骤。

(1) 项目构思策划。策划构思简单地说，就是策划前的筹划与准备，即筹划人员接到策划任务后，对待策划项目的大致考虑。

(2) 信息收集与分析。信息收集主要是对收集来的信息真伪、信息反映的方面做出的分析与预测。一般来说，房地产投资分析策划通常需要收集和分析以下三个方面的信息：投资开发商的内部信息，主要是投资开发商的 NAP；拟投资国家、城市及区域的信息；拟投资区域的地块与项目信息。

(3) 实施项目策划。项目策划的实施是决策过程中至关重要的一步，实施项目策划，主要指制定实施项目的具体措施和政策。

12.2 房地产开发产品定位策划的指导思想

房地产开发产品定位策划的指导思想如下。

(1) 产品定位策划应首先考虑目标市场的需求及其接受程度，即市场的认同度。因为只有被目标市场接受，产品才有存在的基础，才算是符合市场的产品。

每一地区的发展状况不同，市场也不同，产品需求和产品特色也不尽相同。因此只能根据当地的实际情况，充分利用当地的各种优势资源、因地制宜地进行房地产产品策划，不能进行简单的复制。因地制宜就是要因势利导、取长补短、与时俱进，用发展的、变化的眼光进行研究，进行策划。

此外，在考虑目标客户群的同时，要兼顾潜在客户群的需求，并把这部分需求纳入产品定位的考虑范畴，减少产品的市场风险，增加产品的市场弹性和销售空间。

(2) 产品定位策划应妥善平衡客户效用最大化和企业效益最大化之间的“矛盾”。产品的策划过程中要妥善解决客户效用最大化和企业效益最大化的“矛盾”，这对“矛盾”处理好了就能够做到消费者、企业的“双赢”，考虑不周全就会损失两者的利益。

(3) 要充分挖掘地段价值。在房地产产品策划中，不能忽视地段的价值，地段的价值是动态的、相对的，不同的地段有不同的地产基因。即使同样的地段，随着时间的变迁，其价值也在动态的变化当中随之变化。地段价值的利用要结合企业的发展目标，找出利润和风险的平衡点。

(4) 产品定位策划应该把经济效益、环境效益和社会效益结合起来，尽量同时满足企业利益、顾客利益、社会利益。很多房地产开发企业一味地追求开发利润，盲目追求容积率。结果，在市场竞争越来越激烈的情况下，过高的容积率造成了板楼或塔楼，大进深窄面宽，户型内部设计不合理，走道过多等现象，造成小区居住环境恶化，从而降低了居住品质，住房太近，采光通风均不佳，邻里关系紧张，导致社会不和谐，造成负面社会效益，同时也会影响了销售价格，增大了销售风险，带来大量产品积压和资金流转的困难。

12.3 房地产产品定位策划的目标和主要任务

1. 房地产产品定位策划的目标

房地产产品定位策划的最终目的不在于如何使消费者接受市场的产品，而是市场如何最大限度地满足消费者的各种需求。产品定位是满足消费者需求的一种手段，也是营销组合的重要因素。同时，产品定位还是市场与消费者联系的最重要的途径。产品定位策划目标包括效益目标和市场目标。

(1) 效益目标。

企业的目标中首要的就是效益目标，实现企业的效益目标一般包括三个方面的措施：尽可能地用足规划指标保证合理的体量、最大限度提升产品价值，最后达到对企业价值贡献最大化、尽可能控制成本减少无效支出。

(2) 市场目标。

产品定位策划的市场目标主要包括创造品质优良的品牌产品，利用项目品牌完善企业品牌的目的；创造有购买能力的产品(这里的购买能力一方面指消费者愿意且能够买得起的产品，另一方面是指有销售市场的产品)；创造有核心竞争力的产品，达到产品核心竞争力和企业竞争力完美的结合。

2．房地产产品定位策划的主要任务

结合市场定位把产品独特的竞争优点和目标市场的特征、需求、欲望等结合在一起，进行产品定位策划，主要任务如下。

(1) 分析自己的产品与竞争者的产品。在分析阶段，要尽可能找出主要竞争者的市场信息，例如产品特色、主要的销售渠道、目标市场等。

(2) 找出差异点。针对自己产品和竞争产品进行比较并找出差异点。

(3) 决定主要目标市场。决定主要目标市场的范围。

(4) 指出主要目标市场的特征。

(5) 满足目标市场的需求和欲望。归纳出自己产品和竞争者的差异，以及目标市场的主要需求或欲望后，找出自己能比竞争者更具优势的地方，又恰好能满足目标市场内消费者的需求，就可将自己的产品定位于此。

12.4　房地产产品定位策划的基本原则与要求

1．房地产产品定位的基本原则

(1) 继承与创新。在策划方法上要坚持继承与创新相结合的方式进行，不能一味为了创新而创新，要认识到继承的合理性。

(2) 传统与现代。在产品策划构思时要充分吸收传统中的精华，再结合现代的产品风格，将产品做得既有深度，又很实用。

(3) 现实与超前。即在产品的风格设计和形象定位上既要具备贴近居家生活中的现实感，又要具备一些超前元素，凸显差异性，吸引目标客户群。

(4) 市场与效益。产品定位的最终是以市场需求为导向，从而获得最大利益。

(5) 先总后分。坚持先总后分的原则就是对产品策划的整体与局部的正确把握，这需要依靠对市场的深入研究。因此需要明确产品的总体形象、规划整体布局、完成建筑类型和风格定位、规划整体交通组织和规划整体环境景观。

(6) 先外后内。坚持先外后内的原则，即先突出建筑物的整体外观，再强调其内部设计。建筑物的整体外观怎么样，在一定程度上左右着人们的购买欲望，甚至决定着一个项目的成功与失败。建筑物的整体外观在一定意义上代表着一个产品的品质，决定着一个产品的性质，具有很强的识别性。比如人们走在大街上，很难分清楚某一片区域是住宅区还是商业区。但一般人很容易从建筑物的外部元素看出它是商业、办公、住宅建筑，而且能判断出项目的基本品质和档次。

(7) 先分后合。房地产不同于其他产业，房地产产品的价值会随着市场的景气状况以及

市场购买力强弱的变化而变化。另外，商品房大多是预售，即先卖后建，在兴建过程中，如果市场变化了，产品就可能面临调整，如果不提起考虑这些因素，就无法因对市场变化所带来的风险。对于实现先分后合，主要有两个方法：一是区别楼层市场需求；二是调整平面单元面积大小。

2．房地产产品定位的基本要求

房地产产品定位的基本要求主要包括地形限制，即房地产产品定位是要考虑该类产品是否适合当前所处地形环境；符合规划控制、适应市场需求，房地产产品要适应市场需求，否则市场不认可，产品无法变成商品，再好的房屋也不得不面临空置的尴尬处境；创造价值最大化、形成核心竞争优势、体现可持续发展；由于市场化竞争等原因，对于颇具规模的开发商，形成核心竞争优势，体现可持续发展，能帮助开发商在现今的竞争浪潮中获得明显的竞争优势。

12.5　房地产产品定位策划的影响因素

影响产品的因素非常多，因此在产品定位策划中要考虑的因素也非常多，但我们因为资源等方面的原因不可能全部兼顾，因此主要考虑以下四个方面。

(1) 市场条件的约束目标。主要包括客户的购买能力、目标客户的需求特点和竞争对手的产品优势。

(2) 规划管理的限制。主要体现在两个方面：一是项目规划技术条件的限制；二是城市规划技术管理规定的约束。

(3) 地块条件的限制。地块条件的限制包括地块形状及面积的限制、地形落差的限制、高空输电线路的限制、民航空中管制的约束、地下市政管网、人防、地铁的限制、地质灾害隐患的限制以及防洪的限制文物保护的限制等。

(4) 企业目标的约束。企业目标的约束包括投资效益目标的约束和品牌目标的约束。

12.6　房地产产品定位策划的步骤

房地产产品定位策划一般要经历以下五个步骤。

1．探寻市场机会

机会在市场中是长期存在的。现代市场中，摆放在各企业面前的有一个基本问题，即需求差异性日益增强，而企业的资源有限，市场竞争条件下企业如何来选定自己的目标市场，来进行准确的产品定位设计。

2．挖掘市场细分

所谓市场细分，是指按照消费需求(包括生产消费和生活消费)的差异性，把某一产品的整体市场划分为若干个子市场。每个子市场都是由一群具有相同或相似的需要与欲望、购买行为或购买习惯的消费者所构成。不同子市场的消费者之间，具有明显的消费差别。

企业要进行成功的产品定位设计，离不开市场细分。因为产品定位策划的关键点就在于熟知消费者与竞争者。

3．选择目标市场

企业在对各项指标进行分析评估后，就要选出某些或某个子市场作为自己的目标市场。企业产品定位要求企业以目前本市场上已有的竞争产品为参照，了解消费者的不同需求，找出竞争对手的弱点(即顾客对竞争产品的不满意点)，选择目标市场。

4．制定定位策略

产品定位是一件不简单的事情，它关系到企业的前途与发展。定位失败，将带给企业严重的伤害。所以产品定位千万不能想当然，不顾实际情况地一味蛮干。产品定位一定要采用一定的策略。

5．传播定位观念

产品定位后企业一定要把定位观念借助于各种媒介和促销手段，把定位观念从文字转化为精确的语言和生动的视觉形象传递给广大消费者，让广大消费者对产品特色与个性有所认识，并产生良好印象。

12.7　房地产产品总体规划设计要点

房地产产品总体规划主要包括以下两个方面的内容。

1．平面规划

(1) 平面规划的控制内容。

平面规划的控制内容主要是确定各类建筑物的布局地点、排列形式、朝向及间距。

内容 1：布局地点。根据地形高低分布；根据优势景观资源分布。

内容 2：排列形式。具体形式有行列式、围合式、院落式、半围合式、开放式、组团式、自由式、单点式等。

内容 3：朝向。包括南北朝向、东西朝向、任意朝向。

内容 4：间距。有日照间距、防火间距等。

内容 5：确定建筑物与景观及交通之间的平面关系。

内容 6：确定建筑物、景观、交通的用地结构关系。

(2) 平面规划的要求。

要求 1：平面规划应分区适当，布局合理，层次丰富，应有利于优势资源的共享，保持合理的空间尺度，保证小区内部的通透性。

要求 2：建筑群体的布置，应提高院落功能，扩大邻里交往空间。

要求 3：平面规划应充分提高土地的利用系数，节约用地，尽可能用足规划技术指标。

要求 4：平面规划应充分利用原有地形优势，尽可能减少对原始地形的破坏。

2. 竖向规划

(1) 竖向规划的内容。

竖向规划的主要内容是建筑物空间层次感、轮廓线、天际线、景观竖向规划等。

内容 1：筑物空间层次感。错落有致的建筑远比单调的整齐划一优美，建筑的层次要结合地形的变化进行设置。

内容 2：轮廓线。建筑的轮廓设计对于项目整体形象非常重要。

内容 3：天际线。天际线对建筑群而言，在美学上的意义非同寻常。

内容 4：景观竖向规划。

(2) 竖向规划的要求。

要求 1：竖向规划要和平面规划结合起来进行，两者互相补充。

要求 2：景观竖向规划要注意结合地形特征和经济节约的原则进行。

要求 3：天际线、轮廓线的设计要自然、灵活，不要太过刻板。

12.8 房地产产品细部规划设计要点

1. 产品建筑设计

(1) 建筑设计的控制内容。

建筑设计的控制内容主要是确定建筑物的外立面、公共门厅、小区大门等建筑形象的造型、色彩、材质及夜景灯光等。

内容 1：线条。可分为简洁、烦琐；直线、弧形等。

内容 2：韵律。稳重、动感等。

内容 3：色彩。可分为明快、灰暗；暖色、冷色；柔和、醒目；单一色、三段色等。

内容 4：确定建筑物楼层功能的划分及竖向交通安排。

内容 5：确定建筑户型的功能组合、面积标准、厅室布局、空间层次、装修档次。

内容 6：功能组合。基本功能(厨房、主卧、次卧、客卫、客厅)；价值功能(客卧、书房、工人房、主卫、储藏间、衣帽间、化妆间、健身房、阳台、露台)。

内容 7：面积标准。有建筑面积、套内面积、公摊面积、各功能用房面积。

内容 8：厅室布局。各功能区按档次不同布局。

内容 9：确定建筑物标准层各种户型平面组合及比例关系。

内容 10：空间层次。包括平层、错层、夹层、跃层等。

内容 11：装修档次。清水房、精装房。

内容 12：确定建筑物户型门窗、阳台的风格。门(实木门、传统防盗门、智能防盗门)；窗(落地窗、弧形窗、转角窗、外飘窗、360 度观景窗)； 阳台(封闭阳台、开放阳台；生活阳台、观景阳台、休闲露台)。

(2) 建筑设计的要求。

对于房地产项目的建筑设计一般有以下几点要求。

要求 1：建筑形象设计应注意整体协调性，应力求造型完美、比例适当、色彩协调，与环境配合相宜，有利于提高产品形象与价值。

要求 2：建筑形象设计应突出文化性与艺术性，注重文化底蕴与品位，注意中西融合与古今结合，体现地方民族文化。

要求 3：户型设计应强调现代性和实用性，尽可能做到干湿分区、洁污分区、动静分区、主客分区。

要求 4：户型设计应尽可能参照商品住宅性能评定的要求，充分考虑其功能性、经济性、舒适性、安全性、创新性的有效结合。

2．产品景观规划

(1) 产品景观规划的内容。

房地产产品景观规划的主要内容如下。

内容 1：确定水景、山景、植物、小品、灯光等的平面布局及其竖向规划。

内容 2：确定景观的视觉轴线、主题变化、造景手法(借景、造景)以及景观风格。

内容 3：确定绿化的空间层次(楼顶绿化、楼旁绿化、路边绿化、宅间绿化、组团绿化、中心绿化)，以及绿化的品种层次(草地、花卉、灌木、乔木；喜阳植物、喜阴植物；热带植物、亚热带植物、温带植物、寒带植物；不同季节植物)。

内容 4：确定水景的空间层次(湖面、泳池、小河、山溪、瀑布、跌水、涌泉、喷泉、水岸沙滩)。

内容 5：确定山景的空间层次(小山、小岛、缓坡、假山、土丘、坡地退台)。

内容 6：确定小品的空间层次(城墙、亭台、楼阁、拱桥、连廊、雕塑、休闲座椅、音响、垃圾桶、指示牌、路灯杆、林间小道)。

内容 7：确定建筑灯光、绿地灯光、道路灯光以及背景音乐的数量及效果。

(2) 景观规划的要求。

要求 1：景观规划应充分考虑其平面、竖向、季节、种类的协调搭配。

要求 2：景观规划应注重空间层次的合理性，按集中与分散相结合的原则科学地布置中心公园、分区主题公园、组团绿化、宅边绿化和路边绿化；应发展立体绿化，营造空中景观。

要求 3：景观规划应注重山、水、林、文多元素的融洽，强调美、静、净、洁，创造园林化、生态化、美观化、人文化的住区。

要求 4：景观规划应强调“常年叶绿，四季花开；开门见绿，推窗见景；雨不见泥，风不起尘；空气清新，赏心悦目；文化浓郁，人文荟萃”。

要求 5：景观规划应坚持自然景观与人造景观相结合，坚持山水园林景观与康体娱乐设施相融合，方便邻里交往与人际沟通。

要求 6：景观规划应注意适用性、观赏性与经济性的结合，应合理控制成本，降低居民负担。

3．交通规划

(1) 交通规划的内容。

交通规划的主要内容如下。

内容 1：确定道路等级系统(车行道、主干人行道、宅间步道、林间休闲步道)。

内容 2：确定道路的中心线、线型、坡度、宽度、材质铺装，以及车行道路与人行道路的交叉分流。

内容 3：确定社区道路与城市道路的接口。

内容 4：确定车行道路与人行道路出入口，社区大门主设人行出入口，偏门主设车行出入口。

内容 5：确定车库设置的位置。

内容 6：室外半地下停车场与绿化组合。

内容 7：室外地下车库与绿化组合。

内容 8：室外绿化带设棚架停车场。

内容 9：首层架空停车与绿化组合。

内容 10：地下室内停车库。

(2) 交通规划的要求。

交通规划应遵循以下几点要求。

要求 1：应方便居民出行、满足消防救护需要、确保住区的安宁，保证道路通达、安全、方便。

要求 2：道路系统应分级明显、架构清楚，既要与城市公共系统衔接，又要避免城市公交道路横穿而过。

要求 3：应尽可能做到人车分流，应避免机动车道直接进入住区，有条件的地方应做到人车直接入户。

要求 4：停车位设置应数量合适、设置合理，有利于优化环境、节约用地，减少对居民的空气污染、噪声干扰。

4．产品配套规划

(1) 常见配套设施规划的控制内容。

包括确定机电设备配置内容及标准；供水系统(生活用水、直饮水)；供配电系统；排污系统(雨污分流、中水处理)；供暖系统(集中供暖、地板采暖、家用锅炉、空调供暖)；供冷系统(中央空调、分户空调)；电梯系统；消防系统；中央监控系统；确定智能化配套类型、内容及标准；室内防盗防抢系统；紧急求助系统；视频点播系统；有线电视系统；室内计算机网络系统；远程三表抄送系统；煤气泄漏探测系统；室内电器自动控制和防火系统；电子巡更系统；室外摄像监控系统；车辆出入管理系统；路灯自动控制系统；物业管理自动控制系统；社区综合信息服务系统等；确定生活服务设施配套等；商业服务设施(菜市场、超市、理发店、音像店等)；文化教育设施(托幼所、小学、中学等)；体育娱乐设施(休闲健身设施、老年活动场所、儿童活动设施等)和交通设施(公交线路及站点)29 个内容。

(2) 配套设施规划的要求。

主要有两个：一是配套设施规划应注意适用性、安全性、经济性相结合；二是配套设施规划应考虑后期的运营效益及维护成本。

12.9 房地产产品定位策划报告的基本模式

关于房地产产品定位报告，主要是按照以下模式进行的。

1. 项目土地属性研究

项目土地属性研究的核心在于挖掘土地的价值，主要分两个层次，从周边片区到项目所在片区做逐步深入的挖掘。

(1) 周边片区分析。

(2) 项目所在片区分析。

关于项目土地属性研究的总体思路是以地块为核心，以辐射范围做圈层研究，深入挖掘土地价值。

第一圈层(周边片区)分析包括以下内容。

第一，项目周边片区的规划及发展、项目所在片区与这些周边片区的关系(道路交通、配套关系等)；

第二，目标客户来源、片区价值点发掘。

第二圈层(项目所在片区)分析包括以下内容。

第一，项目所在片区的规划与发展、项目所在地块与片区内重要配套的关系；圈层内配套与交通；

第二，目标客户群类型，购买用途，生活、配套等价值点发掘，项目整体形象定位，大片区价值点分析。

结论：项目土地属性确定；区位、土地核心价值点提炼；目标客户来源、类型、购买目的确定。

2. 竞争项目分析

竞争项目的分析思路是重点剖析同类产品的市场营销价值点，目的就是充分挖掘、吸收和借鉴同类产品中本项目所具有的项目价值。比如项目周边有三个项目，那么项目竞争分析就要分别对三个项目进行单独分析，然后对所分析结果进行总结。

(1) A 竞争项目分析。

(2) B 竞争项目分析。

(3) C 竞争项目分析。

(4) 竞争项目的启示总结。

其中，关于竞争项目的分析内容可以从核心竞争力(比如 A 项目核心竞争力为别墅化形态；以类别墅产品满足“主力客群”的别墅梦)、关键要素(比如 A 项目关键要素为产品类别、类别墅化、大附送面积)、规划要点(比如 A 项目规划要点为容积率拆分，尽量多设计大增值的别墅化产品)、项目价值点的研究(包括土地价值点，如片区价值空间大等；产品价值点，如特色园林，赠送面积丰富；营销赋予值点，如富有远见，城市阶层的理想居所)、项目景区规划和项目成交客户类型(包括人群定位、客户描述、购买目的、关注价值点、主要排斥点)几个方面分析。

3. 目标客户分析

房地产目标客户是指房地产开发商提供产品、服务的对象。目标客户分析是市场营销工作的前端，只有确定了消费群体中的某类目标客户，才能展开具有有效针对性的营销事务。目标客户分析包括目标客户概述、客户描述及价值分析和客户分析结论三部分内容。

(1) 目标客户概述。

目标客户概述主要包括核心价值、品类、土地属性、主力细分客户构成和产品等与目标客户定位有关的信息，具体见表 12-1。

表 12-1 目标客户概述

核心价值	品类	土地属性	主力细分客户构成				产 品	
			客户选择	客户细分			主要户型	产品核心价值点
			比例(%)	家庭生命周期(居住)	年龄(支付能力)	购买动机		

(2) 客户描述及价值点分析。

客户描述及价值点分析主要从以下两个方面进行。

① 客户类型描述。如客户的年龄阶层，文化程度，工作家庭状况，置业状况，等等。

② 客户标本描述。主要可以从客户背景、对当前的项目地块的认识、对地块核心价值点及排斥点、购房目的及面积段等方面描述。

(3) 客户分析结论。

客户定位的基本思路是根据不同的产品锁定不同的目标客户群，通过客户细分锁定项目的主要客户群体。

4. 产品定位建议

产品定位建议是指对于房地产企业该用什么样的产品来满足目标消费者或目标消费市场的需求提出相应的建议。产品定位建议具体包括对项目户型产品配比、户型设计修改、产品附加价值、项目配套等方面的建议。

(1) 产品配比建议。

进行产品配比建议首先分析当前市场房产销售的现状，结合现状分析的结果得出启示，再提出最适合当前市场的产品配比建议。

(2) 户型修改意见。

户型修改意见主要是针对当前户型不合理之处提出改造意见，提高产品的竞争力，达到吸引目标客户的目的。

(3) 精装修、智能配套建议。

精装修、智能配套建议可从精装修调研结果、附加功能要求调研结果、电器配置调研结果、精装修及产品附加值建议几个方面的分析。

(4) 项目配套规划建议。

主要配套规划需要考虑商务会所、园林、车库、商业、住宅建筑风格和入户大堂。

专栏 12：SOHO 与商业地产的区分与定位

长期持有获取稳定的租金收益，或者整体出售是业界普遍认同的商业地产经营模式。SOHO 中国坚持的销售策略，则是闪电销售，即快速销售，获取现金，提前获取回报。转型以前，SOHO 中国的收入主要来自散售，依靠快速销售和滚动开发保持资金流畅通，2011 年合约销售为 109 亿元人民币。

SOHO 中国(前身北京红石实业有限责任公司)成立于 1995 年，由潘石屹和张欣夫妇联手创建，主要在北京和上海城市中心开发高档商业地产。SOHO 中国董事长潘石屹对其商业模式的概括是：开发商业(包括写字楼)地产，统一规划、建设，统一市场销售，统一出租和管理。

SOHO 商业地产定位的主要特征。首先是 SOHO 的商业地产项目，一定聚焦在北京、上海这样超大型城市的最繁华地段。而且，不搞大规模的土地储备。潘石屹的逻辑是“不能把有限的资金资源浪费在圈地上，这是对资金和土地资源的一种浪费”。

其次便是坚持散售模式。选择散售的原因在于，“机构整栋购买写字楼的数量相对较少，更多具备购买力的客户仍是中小型客户”。定位的主要原因是中国市场发展的阶段决定了财富积累还远没有发达国家那样集中。“通俗地说，把大楼看成一个西瓜，在中国的市场中，能买得起一个西瓜的人极少，但如果把这个西瓜切开来卖，能买得起的人就会呈几何倍数增长。”

SOHO 中国商业模式另一个成功之处在于物尽其用，“化烂尾为利润”。SOHO 做过的 12 个项目中，有 6 个以前是空置、烂尾项目，后来均变废为宝，为中小型投资者提供了分享物业升值所带来的回报。此外，SOHO 中国不持有物业。原因在于，物业销售比物业出租的利润和回收速度都高得多，能提高资金的使用效率。但潘石屹表示，会在接下来适当地加大持有物业的比例，并强调要是独一无二、不可替代的物业资源。

目前 SOHO 中国的商业模式仍存在一些硬伤。首先是散售模式带来的物业管理困难，过去 SOHO 中国的物业管理是通过招标的方式委托给物业管理公司管理，但此前爆发了数次 SOHO 中国业主与物业公司的纠纷。现在，潘石屹已经有了自建物业管理公司的打算。

其次是 SOHO 产品形式过于单一，随着国内大型商业地产运营纷纷朝着全产业链的方向迈进，SOHO 中国只开发销售写字楼的生存空间受到了很大挤压。在产业链完整的市场上，开发建设和商业管理有着明确的分工，SOHO 中国专注于销售环节的“减法模式”是美国许多大型商业地产公司常用的做法，但是在商业地产产业并不成熟的中国，商业地产开发完成后，既没有成熟的专业投资者进入，也很难找到专业的商业管理公司接管，这些因素综合下来，造成了 SOHO 中国目前的困境。据 SOHO 中国运营总裁阎岩介绍，SOHO 中国今年销售策略将进行重大调整，一是加强自有销售团队的建设；二是引进外来的销售人才，即利用中介代理公司；三是适当提高佣金比例。

(资料来源：http://finance.sina.com.cn/leadership/mroll/20120319/101811621549.shtml)

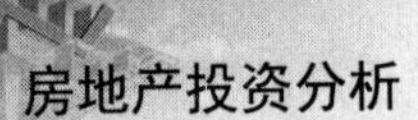

思　考　题

1. 什么是房地产投资分析策划？其主要内容有哪些？
2. 房地产投资分析策划的环境分析方法具体有哪些？
3. 房地产投资分析策划的基本过程大致有哪几个步骤？
4. 什么是房地产开发产品定位？其基本流程是怎样的？
5. 房地产开发产品定位的主要内容有哪些？

第 13 章

房地产投资可行性研究报告

13.1 房地产投资可行性研究报告的结构

房地产投资可行性研究报告一般有以下结构和内容。

1．封面

一般要反映可行性报告的名称，专业研究编写机构名称及编写报告的时间三项内容。

2．摘要

它是用简洁明了的语言概要介绍项目的概况，市场情况可行性研究的结论及有关说明或假设条件，要突出重点，假设条件清楚，使阅读人员在短时间内能了解全报告的精要。也有专家主张不写摘要，因为可行性研究报告事关重大，阅读者理应仔细全面阅读。

3．目录

由于一份可行性报告少则十余页，多则数十页，为了便于写作和阅读人员将报告的前后关系、假设条件及具体内容条理清楚地编写和掌握，必须编写目录。

4．正文内容

它是可行性报告的主体，一般来讲，应包括以下内容。

(1) 总论。

该部分对投资项目的立项背景、项目整体设想以及项目投资中将遇到主要问题以及解决问题的建议大致做一概述。具体包括三部分内容，项目提出的背景、项目概况、问题与建议。

(2) 房地产市场调研和预测。

该部分对投资项目所涉及的房地产市场的建立、发展、现状以及未来趋势进行分析与预测，以判断项目的市场前景。具体包括以下内容：市场现状调查、产品供需预测、价格预测、竞争力分析以及市场风险分析。

(3) 房地产投资环境分析与评价。

主要分析与评价项目拟建区域的投资环境条件，考察项目投资的环境可行性，并确定具体投资区域，具体包括五部分内容：投资区域的社会经济综合发展实力评价；投资区域对投资项目的各项政策优惠与限制评价；投资区域相关资源的可利用量、资源品质及赋予条件；投资项目与投资区域环境适宜性评价；环境影响评价，主要是分析项目建设可能给所在区域环境带来的不利影响，并考虑相应保护环境的措施，包括环境条件调查、影响环境因素分析和环境保护措施三部分。

(4) 房地产项目开发分析。

房地产项目开发是指在依据《中华人民共和国城市房地产管理法》(以下简称《城市房地产管理法》)取得国有土地使用权的土地上进行基础设施、房屋建设的行为。一个完整的房地产项目从开始到竣工，大致流程可以分为以下三大部分。

第一部分，房地产开发公司的准备工作。在报行政机关审批之前，房地产开发公司应办理好土地出让手续，委托有资质的勘察设计院对待建项目进行研究并制作报告书，应附有详细的规划设计参数和效果图，并落实足够的开发资金。

第二部分，行政审批部分。根据我国当前法律、法规、规章，房地产建设项目的行政许可程序一般共分六个阶段：①选址定点；②规划总图审查及确定规划设计条件；③初步设计及施工图审查；④规划报建图审查；⑤施工报建；⑥商品房预售许可阶段；⑦建设工程竣工综合验收备案。

在第二部分行政审批部分，我们选择其中一部分进行分析介绍。

① 选址定点。根据前面的分析基础，确定投资项目的具体选址，如果是改扩建或技术改造项目，则要分析原有场址的利用情况，具体包括场地现状、场地方案比选、推荐的场地方案和技术改造项目现有场址利用情况四部分内容。

② 规划总图审查及确定规划设计条件。我们需要进行建设规模与产品方案的分析。建设规模与产品方案需要根据市场预测和投资环境分析的结论，基本确定投资项目的建设规模与产品方案。如果投资项目属于改扩建或技术改造项目，则还应分析原有的投资利用现状，具体包括建设规模与产品方案过程；建设规模与产品方案的比选；推荐的建设规模与产品方案；技术改造项目与原有设施利用情况。

③ 初步设计及施工图审查。我们需要进行技术方案、设备方案和工程方案分析。该部分对投资项目的技术方案、设备方案和工程方案进行设计，如果是改扩建或者是技术改造项目，则应对改扩建或者是技术改造前后进行比较分析。具有包括：技术方案选择；主要设备方案选择；工程方案选择；技术改造项目前后的比较。其他部分可以做类似的分析。

第三部分房地产项目权属初始登记阶段。

① 由房管局核准新建商品房所有权初始(大产权证)登记。

② 开发商提交相关材料。

以上几个阶段，需增加或减少的相关事项及时限，各地根据实际情况，会有不同的差异。

(5) 投资估算。

该部分主要估算投资项目的建设投资额、流动资金投资额和总投资额。具体包括：建设投资估算；流动资金估算；投资估算表。

(6) 财务分析和评价。

该部分在投资估算和资金成本估算的基础上，通过对于项目计算期内现金流量的预测，并选择相应的财务参数，对于项目的盈利能力和偿债能力进行评估，判断项目对于投资企业而言的财务可行性。具体包括七部分内容：财务评价基础数据与参数选取；销售收入与成本费用估算；财务评价报表；盈利能力分析；偿债能力分析；不确定性分析；财务评价分析。

(7) 风险分析和评价。

该部分是针对社会经济环境因素中的诸多不确定因素，分析投资项目可能面对的种种风险，并分析考虑风险因素下投资决策的判定。具体有项目主要风险识别、风险程度分析、防范风险对策三部分内容。

(8) 研究结论与建议。

该部分为《房地产投资项目可行性研究报告》的最终结论，它在概括分析各推荐投资方案的总体情况和优缺点的基础上，对投资方案做出最终选择，提出投资分析的最终结论，并为投资项目的正式实施提出建议。具体包括四部分内容：推荐方案总体描述，推荐方案优缺点描述，主要对比方案，结论与建议。

5．附表

对于房地产开发企业投资决策使用的可行性研究报告，一般包括下列附表。

(1) 市场调查分析表；

(2) 规划设计方案主要数据列表；

(3) 项目开发经营周期表；

(4) 项目总投资估算表；

(5) 销售收入与经营税金及附加估算表；

(6) 出租收入估算表；

(7) 现金流量表；

(8) 敏感性分析表。

6．附图

对于房地产开发企业投资决策使用的可行性研究报告，一般包括下列附图。

(1) 项目位置示意图；

(2) 项目用地附近竞争性项目分布示意图；

(3) 规划设计方案的平面图。

13.2　房地产投资可行性研究报告的编写与审读

1．房地产投资可行性研究报告编写常见的问题

(1) 对未来市场的预测明显不足。

房地产开发投资大，周期长，作为房地产开发的分析必须对项目未来5年或10年的市场状况进行预测。由于中国尚无定期的空置率统计，对未来的土地供给量，房屋供给量还不能做到心中有数，所以人们在进行市场预测时只好对空置率进行假设，对宏观经济条件的分析，用一些统计数据和模糊而笼统的推断来代替。由于对未来的分析往往停留在主观的估计预测上。缺乏数据上的支持，使得对未来的预测明显不足。一旦未来市场发生变化，该房地产投资就会面临很大的风险。

(2) 过分偏重二手资料的应用。

有些市场研究过偏重二手资料的应用。二手资料往往不是针对手头在做的项目资料，对于打算投资的区域完全使用二手资料是远远不够的。因为该地区必然有其本身的特点，只有已有的数据而忽略了实地调查研究会使项目研究脱离实际，进而使投资带有盲目性，给投资者带来损失。

(3) 表达欠佳。

有些投资分析报告尽管内容很好，但由于表述上的因素，而使报告质量大打折扣。

2．房地产投资可行性研究报告编写注意事项

房地产投资可行性研究报告的编写有以下几个注意事项。

(1) 要用全面、发展的眼光来分析各种因素；

(2) 要中心明确，脉络清楚；

(3) 要简明扼要；

(4) 要客观真实；

(5) 要资料充足，观点明确；

(6) 要层次分明，逻辑性强。

总之，房地产投资可行性研究报告必须客观公正科学吗，经得起推敲。既要务实，又要有远见；既要可行，又要考虑到一定的难度。不能照搬前人已经多次重复的内容，要有一定的创新；但不能脱离现实，超越建设单位的能力而制定出一些无法实现的目标。

3．房地产可行性研究报告的审读

房地产可行性研究报告编写完成后，还应仔细审读，努力提高报告的质量，为投资决策者提供客观、可行的结论与建议。一般来说，房地产投资分析报告的审读应注意以下几个内容：报告内容是否完整；报告材料是否真实、准确；报告是否具有逻辑性；报告结论是否明确；报告表达是否清楚。

13.3　房地产开发经营投资分析报告示例

目　录

6．敏感性分析表

第 1 章　项目概况

1.1　项目名称

××××二期商品住宅项目

1.2　项目法人概况

公司名称：　××××

住　　所：　××××

法定代表人：××××

注册资本：　人民币壹亿元

企业类型：　一人有限责任公司(法人独资)

经营范围：　房地产开发经营、销售建材、五金交电、园艺花卉(涉及行政许可的，凭许可证经营)。

××××有限公司的企业法人营业执照和房地产开发企业资质证书分别详见附件 4.5。

1.3　项目建设地点

××××二期商品住宅项目位于××××，基地东南面与闵吴铁路支线相邻，地块边界距铁路支线 15 米，南面为××××一期商品住宅项目(在建)，北面和西面均为已规划或建成的住宅小区，基地面积为 35 371 平方米。

1.4　建设内容

本项目总建筑面积为××××平方米，其中住宅建筑面积××××平方米，公建建筑面积 1 115 平方米，地下车库建筑面积 7 932 平方米，地下自行车车库建筑面积 2 421 平方米。本项目地上建筑面积为 53 839 平方米(其中：计容积面积为 53 176 平方米)，地下建筑面积为 10 697 平方米，容积率为 1.5，建筑密度为 15.38%，绿地率为 35%。

1.5　市政配套

本项目日最大用水量为 $704m^3$，日最大排水量为 $634m^3$。

本项目用电容量为 1 986kVA；

本项目天然气用量为 $122m^3/h$；

经征询相关单位意见，本项目基本满足市政配套条件。

1.6　建设期

本项目计划于 2007 年第四季度开工，2009 年第三季度末完工，预计建设期为 2 年。

1.7　投资估算

经估算，本项目建设投资为××××万元，其中，建筑安装工程费用为 16 015 万元，其他建设费用为 12 453 万元，预备费为 1 281 万元。

项目建设资金由项目法人自筹解决。按照国家建设项目实行资本金制度的有关规定，项目资本金需占建设投资的 35%。本项目所需资本金为 10 412 万元，资本金证明详见附件 8。

1.8　财务分析

本项目主要财务效益指标如下：

财务内部收益率　　　　13.5%

财务净现值(I=9%)　　　1 098 万元

静态投资回收期　　　　2.8 年(含建设期)

第 2 章　房地产市场调研与预测

2.1　房地产市场调研

进入 2000 年以后，在加快住宅建设和深化城镇住房制度改革的推动下，以住宅为主体的房地产市场，总体上呈现平稳发展的趋势。

具体表现在：①商品房开发投资稳步增加。②在住房分配货币化和各地促进房地产市场政策的推动下，居民对住房消费的投入增多，购房积极性大大提高，已形成新的消费点。③住房公积金制度逐步完善，个人住房消费贷款迅猛增加。

2.2　房地产市场预测

2008 年从整体上看，中国的房价将出现“调整期”，但不会出现大降，小幅上涨仍有可能。尽管中央经济工作会议出台了货币从紧的政策，房价可能会出现一定的波动和调整，但是 2008 年中国的经济仍将是处在高速增长期，房地产经济仍是中国经济的主流之一，开发量仍将很大，需求量仍将旺盛，其中，上海的房价仍将趋高。

第 3 章　房地产投资环境分析与评价

3.1　上海房地产市场总体发展趋势

近年来，国家对房地产业出台了一系列调控政策和法规，有助于加强市场调控与管理，进一步规范市场，提高住宅消费服务水平，保持房地产业的持续稳定增长，促进房地产经济的增长方式由速度规模型向质量效益型转变，促进房地产市场的发展机制由主要靠行政措施和政策调控向主要靠市场机制自身调节转变。

2006 年，上海房地产市场宏观调控已初见成效，市场平稳发展。具体表现如下。

(1) 市场成交量和供应量得到有效控制。相比 2005 年，2006 全市新建商品房销售面积和竣工面积均有所降低，分别为 3 025 万平方米和 3 724 万平方米，其中商品住宅销售面积为 2 615 平方米和 2 747 万平方米。

(2) 房价涨幅得到一定抑制。2006 年全市商品住宅销售均价为 7 040 元/平方米，相比 2005 年的 6 697 元/平方米，上涨 5%。

(3) 房地产开发投资基本稳定，2006 年全市商品房建设投资与 2005 年基本持平，为 1154 亿元。

2007 年以来，上海房地产整体市场继续呈现平稳发展态势。具体表现如下。

(1) 从市场供求情况来看，1、2、3 月份呈现供略大于求的状况，而 4 月份以后，市场则表现出供略小于求的态势，整体来看，市场供求关系基本维持在 1∶1.2。

(2) 从价格走势而言，则表现出小幅上升的态势，其中部分板块由于需求明显高于供应，价格出现一定的上扬。

(3) 从开发区域上来看，上海房地产开发重心正逐步从市中心转移到郊区。由此将对上海房产开发带来三大变化：一是将出现一批借鉴国际经验和特色风貌，开发建设高起点规划、高质量建设、开发规模适度、功能完善、生态环境优良的大都市特色风貌城镇；二是围绕住宅品质和个性，住宅建设将突破以往几年市中心开发楼盘品质雷同、立面相似的一般格局，加快住宅产品的优化升级；三是一大批具有前瞻性、现代化、集约化、信息化、特色化的楼盘，通过与国际水平的加速接轨，将会促进住宅消费观念的变化和购买力的提高。

预计未来一段时期内，上海房地产市场整体供求基本平衡，房价小幅上涨，建筑产品的品质和个性将被进一步突出和强调，并且随着上海郊区城市化进程的加速，城镇经过几年的规划布局已进入实质性的规模开发阶段，一大批精彩纷呈的郊区特色风貌楼盘将展现在市民面前。

3.2 ××××区房地产市场简析

2007 年上半年以来，由于宏观调控影响，××××区房地产开发投资稳步回落，新开工面积和竣工面积均呈现下降态势。但由于市场供需结构矛盾依然突出，商品房销售价格仍然在高位运行。具体运行特征如下。

(1) 房地产投资额下降，投资结构仍以住宅为主。

2007 年上半年，××××区房地产投资额为 51.5 亿元，同比下降 16.4%，占全社会固定资产投资总额的 50.8%，所占比重比 2006 年同期下降 6.9 个百分点。商品住宅投资额为 41.7 亿元，占全区房地产开发投资的 80.8%，其中别墅以及高档公寓投资占住宅总投资的 17.9%；商业用房投资占总投资的 8.0%。

(2) 现房成交比重上升，期房成交比重下降。

2007 年上半年，我区新建商品房销售面积 137 万平方米，同比下降 9.9%。其中期房预售面积为 82 万平方米，同比下降 26.8%，占商品房销售面积的 60%，所占比重比 2006 年同期下降 13.8 个百分点。现房销售面积为 55 万平方米，同比增长 37.5%，占商品房销售面积的 40%，所占比重比 2007 年同期上升 13.8 个百分点。从单月的成交量来看，期房预售面积和现房现售面积以及存量商品房销售面积基本上呈现出逐月上升的态势，详见图 13-1。

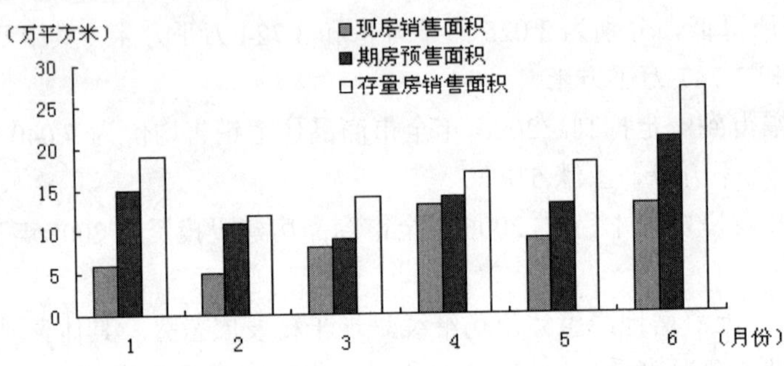

图 13-1 2007 年 1—6 月××××商品房(期房、现房、存量房)交易面积

(3) 交易均价高位运行，并呈现小幅上涨态势。

由于受到房地产交易整体回暖的影响，特别是改善性需求和自住的刚性需求依然旺盛。2007 年上半年，××××区新建商品房预售均价和存量房交易均价基本呈现上涨态势，截至 6 月份，分别达到 10 170 元/平方米和 7 330 元/平方米，详见图 13-2。

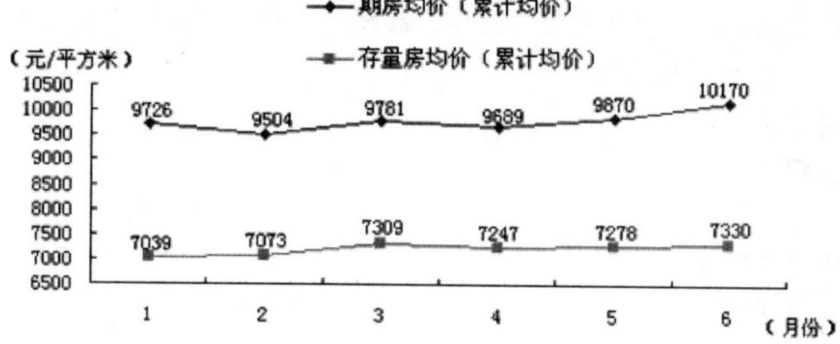

图 13-2　2007 年上半年××××商品房交易均价

第 4 章　项目开发分析

4.1　场地选择

本项目基地所处区域位于××××区××镇，基础设施完善，生活配套设施齐全。目前××镇主要商业生活配套都集中在基地附近的龙吴路和剑川路路口区域，基地周边有××公园，二级乙等医院××医院，和××第三小学、××中学、上海交通大学等医疗和教育配套资源，向南可直达紫竹科学园区。基地内自然景观丰富，有一片保留完好的生态小树林，无污染源。

本项目周边部分楼盘销售情况如表 13-1 所示。

表 13-1　项目周边部分楼盘销售情况表

楼盘名称	销售均价(元/平方米)	销售情况
枫桦景苑二期	6 100	现房在售
紫品南苑二期	5 500	二手房在售
剑桥磐苑	6 800	现房在售

本项目建成后，拟全部按照市场价格出售，根据周边市场情况，并考虑房地产市场的变化，根据薄利多销、稳妥原则，暂定本项目经营期第一年平均售价为 7 000 元/平方米，经营期第二年平均售价为 7 500 元/平方米。

4.2　建设规模与产品方案

本章主要参照项目法人单位提供的有关资料及部分设计方案资料编写。

4.2.1　布局及交通体系

本项目以规划路网为依托，在基地西端和北端分别设置主要出入口和次要出入口，在地块内设计一条 6 米宽车道形成环路。从环路上引出若干条枝状 4 米宽的车行道，将高层住宅的消防登高场地有机地串联起来，同时沿路设置地面停车位。

住宅组团依托道路在保证较好朝向的前提下形成丰富的空间变化，塑造高低错落的空间形态，形成匀质的围合空间，为组团居民的交往提供舒适的氛围和场地。

本项目无障碍设施有：人行道设缘石坡道，集中绿地入口处设提示盲道。高层住宅的单元入口设无障碍坡道、不小于 2 米宽的入口平台和无障碍电梯，多层住宅 10%的单元入口设无障碍坡道。配套公建入口设无障碍坡道和无障碍厕位。

按照国家有关规范，多层住宅设立楼梯，高层住宅设置楼梯和电梯作为竖向交通方式。

4.3　技术、设备与工程方案

4.3.1　主要建筑技术指标

建设用地面积　35 371 平方米

总建筑面积　××××平方米

其中：住宅建筑面积　××××平方米

配套公建建筑面积　1 115 平方米

地下车库建筑面积　7 932 平方米

地下自行车库建筑面积　2 421 平方米

地上总建筑面积　53 839 平方米

其中：计容积建筑面积　53 176 平方米

地下建筑面积　10 697 平方米

容积率　1.5

建筑密度　15.38%

绿地率　35%

集中绿地率　17.75%

住宅总户数　575 户

停车位　422 个

第 5 章　房地产投资估算

5.1　投资估算范围

项目建设用资金包括建筑安装工程费用、其他建设费用及不可预见费。本估算不包括建设期利息。

5.2　投资估算编制依据

A．项目法人提供的方案设计和部分基础资料；

B．《上海市建筑和装饰工程预算定额(2002)》；

C．近期本市部分同类工程竣工决算的主要指标，并考虑费用调整因素；

D．主要设备参照现行市场价格。

5.3　投资估算内容

5.3.1　总体工程包括室外管线系统、道路、围墙及绿化等。

5.3.2　设备及建筑安装工程均以本市现行市场价进行估算。

5.3.3　根据项目土地出让合同，本项目分摊土地费用约 8 816 万元。

5.3.4　根据有关规定，本项目红线外市政配套费为 320 元/平方米。

5.3.5　预备费为工程不可预见费，按建安工程费用的 8%计。

第 6 章　房地产财务分析与评估

6.1　财务分析说明

6.1.1　根据国家现行财税制度和价格体系进行分析。

6.1.2　本项目多层、小高层住宅建成后将分期销售，车库、公建配套等物业委托专业物业公司管理。

6.1.3　本项目计算期为 3 年(含建设期)。

6.2　房产出售收入

本项目建成后住宅面积共××××平方米将全部分期销售。经营期第一年销售 50%，经营期第二年销售 50%。销售收入合计 38 474 万元。

6.3　总成本费用

总成本费用为房屋的建设投资，并按销售收入的 3%计取销售费用，计 30 903 万元。

6.4　主要财务指标

本项目主要财务效益指标如下：

财务内部收益率	13.5%
财务净现值(I=9%)	1 098 万元
静态投资回收期	2.8 年(含建设期)

第 7 章　房地产投资风险分析与评估

7.1　盈亏平衡分析

本项目销售盈亏平衡点按以下公式计算：

销售盈亏平衡点=(建设投资)/(销售收入-销售费用-销售税金)×100%=85%。

即当本项目房产销售收入达到 32 530 万元时，项目可保本。

7.2　敏感性分析

从建设投资、售房价格等因素分别对项目进行敏感性分析，在建设投资增加、销售价格降低的情况下项目财务收益受到一些影响，但仍保留在基准收益率之上，表明项目抗风险能力尚可。

第 8 章　研究结论与建议

8.1　结论

本项目的建设将促进××××区和××镇的城市建设，符合××××区城市发展规划。本项目布局较为合理，功能、配套完善，为项目实施开创了良好的条件，因此本项目的建设条件成熟。

经估算，本项目建设投资总额为××××万元，所需全部资金(包括资本金)由项目法人自行筹措解决。本项目财务内部收益率为 13.5%，财务净现值(I=9%)为 1 098 万元，静态投资回收期为 2.8 年(含建设期)。

8.2　建议

(1) 建议加强与有关部门协调、沟通，并进一步完善项目建设方案。

(2) 建议项目法人在建设过程中，根据实际情况科学安排工程进度，合理调度，严格控制投资，节约使用资金，以求取得良好的经济效益。

(3) 建议项目建设中认真考虑与一期工程的衔接协调，文明施工，确保一期住户的居住安全。

思 考 题

1. 房地产投资可行性研究报告的基本构成有哪些部分?
2. 房地产投资可行性研究报告的正文一般由哪些部分组成?
3. 房地产投资可行性研究报告编写的基本要求是什么?
4. 房地产可行性研究报告编写应注意哪些事项?
5. 在审读房地产投资分析报告时应遵循怎样的标准?

参 考 文 献

[1] 王建红. 房地产投资分析[M]. 北京：电子工业出版社，2013.

[2] 周小平，熊志刚，王军艳. 房地产投资分析[M]. 北京：清华大学出版社，2011.

[3] 上海易居房地产研究院. 易居房地产研究月报，2014.

[4] 吴哲. 房地产投资策划分析. http://blog.sina.com.cn/jlsywuzhe，2011.2.17.

[5] 上海易居房地产研究院，2013—2014 年度全国房地产市场报告.

[6] 范如国. 房地产投资与管理[M]. 武汉：武汉大学出版社，2004.3.

[7] 蒋黎晅. 房地产经济学[M]. 北京：化学工业出版社，2006.7.

[8] 林增杰，武永祥. 房地产经济学[M]. 北京：中国建筑工业出版社，2003.

[9] 刘秋燕. 房地产投资分析[M]. 大连：东北财经大学出版社,2003.6.

[10] 陈琳，潘蜀健. 房地产投资项目[M]. 北京：中国建筑工业出版社，2004.

[11] 董藩,刘正山. 新编房地产投资学[M]. 大连：东北财经大学出版社，2004.9.

[12] 张铭华.我国房地产市场发展阶段的判别研究[D]. 重庆：重庆大学，2012.05.

[13] 谭善勇. 房地产投资分析[M]. 北京：机械工业出版社，2008.

[14] 俞明轩. 房地产投资分析[M]. 北京：首都经济贸易大学出版社，2004.

[15] 中国行业研究网,《节假日旅游热　房企带动旅游地产投资热潮》.

[16] 百度乐居,《楼市“遇冷期” 旅游地产苦寻新卖点》.

[17] 刘学成. 国外房地产周期研究综述[J]. 房地产经济体制改革，2001.

[18] Kaiser R. The Long Cycle in Real Estate[J]. Journal of Real Estate Research, 1997, 14(3):233-257.

[19] 何国钊，曹振良. 李晟. 中国房地产周期研究[J]. 经济研究，1996，(12)：51-77.

[20] 谭刚. 传导模型及其主要因素分析房地产业[J]. 建筑经济，2002.

[21] 郁文达. 房地产周期和金融政策[J]. 中国房地产金融，2003.

[22] 梁桂. 中国不动产波动与周期的实证分析[J]. 经济研究，1996.

[23] 郑思齐，刘洪玉. 吸纳周期：一个比空置率更能有效反应住宅市场供求状况的指标[J]. 房地产市场，2004.

[24] 《中国统计年年鉴》《中国房地产统计年鉴》《中国房地产市场年鉴》《中国房地产经济年鉴》《中国城市建设统计年报》.

[25] 邱强，叶德磊. 美日房地产周期特征比较[J]. 国外理论动态，2007.

[26] 胡平. 房地产投资与管理实务[M]. 杭州：浙江大学出版社，2009.04.

[27] 国家税务总局财产和行为税司. 房地产税制与评税实务[M]. 北京：中国税务出版社，2010.04.

[28] 殷世波，赵海龙，王海燕，应佐萍. 房地产投融资实务[M]. 北京：北京大学出版社，2011.06.

[29] 王丽君. 房地产开发项目投资估算研究[D]. 北京：北京交通大学，2009.

[30] 上海市基准地价更新成果(征求意见稿)[R/OL]. [2006-09-12]. http://www.shgtj.gov.cn/tdgl/200812/t20081223_152686.htm.

[31] 土地依法收费项目、标准和依据[R/OL]. [2009-07-31]. http://www.shgtj.gov.cn/tdgl/tdsf/200907/t20090731_308226.htm.

[32] 漆亮亮. 房产税的历史沿革[J]. 涉外税务，2002，(4)：74-75.

[33] 丁芸，谭善勇. 房地产投资分析与决策[M]. 北京：中国建筑工业出版社，2004.

[34] 谭术魁. 房地产开发与经营[M]. 上海：复旦大学出版社，2008.

[35] 王伟，张锦波. 房地产投资[M]. 成都：西南财经大学出版社，2004.1.

[36] 刘圣欢. 房地产投资分析[M]. 武汉：武汉理工大学出版社，2011.7.

[37] 刘秋燕. 房地产投资分析[M]. 大连：东北财经大学出版社，2007.9.

[38] 刘立群，田淑芬. 房地产投资分析[M]. 北京：化学工业出版社，2005.6.

[39] 刘建瑞. 房地产投资决策分析[J]. 价值工程，2011(12).

[40] 冯立主. 房地产投资分析[M]. 北京：化学工业出版社，2010.6.

[41] 刘哲. 城市居民个人房地产置业投资收益分析[J]. 甘肃科技，2004.4.

[42] 叶剑平，邹晓燕. 房地产市场营销[M]. 北京：中国人民大学出版社，2012.1.

[43] 廖志宇. 房地产定位案头手册[M]. 北京：中国电力出版社，2008.6.

[44] 彭俊，刘卫东. 房地产投资分析[M]. 上海：同济大学出版社，2002.8.